今注本二十四史

漢書

漢 班固 撰 唐 顏師古 注

孫曉 主持校注

中國社會科學出版社

一三 傳〔一一〕

漢書 卷三一

陳勝項籍傳第一[1]

[1]【顏注】服虔曰：傳次其時之先後耳，不以賢智功之大小也。師古曰：雖次時之先後，亦以事類相從。如江充、息夫躬與蒯通同傳，賈山與路溫舒同傳，嚴助與賈捐之同傳之類是也。【今注】案，《漢書》列傳基本依時間爲序，又有以類相從，如專傳、合傳、類傳及自傳。施之勉《漢書集釋》引胡應麟、劉咸炘說，司馬遷列項羽入本紀，因《史記》爲通史，秦、楚皆爲漢朝以前朝代。班固歸入列傳，因《漢書》爲斷代史，以漢爲尊，故降爲列傳。

　　陳勝，字涉，[1]陽城人。[2]吳廣，字叔，陽夏人也。[3]勝少時，嘗與人傭耕。[4]輟耕之壟上，[5]悵然甚久，[6]曰："苟富貴，無相忘!"[7]傭者笑而應曰："若爲傭耕，何富貴也?"勝太息曰："嗟乎，燕雀安知鴻鵠之志哉!"[8]

　　[1]【今注】字：古代男子幼時稱名，二十歲行冠禮時起字，又稱表字。

　　[2]【顏注】師古曰：《地理志》屬汝南郡。【今注】陽城：縣名。治所在今河南登封市東南。錢大昕《廿二史考異·漢書三》以爲汝南、潁川二郡皆有陽城縣，此爲潁川之陽城。但王先謙《漢

《書補注》以爲，秦時並無汝南郡，陽城在今河南登封市東南。后曉榮《秦代政區地理》（社會科學文獻出版社 2009 年版）認爲有三陽城：一屬淮陽郡，故城位於今河南商水縣扶蘇村。周振鶴主編《中國行政區劃通史·秦漢卷》（復旦大學出版社 2017 年版）認爲，淮陽郡無陽城縣，另有新陽城。二屬潁川郡，故城在今河南登封市東南。原屬韓國，秦昭王五十一年屬秦（《中國行政區劃通史·秦漢卷》亦載有陽城縣）。三屬南陽郡，故址在今河南方城縣。據秦陶文及漢簡，南陽郡"陽城"當作"陽成"（《中國行政區劃通史·秦漢卷》亦載祇有陽成縣）。辛德勇據北京大學藏秦水陸里程簡册認爲，秦南陽郡祇有陽縣而没有陽城。陽城之"城"字，應爲陽縣縣城。故陳勝陽城應在潁川郡陽城縣，即今河南登封市（《北大藏秦水陸里程簡册與戰國以迄秦末的陽暨陽城問題》，《北京大學學報》2015 年第 2 期）。

　　[3]【顔注】師古曰：《地理志》屬淮陽。夏，音工雅反。【今注】陽夏：縣名。治所在今河南登封市太康縣。王先謙《漢書補注》認爲，秦時無淮陽郡，陽夏蓋楚郡所屬。后曉榮《秦代政區地理》認爲，淮陽郡原爲楚地，秦滅楚於此置郡，初名楚郡，後改淮陽郡。

　　[4]【顔注】師古曰：與人，與人俱也。傭耕，謂受其雇直而爲之耕，言賣功傭也。【今注】傭：受人雇傭。《史記》卷四八《陳涉世家》作"庸"。王叔岷《史記斠證》卷四八認爲，"與"同"爲"，即爲人所雇傭。

　　[5]【顔注】師古曰：輟，止也。之，往也。壟上，謂田中之高處。

　　[6]【今注】悵然甚久：《史記·陳涉世家》作"悵恨久之"。

　　[7]【顔注】師古曰：但一人富貴，不問彼此，皆不相忘也。【今注】苟富貴無相忘：指若陳勝將來富貴了，不會忘記你們。無，通"毋"（張文國：《"苟富貴，無相忘"正解》，《古籍整理研究學

刊》2006 年第 4 期）。

　　[8]【顏注】師古曰：鴻，大鳥也，水居。鵠，黃鵠也，一舉千里。鵠，音胡督反。【今注】太息：長嘆。《史記》卷六九《蘇秦列傳》《索隱》，指久蓄氣而大籲。　嗟乎：表示感嘆的發語詞，是秦漢以前口語中習用的一個吸氣音嘆詞的書面記號（參見朱同《“嗟乎”考》，《徐州師範學院學報》1983 年第 2 期）。　鴻鵠：鴻，指鴻雁、大雁，鵠則是天鵝。泛指有遠大抱負的人。而《史記・陳涉世家》《索隱》以爲，鴻鵠是一種似鳳凰的鳥。《説文》段注認爲，鴻鵠即黃鵠，或單言鵠，或單言鴻，又云黃鵠一名鴻。

　　秦二世元年秋七月，[1]發閭左戍漁陽九百人，[2]勝、廣皆爲屯長。[3]行至蘄大澤鄉，[4]會天大雨，道不通，度已失期。失期法斬，[5]勝、廣乃謀曰：“今亡亦死，[6]舉大計亦死，等死，死國可乎？”[7]勝曰：“天下苦秦久矣。[8]吾聞二世，少子，[9]不當立，當立者乃公子扶蘇。[10]扶蘇以數諫故不得立，上使外將兵。[11]今或聞無罪，二世殺之。百姓多聞其賢，未知其死。[12]項燕爲楚將，數有功，[13]愛士卒，楚人憐之。或以爲在。[14]今誠以吾衆爲天下倡，宜多應者。”[15]廣以爲然。迺行卜。卜者知其指意，曰：“足下事皆成，有功。然足下卜之鬼乎！”[16]勝、廣喜，念鬼，[17]曰：“此教我先威衆耳。”迺丹書帛曰“陳勝王”，[18]置人所罾魚腹中。[19]卒買魚亨食，得書，已怪之矣。[20]又閒令廣之次所旁叢祠中，[21]夜構火，[22]狐鳴呼曰：“大楚興，陳勝王。”[23]卒皆夜驚恐。旦日，[24]卒中往往指目勝、廣。[25]

　　[1]【今注】二世元年：公元前209年。二世，秦始皇子胡亥。《史記》卷六《秦始皇本紀》載"朕爲始皇帝。後世以計數，二世三世至於萬世，傳之無窮"。

　　[2]【顏注】師古曰：閭，里門也。發閭左之人皆遣戍也。解具在《食貨志》。【今注】發閭左戍漁陽九百人：《史記》卷四八《陳涉世家》作"發閭左謫戍漁陽九百人"。閭左，秦代居里門之左的人，指身份卑賤之人。秦代謫發次序，先發有罪，次及身份、職業受歧視者，漸及"閭左"等無辜之人（如本書《食貨志上》引應劭說、卷四九《鼂錯傳》）。或以閭左爲居於閭里之左，在復除之列（如《鼂錯傳》引孟康說、《史記·陳涉世家》引司馬貞注）。于振波將諸說分爲"黔首"（即平民）說（郭嵩燾、岑仲勉、王好立、蔣非非）、"身份較高"說（莊春波、王子今）、"地位貧賤"說（馬非百、林劍鳴、盧南喬、袁仲一、辛德勇、王育成、田人隆），認爲閭左是"黔首"中以無田或少田之雇農和佃農爲主的貧民（《簡牘與秦漢社會》，湖南大學出版社2012年版，第132—155頁）。臧知非認爲閭即秦代基本居民組織，後指里門，閭左即里門之左側，所居多貧賤人員（《"閭左"新證——以秦漢基層社會結構爲中心》，《史學集刊》2012年第2期）。張信通認爲，閭左爲普通民衆，與"豪右"對應。左並不指方位（《秦代的"閭左"考辨》，《貴州師範學院學報》2013年第11期）。孟彥弘認爲，閭左爲"閭五"之訛，閭五即"閭（里）士五"之簡稱，爲秦代一種法定身份。見睡虎地秦簡（《〈史記〉"閭左"發覆》，《文史哲》2016年第6期）。漁陽，郡名。治漁陽（今北京市懷柔區北房鎮梨園莊東）。

　　[3]【顏注】師古曰：人所聚曰屯，爲其長帥也。【今注】皆：《史記·陳涉世家》"皆"下有"次當行"三字。　屯長：戍卒中什伍組織的小頭目。《秦律雜抄》有敦（屯）長。《商君書·境內》"五〔十〕人一屯長，百人一將"。沈欽韓《漢書疏證》引

《續漢書‧百官志》：屯長比二百石。《通典》卷一四八《兵一》以
五火爲隊，五十人有頭，二隊爲官，百人立長，即屯長。周壽昌
《漢書注校補》則以爲，屯長如里長、亭長之屬，不能稱帥。

[4]【今注】蘄：縣名。治所在今安徽宿州市東南。　大澤鄉：
古地名。在今安徽宿州市東南。

[5]【顏注】師古曰：度謂量計之，音大各反。【今注】失期
法斬：失期按律當處以斬刑。《史記‧陳涉世家》作“失期法皆
斬”。王叔岷《史記斠證》認爲，“斬”字前應有一“當”字。有
學者據《睡虎地秦簡‧興律》《法律答問》簡 163 認爲，秦時對失
期的處罰，並非處斬，這應當是陳勝發動起義的策略手段（參見于
敬民《“失期，法皆斬”質疑》，《中國史研究》1989 年第 1 期；丁
相順《“失期，法皆斬”嗎？》，《政法叢刊》1991 年第 2 期；金菲
菲亦持此種觀點）。曹旅寧認爲，陳勝等人未被處斬是因“詣水
雨”，但先秦、秦漢軍律對於失期的處理，皆規定處斬，可贖免。
此條是延續三代以來的軍法，有著極其悠久的歷史傳統（《陳勝吳
廣起義原因“失期”辨析》，《秦漢魏晉法制探微》，人民出版社
2013 年版，第 70—73 頁；又參見李玉福《秦漢制度史論》，山東大
學出版社 2002 年版，第 66 頁；莊小霞《“失期當斬”再探——兼
論秦律與三代以來法律傳統的淵源》，《中國古代法律文獻研究》
第 11 輯）。朱錦程以爲，“失期當斬”的軍律適用於統帥，對陳勝
等人並不適用，而是依《戍律》《興律》，故不當處斬（《秦制新
探》，博士學位論文，湖南大學，2017 年，第 91—103 頁）。

[6]【今注】亡：逃亡。楊樹達《漢書窺管》認爲，按亡謂逃
亡觸法而死，《索隱》謂爲戍卒而死，並不準確。

[7]【今注】死國：爲國家大事而死。王先謙《漢書補注》引
《索隱》“謂欲經營圖國，假使不成而敗，猶愈爲戍卒而死”。或認
爲是爲復興楚國而死（參見肖祥升《對“死國”注解的質疑》，
《韓山師範學院學報》1984 年第 2 期）。

[8]【今注】天下苦秦：當時人苦於秦朝的嚴酷統治。有學者

認爲苦當作"厭惡，憎恨"講（夏麟勳：《"天下苦秦久矣"別解》，《山東師範大學學報》1991 年第 3 期）。學者或以爲此説非史實。如陳蘇鎮認爲，"天下苦秦"衹是楚人爲滅秦高喊的口號，秦人並無同樣强烈的感受（參見《"天下苦秦"辨》，《〈春秋〉與"漢道"——兩漢政治與政治文化研究》，中華書局 2011 年版，第 28—37 頁）。

[9]【今注】少子：幼子，年齡較小的兒子。據《史記》卷八七《李斯列傳》《集解》，辯士隱姓名遺秦將章邯書曰："李斯爲秦王死，廢十七兄而立今主也。"則胡亥爲秦始皇第十八子。又云始皇有二十餘子，顯然胡亥並非秦始皇最小的兒子。《史記·秦始皇本紀》載，二世生十二年而立，二世皇帝元年年二十一歲。梁玉繩《史記志疑》認爲，"生十二年而立"是記載錯誤，"十二"當爲"二十"，文字訛倒。所謂元年二十一，指二世即位後第二年改元而言。則秦始皇崩時，二世爲二十歲（參見葉永新《秦二世即位年齡及生年辨正》，《渭南師範學院學報》2015 年第 7 期）。

[10]【今注】公子扶蘇：秦始皇長子。公子，《儀禮·喪服》："諸侯之子稱公子，公子之子稱公孫。"案，此二句屬漢代以後對二世即位的普遍認識，但據北大藏西漢竹書《趙正書》與兔子山遺址出土《秦二世元年文書》，似秦二世的即位是秉承秦始皇的遺詔行事。孫家洲認爲，兩種文獻並不足以形成質疑相關記載的證據（《兔子山遺址出土〈秦二世元年文書〉與〈史記〉紀事抵牾釋解》，《湖南師範大學學報》2015 年第 3 期）。陳侃理則認爲，《趙正書》相關內容與《史記》同源，但關於胡亥即位的記載與《史記》有異。胡亥詐立之説由楚人提出，並成爲漢代以後普遍認可的説法。《史記》中的記載是司馬遷選擇當時主流歷史意識的結果（《〈史記〉與〈趙正書〉——歷史記憶的戰爭》，"文明的和諧與共同繁榮——互信·合作·共享：出土文獻與中國古代文明"分論壇，2016 年）。

[11]【顏注】師古曰：數，音所角反。皆（蔡琪本、大德

本、殿本"皆"前有"下"字）類此。【今注】扶蘇以數諫故不
得立：《史記·陳涉世家》無"不得立"三字。　上使外將兵：
《史記》卷六《秦始皇本紀》載，秦始皇使扶蘇北監蒙恬於上郡
（治膚施，在今陝西榆林市東南）。

[12]【顏注】如淳曰：扶蘇自殺，故人不知其死。或以爲不
知何坐而死，故天下冤二世殺之。師古曰：如、或說皆非也（殿
本無"也"字）。此言我聞二世已殺扶蘇矣，而百姓皆未知之，
故勝、廣舉事詐自稱扶蘇耳。【今注】案，據《史記·秦始皇本
紀》，扶蘇被賜死在始皇三十七年（前210）七月，陳勝舉事在二
世元年（前209）七月，中間隔一年，扶蘇之死未必不被天下百姓
所知。《史記·陳涉世家》《索隱》以爲，此指扶蘇爲二世所殺，
而百姓不知，故陳勝欲詐自稱之。

[13]【顏注】師古曰：燕，音一千反。【今注】項燕：戰國
末楚國將領，項羽叔父。事迹見《史記》卷七《項羽本紀》、本書
本卷。

[14]【今注】或以爲在：《史記·陳涉世家》作"或以爲死，
或以爲亡"。沈欽韓《漢書疏證》認爲，《史記》卷四〇《楚世
家》、卷一五《六國年表》、卷七三《王翦傳》並云先殺將軍項燕，
後虜荆王負芻。卷六《秦始皇本紀》言二十三年虜荆王，項燕立昌
平王爲荆王。二十四年，王翦、蒙武破荆軍，昌平君死，項燕遂自
殺。以陳勝之言推斷，當時項燕仍在世，則《秦始皇本紀》作自殺
爲是。若先一年爲秦所殺，楚人豈得不知？而梁玉繩《史記志疑》
卷五云：《六國年表》《楚世家》《蒙恬傳》皆言始皇二十三年殺項
燕，二十四年虜楚王負芻。《王翦傳》亦以虜楚王在殺項燕之後。
獨此處言二十三年虜荆王，二十四年項燕自殺；而又有項燕立昌平
君一節。則《始皇本紀》實有誤。王叔岷《史記斠證》亦認爲，
案《通鑑》於二十三年言殺項燕，二十四年言虜楚王負芻。也可證
明此紀之誤。

[15]【顏注】師古曰：倡讀曰唱，謂首號令也（殿本此注在"天下倡"之後）。【今注】案，《史記·陳涉世家》"衆"下有"詐自稱公子扶蘇項燕"九字，説明陳勝因自己爲戍卒，名望不够，故託扶蘇、項燕以發動戍卒舉事。

[16]【顏注】李奇曰：卜者誠曰，所卜事雖成，當死爲鬼。惡指斥言，而勝失其指，反依鬼神起怪也。蘇林曰：狐鳴祠中即是也。如淳曰：以鬼道惑衆乎（惑，大德本、殿本作"威"），但用人事也。師古曰：李、如之説皆非也。卜者云事成有功，然須假託鬼神乃可興起耳。故勝、廣曉其此意，則爲魚書、狐鳴以威衆耳。【今注】足下：對同輩、朋友的敬稱。古時也用於對上。卜之鬼：楚人好鬼，故卜者善作此類假託鬼神之事。

[17]【今注】念鬼：《史記·陳涉世家》《索隱》云，念，指思。思念欲假鬼神之事。

[18]【今注】丹書帛：以丹書於帛上。古代以丹書爲告示某種祥瑞的徵兆，而且丹作爲一種顯著鮮明的色彩，可用於傳誦、教人等（葛志毅：《丹砂在古代社會生活各方面的廣泛應用》，《譚史齋論稿六編》，黑龍江人民出版社 2016 年版）。清孫詒讓《周禮正義》卷四八云，古人卜筮時，書所占之吉凶於帛。

[19]【顏注】師古曰：罾，魚網也，形如仰繳蓋，四維而舉之，音曾。

[20]【顏注】師古曰：亨，音普庚反。【今注】亨：古同"烹"，煮。案，蔡琪本作"烹"。

[21]【今注】次所：戍卒駐扎的地方，以篝火、狐鳴令戍卒驚服。叢祠：社祠。古人祭禮土地神的祠廟。沈欽韓《漢書疏證》云，古代以二十五家爲一閭，閭各立社，多設置於樹木茂盛的地方，故稱樹爲社，又稱叢。釋"叢"爲"社"，"叢"是鬼神所依附之樹。

[22]【今注】篝火：置火於籠中。沈欽韓《漢書疏證》引

《方言》，"篝"謂之墻居。指熏籠。置火其中，使隱約若燐火，而爲狐鳴。《史記》作"篝火"，二字通用。

[23]【顏注】鄭氏曰：間謂竊令人行也。張晏曰：戍人所止處也。叢，鬼所憑也。師古曰：張説非也。此言密於廣所次舍處旁側叢祠中爲之，非戍人所止也。叢謂草木岑蔚者也。祠，神祠也。構謂結起也。呼音火故反。

[24]【顏注】師古曰：指而私目視之。【今注】旦日：第二天。

[25]【今注】指目：用手指，用眼看。案，王先謙《漢書補注》認爲，此時戍卒以陳勝爲主，不應同時指目吳廣，故"廣"字或衍。王念孫《讀書雜志·漢書第八》也認爲，此文本作"旦日，卒中往往指目勝。廣素愛人，士卒多爲用"。上文皆曰陳勝王，故卒所指祇有陳勝，而不涉及吳廣。由於吳廣素得士卒心，故激怒將尉使辱罵自己，以激起衆人的反抗，而陳勝並未參與。《史記》正作"旦日，卒中往往語皆指目陳勝。吳廣素愛人，士卒多爲用者"。今本"指目勝"下有"廣"字，"廣素愛人"上又有"勝"字，則"廣、勝"二字或衍。

勝、廣素愛人，[1]士卒多爲用。[2]將尉醉，[3]廣故數言欲亡，忿尉，[4]令辱之，以激怒其衆。尉果笞廣。[5]尉劍挺，廣起奪而殺尉。[6]勝佐之，并殺兩尉。[7]召令徒屬曰："公等遇雨，皆已失期，當斬。藉弟令毋斬，[8]而戍死者固什六七。且壯士不死則已，死則舉大名耳。[9]侯王將相，寧有種乎！"[10]徒屬皆曰："敬受令。"乃詐稱公子扶蘇、項燕，從民望也。[11]祖右，稱大楚。[12]爲壇而盟，祭以尉首。[13]勝自立爲將軍，廣爲都尉。[14]攻大澤鄉，拔之。[15]收兵而攻蘄，[16]

蘄下。[17]乃令符離人葛嬰將兵徇蘄以東,[18]攻銍、鄼、苦、柘、譙,皆下之。[19]行收兵,比至陳,[20]兵車六七百乘,騎千餘,卒數萬人。攻陳,陳守令皆不在,[21]獨守丞與戰譙門中。[22]不勝,守丞死。乃入據陳。數日,號召三老豪桀會計事。[23]皆曰:"將軍身被堅執銳,[24]伐無道,誅暴秦,復立楚之社稷,功宜爲王。"勝乃立爲王,號張楚。[25]

[1]【今注】愛人:愛護幫助他人。

[2]【今注】爲用:被人所利用,爲之效命。

[3]【顏注】師古曰:將尉者,其官本尉耳。時領戍人,故爲將尉(故爲,蔡琪本、殿本作"故曰")。【今注】將尉:當時大縣有兩尉,以其大者爲將尉,率領戍卒。《史記》卷四八《陳涉世家》《索隱》引《漢舊儀》稱"大縣三人,其尉將屯九百人",故云將尉。

[4]【今注】忿:使生氣、憤怒。

[5]【今注】笞:古代刑罰名,以竹板或荊條捶擊犯人的脊背或臀部。秦簡《法律答問》《秦律十八種》中有"治"刑,通"笞"。有不當治、治十、治卅、治五十、治百等,屬於懲誡性的輕刑,也作爲刑訊手段(參見黃海《由"笞"至"笞刑"——東周秦漢時期"笞刑"的產生與流變》,《社會科學》2019年第4期)。

[6]【顏注】師古曰:挺,拔也。尉劍自拔出,廣因奪取之。【今注】挺:本書卷八八《儒林傳》有"先驅旄頭,劍挺墮地",顏師古注"挺,引也,劍自然引出也",與此不同。當以"引"爲是,意爲滑出,脫落。

[7]【今注】并:一起。

[8]【顏注】服虔曰:藉猶借也。弟,使也。應劭曰:藉,

吏士名籍也。弟（蔡琪本、大德本、殿本作“第”），次也。言今失期當斬，就使籍弟幸得不斬，戍死者固十六七也。蘇林曰：藉，假；弟，且也。晉灼曰：《酈食其傳》“弟言之”，《外戚傳》“弟一見我”，蘇說是也。師古曰：服、應說弟義皆非也。晉氏意頗近之，而猶未得。《漢書》諸言弟者甚衆。弟，但也，語有緩急耳。言但令無斬也。今俗人語稱但者，急言之，則音如弟矣。《酈食其》《外戚傳》所云弟者，皆謂但耳，義非且也。【今注】徒屬：徒衆，從屬。　藉弟：蔡琪本、大德本、殿本作“藉第”。《索隱》引蘇林說作“假且”，當是。

[9]【今注】大名：侯、王、將、相等爵位官職。

[10]【顏注】師古曰：言求之而得，不必胤冑。

[11]【今注】民望：衆人所屬望。

[12]【顏注】師古曰：袒右者，脫右肩之衣。當時取異於凡衆也。【今注】袒右：脫去右臂的衣服。周壽昌《漢書注校補》引《戰國策》“齊王孫賈入市曰：‘淖齒亂齊國，殺王。欲與我誅者，袒右。’”又本書載漢初周勃誅諸呂，以“爲劉者左袒”號令於衆。則袒左、袒右並無特殊含義，祇不過臨時確定衆人遵從，並以示區別。

[13]【顏注】師古曰：以所殺尉之首祭神也。【今注】壇：古代用於祭祀、盟誓、占卜的高臺。

[14]【今注】都尉：即秦郡尉，一郡內掌武事備盜賊的高級武官。職位次於將軍。景帝中二年（前148）更名都尉。此處或當作“郡尉”。

[15]【今注】案，《史記·陳涉世家》無“拔之”二字。

[16]【今注】收兵而攻蘄：《史記·陳涉世家》作“收而攻蘄”。

[17]【今注】下：攻克。

[18]【顏注】李奇曰：徇，略也。師古曰：音似峻反。【今

注】符離：縣名。治所在今安徽宿州市埇橋區東北。

[19]【顔注】師古曰：五縣名也。銍，音竹乙反。酇，音才多反。【今注】銍：縣名。治所在今安徽濉溪縣臨渙鎮。陳直《漢書新證》有"銍粟將印"，疑爲陳勝下銍以後，暫置管理米粟之官。　酇（cuó）：縣名。治所在今河南永城市西酇城鎮。　苦（hù）：縣名。治所在今河南鹿邑縣東。　柘：縣名。治所在今河南柘城縣北。　譙（qiáo）：縣名。治所在今安徽亳州市。

[20]【顔注】師古曰：比，音必寐反。【今注】陳：縣名。治所在今河南淮陽縣。比，《史記·陳涉世家》作"北"。

[21]【顔注】師古曰：守，郡守也。令，縣令也。【今注】陳守令皆不在：陳，秦時屬潁川郡，爲郡治，故云守令皆不在。王先謙《漢書補注》引劉攽說，秦並不以陳爲郡，不當有守，"皆"字疑衍。又"守"並非指官名，當作"權守"之義。陳直《漢書新證》亦以"守"義爲漢代官吏試守一歲，然後爲真。秦分天下爲郡縣，郡置守、尉、監，縣置令、丞、尉。施之勉《漢書集釋》以守爲潁川守，令爲陳縣令。

[22]【顔注】晉灼曰：譙門，義闕。師古曰：守丞，謂郡丞之居守者。一曰郡守之丞，故曰守丞。譙門，謂門上爲高樓以望耳（蔡琪本、大德本、殿本"耳"前有"者"字）。樓一名譙，故謂美麗之樓爲麗譙。譙亦呼爲巢。所謂巢車者，亦於兵車之上爲樓以望敵也。譙、巢聲相近，本一物也。今流俗書本"譙"下有"城"字，非也。此自陳耳，非譙之城。譙城前已下矣。【今注】譙門：城門上高樓，用以瞭望。王先謙《漢書補注》引劉奉世說，稱陳與譙相鄰，自陳至譙的路上有門，即譙門。《史記·陳涉世家》《索隱》云譙門爲陳縣之城門，一名麗譙。周壽昌《漢書注校補》認爲，"麗"通"欐"，即屋梁。譙，責備。用於城門檢查人群出入。

[23]【顔注】師古曰：號令召呼之。【今注】三老：官名。

戰國魏時已有此官。秦置鄉三老，掌管教化，幫助地方官推行政令。

［24］【顏注】師古曰：堅，堅甲也。銳，利兵也。

［25］【顏注】劉德曰：若云張大楚國也。張晏曰：先是楚爲秦滅，已弛，今立楚，爲張也。師古曰：張説是也。【今注】案，蔡琪本、大德本"張楚"前有"爲"字。《史記》卷八《高祖本紀》及《陳涉世家》均稱陳涉號爲"張楚"，一作國號，或即大楚。其含義即張大楚國，爲重建楚國。長沙馬王堆三號漢墓所出帛書《五星占》，上亦有"張楚"，與秦、漢及秦始皇、孝惠、高皇后等並列（參見田餘慶《説張楚——關於"亡秦必楚"問題的探討》，《歷史研究》1989 年第 2 期）。

於是諸郡縣苦秦吏暴，皆殺其長吏，[1]將以應勝。迺以廣爲假王，[2]監諸將以西擊滎陽。[3]令陳人武臣、張耳、陳餘徇趙，[4]汝陰人鄧宗徇九江郡。[5]當此時，楚兵數千人爲聚者不可勝數。[6]

［1］【今注】長吏：秦漢時期郡守（太守）、郡尉（都尉）、王國相、三輔（京兆尹、左馮翊、右扶風）、都官、侯國相等都被稱作長吏；道、三輔所轄縣、障候等機構的主要負責人也都稱長吏（參見張欣《秦漢長吏再考：與鄒水傑先生商榷》，《中國史研究》2010 年第 3 期）。此處指郡縣之守、令、丞、尉等。

［2］【今注】假王：假署之王。

［3］【今注】監：監臨，監督。　滎陽：縣名。治所在今河南滎陽市東北。

［4］【今注】令陳人武臣張耳陳餘徇趙：本書卷三二《張耳陳餘傳》載，陳勝以武臣爲將軍，張耳、陳餘爲左右校尉，率卒三千人，從白馬（今河南滑縣東北古黃河南岸）渡河攻趙地。趙，戰國

末期趙國所在地。**都邯鄲**（今河北邯鄲市）。

[5]【今注】汝陰：縣名。治所在今安徽阜陽市。 九江：郡名。治壽春（今安徽壽縣）。

[6]【顏注】師古曰：聚，音材喻反。

　　葛嬰至東城，立襄彊爲楚王。[1]後聞勝已立，因殺襄彊，還報。至陳，勝殺嬰，令魏人周市北徇魏地。[2]廣圍滎陽。李由爲三川守，[3]守滎陽，廣不能下。勝徵國之豪桀與計，[4]以上蔡人房君蔡賜爲上柱國。[5]

　　[1]【顏注】師古曰：東城，縣名。《地理志》屬九江郡。【今注】東城：縣名。治所在今安徽定遠縣東南。

　　[2]【顏注】師古曰：即梁地，非河東之魏也。【今注】周市：陳勝起義軍將領。北略魏地後，陳勝欲立其爲魏王，不肯，立寧陵君魏咎爲魏王，周市爲相。後爲秦將章邯所擊殺。 魏地：戰國末魏國所在地。都大梁（今河南開封市西北）。

　　[3]【今注】李由：上蔡（今河南上蔡縣西南）人，李斯長子。 三川：郡名。治洛陽（今河南洛陽市東北）。 守：郡守。戰國時始置，爲一郡最高行政長官。

　　[4]【顏注】師古曰：徵，召也。

　　[5]【顏注】鄭氏曰：房君，官號也。姓蔡名賜。晉灼曰：《張耳傳》言相國房君是也（相，蔡琪本作“柱”）。師古曰：房君者，封邑之名，非官號也。【今注】上蔡：縣名。治所在今河南上蔡縣西南。 房君：蔡賜封於房邑，故名。房，邑名。在今河南遂平縣。 上柱國：戰國時楚國官名，掌軍政政令，主征戰。次於令尹。

　　周文，陳賢人也，嘗爲項燕軍視日，[1]事春申君，[2]自言習兵。[3]**勝與之將軍印，西擊秦。行收兵至關，**[4]車千乘，[5]卒十萬，[6]至戲，軍焉。[7]秦令少府章邯免驪山徒人、奴産子，[8]悉發以擊楚軍，大敗之。周文走出關，止屯曹陽。[9]二月餘，[10]章邯追敗之，復走黽池。[11]十餘日，章邯擊，大破之。周文自到，[12]軍遂不戰。

[1]【顔注】文穎曰：周文即周章也。服虔曰：視日旁氣也。如淳曰：視日時吉凶舉動之占。師古曰：視日，如説是也。【今注】周文：本書卷一《高紀上》應劭注作"周章，字文"。 視日：戰國時期"視日"，是按照《曆譜》上的吉凶來行事，又作"質日"（參見李零《視日、日書和葉書：三種簡帛文獻的區別和定名》，《文物》2008年第12期；［日］工藤元男《具注曆的淵源——"日書""視日""質日"》，薛夢瀟譯，《簡帛》第9輯，上海古籍出版社2014年版）。案，即所謂觀察日暈以預測吉凶。本書《藝文志》天文家有《漢日旁氣行事占驗》三卷、《漢日旁氣行占驗》十三卷。

[2]【顔注】應劭曰：楚相黃歇。【今注】春申君：戰國時楚國大臣。楚頃襄王時任左徒。楚考烈王即位，任爲相，封春申君。相楚二十五年。有食客三千人。

[3]【今注】習兵：熟悉用兵策略，戰略。

[4]【今注】關：函谷關。在今河南靈寶市東北農澗河畔王垛村。

[5]【今注】乘：古代稱兵車，四馬一車爲一乘。

[6]【今注】卒十萬：王先謙《漢書補注》引張耳、陳餘、劉向傳並云，周文將卒百萬，《史記》卷四四《淮南王傳》云周章之兵百二十萬，皆當時號稱之數。此傳所謂十萬，或爲當時的實際情況。

[7]【顏注】師古曰：戲，水名，在新豐東，音許宜反。解具在《高紀》。【今注】戲：縣名。后曉榮《秦代政區地理》認爲，秦於戲置縣，治所在今陝西西安市臨潼區東北四十里戲水。　軍：軍隊駐扎。

[8]【顏注】服虔曰：家人之產奴也。師古曰：奴產子，猶今人云家生奴也。【今注】少府：官名。掌山海池澤之稅與皇室手工製造等，秩中二千石。　章邯：秦將。率軍破陳勝、項梁起義軍。鉅鹿之戰，爲項羽擊敗，投降。秦亡後，項羽封爲雍王，都廢丘（今陝西興平市東南）。公元前205年，劉邦攻雍丘，兵敗自殺。驪山：在今陝西西安市臨潼區驪山鎮南，渭河南岸。　徒人奴產子：《史記》卷四八《陳涉世家》作"人奴產子生"，"生"字或衍。或作"徒人、奴產子"。施之勉《漢書集釋》引《漢紀》秦令將軍章邯赦驪山作徒七十萬人以擊之。王駿圖、王駿觀《史記舊注平議》認爲，徒人，徒罪之人。奴，重罪没爲官奴，妻子一並没入，故有奴產子。

[9]【顏注】晉灼曰：亭名也，在弘農東十三里，魏武改爲好陽。師古曰：曹水之陽也。其水出陝縣西南峴頭山而北流入河，今謂之好陽澗，在陝縣西四十五里。【今注】曹陽：亭名。在今河南靈寶市東北。

[10]【今注】二月餘：王先謙《漢書補注》引葉德輝説，《史記·秦楚之際月表》載，二世元年九月，周文兵至戲，敗走。二年十一月，周文死。此云"二月餘"，與表符合。《陳涉世家》作二三月，屬於大概的説法。秦以十月爲歲首，九月至十一月，凡三月。

[11]【顏注】師古曰：黽音涵。【今注】黽池：城名。在今河南澠池縣西。

[12]【今注】剄：以刀割頸。

武臣至邯鄲,[1]自立爲趙王,陳餘爲大將軍,張耳、召騷爲左右丞相。[2]勝怒,捕繫武臣等家室,[3]欲誅之。柱國曰:"秦未亡而誅趙王將相家屬,此生一秦,[4]不如因立之。"勝乃遣使者賀趙,而徙繫武臣等家屬宮中。[5]而封張耳子敖爲成都君,[6]趣趙兵亟入關。[7]趙王將相相與謀曰:"王王趙,非楚意也。楚已誅秦,必加兵於趙。計莫如毋西兵,[8]使使北徇燕地以自廣。[9]趙南據大河,[10]北有燕代,[11]楚雖勝秦,不敢制趙,若不勝秦,必重趙。[12]趙承秦楚之敝,可以得志於天下。"[13]趙王以爲然,因不西兵,而遣故上谷卒史韓廣將兵北徇燕。[14]

[1]【今注】邯鄲:縣名。治所在今河北邯鄲市西南。

[2]【顔注】師古曰:召讀曰邵。【今注】案,張耳、召騷爲左右丞相,《史記》卷五九《張耳陳餘列傳》作"張耳爲右丞相,召騷爲左丞相"。

[3]【今注】捕繫:拘捕並囚禁。 家室:家屬。

[4]【顔注】師古曰:言爲讎敵,與秦無異。

[5]【顔注】師古曰:徙居宮中,示優禮也。拘而不遣,故謂之繫。

[6]【今注】敖:張敖。張耳之子。後隨其父降漢。公元前202年,繼位爲趙王,妻爲劉邦之女魯元公主。公元前200年,因趙相貫高謀殺劉邦,事發被捕,後獲釋,貶爲宣平侯。 成都君:封號名。據《史記正義》"成都,蜀郡縣,涉遥封之",王先謙《漢書補注》依上文房君體例,成都應該是封邑,但距離相隔甚遠,於情理不合。後漢南陽郡有成都縣,當即張敖封邑,故因置縣。陳直《漢書新證》以"成都"非地名,祇是尊稱,爲封號而非地邑。

取義於所居一年成邑，三年成都，是嘉名。**張烈主編《漢書注譯》**則認爲，"成都"即城都縣，在今山東鄄城縣東南。馬端臨《文獻通考》卷二六五《封建考六》認爲，戰國之際，秦項之間，權設班寵，有加賜邑君者蓋假其位號，或空受其爵耳。

[7]【顏注】師古曰：趣讀曰促。亟，急也，音居力反。

[8]【顏注】師古曰：勿令兵西出也。

[9]【今注】燕地：戰國末期燕國所在地。在今遼寧西部、河北北部一帶。

[10]【今注】大河：黃河。

[11]【今注】燕代：燕國、代國所在地。代國在今河北西北部與山西東北部。

[12]【顏注】師古曰：重，尊重也（大德本、殿本作"重，謂尊重也"）。

[13]【今注】案，沈欽韓《漢書疏證》認爲，這是戰國策士慣用的計謀，即人人希望乘人之弊，以求自保，以致不能聯合。

[14]【顏注】張晏曰：卒史，曹史也。【今注】上谷：郡名。治沮陽縣（今河北懷來縣大古城村）。　卒史：秦漢中央及地方官吏的高級屬吏，掌處理文書、輔佐長官（參見李迎春《論卒史一職的性質、來源與級別》，《簡牘學研究》第6輯，甘肅人民出版社2016年版）。

　　燕地貴人豪桀謂韓廣曰：[1] "楚趙皆已立王。燕雖小，亦萬乘之國也，[2] 願將軍立爲王。"韓廣曰："廣母在趙，不可。"燕人曰："趙方西憂秦，南憂楚，其力不能禁我。且以楚之強，不敢害趙王將相之家，今趙獨安敢害將軍家乎？"韓廣以爲然，乃自立爲燕王。居數月，趙奉燕王母家屬歸之。[3]

［1］【今注】燕地貴人：王先謙《漢書補注》引王先慎説，"地"字當在上文"北徇燕"下。"燕地貴人"當爲"燕故貴人"。"故貴人"，指此前六國時燕貴人今失勢者，如《李廣傳》"故將軍"之類。此時燕地已屬秦國，並無所謂貴人。疑轉寫者脱"故"字，誤移"地"字於此處。《史記》正以"地"字作"故"，上"燕"下有"地"字。楊樹達《漢書窺管》據《陳餘傳》，僅作"韓廣至燕，燕人因立廣爲燕王"，無"地"字，認爲不當改。

［2］【今注】萬乘之國：按周代制度，天子地方千里，兵車萬乘，因以"萬乘"指天子。諸侯多爲千乘。此處旨在擡高燕國地位，並非實數。

［3］【今注】奉：送。

是時，諸將徇地者不可勝數。周市北至狄，[1]狄人田儋殺狄令，[2]自立爲齊王，反擊周市。市軍散，還至魏地，立魏後故甯陵君咎爲魏王。[3]咎在勝所，不得之魏。魏地已定，欲立周市爲王，市不肯。使者五反，[4]勝乃立甯陵君爲魏王，遣之國。周市爲相。

［1］【顏注】師古曰：縣名也，後漢安帝時改名臨濟。【今注】狄：縣名。治所在今山東高青縣東南。

［2］【今注】田儋：秦末狄人。戰國末齊王田氏的族人。傳見本書卷三三。

［3］【顏注】應劭曰：魏諸公子，名咎。欲立六國後以樹黨也。【今注】案，蔡琪本無"故"字。 甯陵：縣名。治所在今河南寧陵縣東南。 咎：魏咎。戰國時魏國王族。陳勝部將周市攻下魏地，立爲魏王。陳勝兵敗後，退守臨濟（今河南封丘縣東）。後自殺。

［4］【顏注】師古曰：反謂回還也。

　　將軍田臧等相與謀曰:"周章軍已破,[1]秦兵且至,[2]我守滎陽城不能下,[3]秦軍至,必大敗。不如少遺兵,足以守滎陽,[4]悉精兵迎秦軍。[5]今假王驕,不知兵權,[6]不可與計,非誅之,事恐敗。"因相與矯陳王令,以誅吳廣,[7]獻其首於勝。勝使賜田臧楚令尹印,[8]使爲上將。[9]田臧廼使諸將李歸等守滎陽城,自以精兵西迎秦軍於敖倉。[10]與戰,田臧死,軍破。章邯進擊李歸等滎陽下,破之,李歸死。

　　[1]【顏注】服虔曰:周章即周文。

　　[2]【今注】案,且至,《史記》卷四八《陳涉世家》作"旦暮至"。

　　[3]【今注】案,守,《史記·陳涉世家》作"圍"。

　　[4]【顏注】師古曰:遺,留也。

　　[5]【顏注】師古曰:悉,盡也。

　　[6]【今注】兵權:用兵的謀略。

　　[7]【顏注】師古曰:矯,託也(託,大德本、殿本作"詐")。託言受令也。【今注】矯:假託。　吳廣:《史記·陳涉世家》作"吳叔"。

　　[8]【今注】令尹:春秋戰國時楚國最高行政長官,如丞相。

　　[9]【今注】上將:主將、統帥。

　　[10]【今注】敖倉:秦代在敖山設置的糧倉,故地在漢滎陽縣城(今河南鄭州市西邙山上)。

　　陽城人鄧説將兵居郯,[1]章邯別將擊破之,鄧説走陳。銍人五逢將兵居許,[2]章邯擊破之。五逢亦走陳。勝誅鄧説。

[1]【顔注】師古曰：説讀曰悦。郯，東海縣也，音談。【今注】郯：縣名。治所在今山東郯城縣北。王先謙《漢書補注》引《史記索隱》認爲，章邯軍未至東海，此“郯”當作“郟”，即今河南郟縣，與陽城相近。《史記正義》云，鄧悦是陽城人。陽城爲河南府縣，與郟城縣相近，又走陳，蓋“郟”字誤作“郯”。

[2]【今注】五逢：《史記》卷四八《陳涉世家》作“伍徐”。王先謙《漢書補注》引王引之云：“徐”與“逢”聲不相近，“徐”當爲“侳”字之誤。《説文》“侳讀若蠢”，與“逢”聲相近，故字相通。案，《漢書》“伍”姓皆作“五”。　許：縣名。治所在今河南許昌市建安區東。

　　勝初立時，凌人秦嘉、銍人董緤、符離人朱雞石、取慮人鄭布、徐人丁疾等皆特起，[1]將兵圍東海守於郯。[2]勝聞，迺使武平君畔爲將軍，[3]監郯下軍。秦嘉自立爲大司馬，[4]惡屬人，[5]告軍吏曰：“武平君年少，不知兵事，勿聽。”因矯以王命殺武平君畔。

[1]【顔注】張晏曰：凌，泗水縣也。銍、符離，沛縣也。取慮、徐，臨淮縣也。師古曰：緤音先列反。取音趨，又音秋。慮音廬。【今注】凌：縣名。治所在今江蘇宿遷市東南。《史記》卷四八《陳涉世家》作“陵”。卷七《項羽本紀》《集解》引《陳涉世家》作“廣陵”。　董緤：周壽昌《漢書注校補》案，董緤即本書《高惠高后文功臣表》成敬侯董渫。渫、緤傳寫有異。　取慮：縣名。治所在今安徽靈璧縣東北。　徐：縣名。治所在今安徽泗洪縣南。　特起：突起。

[2]【今注】東海：郡名。治郯縣（今山東郯城縣北）。東海守，據《史記·陳涉世家》，守名慶。

[3]【顔注】張晏曰：畔，名也。【今注】案，羅福頤主編

《秦漢南北朝官印徵存》著錄有一印，印文曰"武平君璽"（參見王人聰《武平君璽考》，《江漢考古》1994年第4期）。

[4]【今注】大司馬：楚國武官名。地位次於令尹，掌軍事、軍賦。

[5]【顏注】師古曰：不欲統屬於人。

章邯已破五逢，擊陳，柱國房君死。章邯又進擊陳西張賀軍。勝出臨戰，[1]軍破，張賀死。

[1]【今注】勝出臨戰：王先謙《漢書補注》認爲，《史記》卷四八《陳涉世家》"臨"作"監"，應當較爲符合實際，疑字形相近而誤。

臘月，[1]勝之汝陰，[2]還至下城父，[3]其御莊賈殺勝以降秦。[4]葬碭，[5]謚曰隱王。[6]勝故涓人將軍呂臣爲蒼頭軍，[7]起新陽，[8]攻陳下之，殺莊賈，復以陳爲楚。初，勝令銍人宋留將兵定南陽，[9]入武關。[10]留已徇南陽，聞勝死，南陽復爲秦。[11]宋留不能入武關，迺東至新蔡，[12]遇秦軍，宋留以軍降秦。秦傳留至咸陽，[13]車裂留以徇。[14]

[1]【顏注】張晏曰：秦之臘月，夏之九月。臣瓚曰：建丑之月也。師古曰：《史記》云胡亥二年十月誅陳葛嬰（蔡琪本、大德本、殿本無"陳"字），十一月周文死，十二月涉死（涉死，蔡琪本、大德本、殿本作"陳涉死"）。瓚説是也。

[2]【今注】汝陰：縣名。治所在今安徽阜陽市。

[3]【顏注】師古曰：下城父，地名，在城父縣東。父音甫。

【今注】下城父：地名。在今安徽渦陽縣東南。因地近城父縣（今安徽亳州市東南城父集）而得名。

[4]【今注】御：駕御馬車的人。

[5]【今注】碭：縣名。治所在今安徽碭山縣南。

[6]【今注】謚曰隱王：《逸周書·謚法解》云"隱拂不成曰隱"。謚，古人死後，根據其言行事迹追加的稱號。

[7]【顏注】應劭曰：涓人，如謁者。將軍姓呂名臣也。時軍皆著青巾，故曰蒼頭。服虔曰：蒼頭謂士卒青帛巾，若赤眉之號，以相別也。師古曰：涓，絜也。涓人，主絜除之人。涓音蠲。【今注】涓人：古代宮中擔任灑掃清潔之人，又稱"中涓"。楚國很早就有此官。 蒼頭軍：以青巾裹頭，以異於衆。《史記》卷六九《蘇秦列傳》《索隱》，魏有蒼頭二十萬，呂臣等蒼頭軍或受此影響。

[8]【顏注】師古曰：縣名也，屬汝南郡。【今注】新陽：縣名。治所在今安徽界首市北。

[9]【今注】南陽：郡名。治宛縣（今河南南陽市宛城區）。

[10]【今注】武關：關名。在今陝西商南縣西南丹江北岸。

[11]【顏注】師古曰：爲音于僞反。

[12]【今注】新蔡：縣名。治所在今河南新蔡市。

[13]【今注】傳：秦漢時期押解犯人，一種方式是全程押送，即從起解地點開始行至最後目的地，始終對犯人進行監護。如劉邦自沛縣出發至驪山。一種是更替押解，即祇負責某一段路程的護送任務，押解者不離開自己的轄區，稱作"以亭次傳"，或"以縣次傳"。此處當指後一種方式。（參見宋傑《秦漢罪犯押解制度》，《南都學壇》2009年第6期） 咸陽：秦都城。故城遺址在今陝西咸陽市渭城區窑店鎮一帶。

[14]【顏注】師古曰：徇，行示也，以示衆爲戒。徇音辭峻反。【今注】車裂：古代酷刑。亦稱"轘"或"轘刑"，俗稱"五

馬分屍"，即將人頭和四肢分別拴在五輛車上，以五馬駕車，同時分馳，撕裂肢體。

秦嘉等聞勝軍敗，迺立景駒爲楚王，[1]引兵之方與，[2]欲擊秦軍濟陰下。[3]使公孫慶使齊王，欲與併力俱進。[4]齊王曰："陳王戰敗未知其死生，楚安得不請而立王？"公孫慶曰："齊不請楚而立王，楚何故請齊而立王？且楚首事，當令於天下。"[5]田儋殺公孫慶。

[1]【今注】景駒：戰國時楚國公族後裔。

[2]【顏注】師古曰：之，往也。方與，縣名也。方音房。與音豫。【今注】方與：縣名。治所在今山東魚臺縣西。

[3]【今注】濟陰下：《漢書考證》齊召南説，案《史記》作"定陶下"，據本書《地理志上》，濟陰郡治定陶，本是一地，可以通稱。但濟陰爲郡名，至漢代始立，則當依《史記》作"定陶"。濟陰，郡名。治定陶（今山東省菏澤市定陶區西北）。

[4]【今注】案，併，大德本、殿本作"并"。

[5]【顏注】師古曰：首事，謂最先起兵。

秦左右校復攻陳，[1]下之。呂將軍走，徼兵復聚，[2]與番盜英布相遇，[3]攻擊秦左右校，破之青波，[4]復以陳爲楚。會項梁立懷王孫心爲楚王。[5]

[1]【今注】左右校：秦漢軍隊編制單位。本書卷五五《衛青傳》顏師古注："校者，營壘之稱，故謂軍之一部爲一校。"校亦稱營，以校尉領之，少者數百人，多者千餘人。其長官稱校尉，有左右校尉。

　　[2]【顏注】如淳曰：徵，要也。徵散卒復相聚斂也。師古曰：徵音工堯反。

　　[3]【顏注】師古曰：番即番陽縣也。於番爲盜，故曰番盜。番音蒲何反。其後番字改作鄱。【今注】番：縣名。治所在今江西鄱陽縣東北。　英布：又作“黥布”。傳見本書卷三四。

　　[4]【顏注】文穎曰：地名也。【今注】青波：即青陂。地名。在今河南新蔡市西南。

　　[5]【今注】項梁：楚將項燕之子，項羽的叔父。　懷王孫心：戰國末期楚懷王之孫。名心。楚亡後在民間爲人牧羊。秦二世二年（前208），項梁聽范增建議，擁立爲王，稱楚懷王。秦亡後，被項羽尊爲義帝，遷往長沙郴縣，於途中被殺。

　　陳勝王凡六月。初爲王，其故人嘗與傭耕者聞之，乃之陳，叩宮門曰：“吾欲見涉。”宮門令欲縛之。[1]自辯數，乃置，[2]不肯爲通。勝出，遮道而呼涉。[3]迺召見，載與歸。入宮，見殿屋帷帳，客曰：“夥，涉之爲王沈沈者！”[4]楚人謂多爲夥，故天下傳之，“夥涉爲王”，[5]由陳涉始。客出入愈益發舒，[6]言勝故情。或言“客愚無知，專妄言，輕威”。勝斬之。諸故人皆自引去，由是無親勝者。以朱防爲中正，[7]胡武爲司過，[8]主司群臣。諸將徇地，至，令之不是者，繫而罪之。以苛察爲忠。其所不善者，不下吏，[9]輒自治。[10]勝信用之，諸將以故不親附。此其所以敗也。

　　[1]【今注】宮門令：官名。相當於漢之公車司馬令，掌宮門守衛巡查。陳直《漢書新證》認爲，陳勝爲王時，宮室與百官均沒有固定的名稱，故史家以後世相類似的官名稱之。

[2]【顏注】師古曰：辯數，謂自分別其姓名也，并歷道與涉故舊之事，故舍而不縛也。數音山羽反。【今注】置：釋放。

[3]【顏注】師古曰：呼謂大喚也，音火故反。【今注】遮道：擋在道路中間。

[4]【顏注】應劭曰：夥音禍。沈沈，宮室深邃之貌也。沈音長含反。【今注】夥：《史記》卷四八《陳涉世家》作"夥頤"。服虔云："楚人謂多爲夥，又言頤者，助聲之辭也。謂涉爲王，宮殿帷帳庶物夥多，驚而偉之，故稱'夥頤'也。""夥"字的含義即多，表示驚訝，無"頤"字則音義俱未足，當從《史記》有"頤"字。

[5]【今注】夥涉爲王：周壽昌《漢書注校補》引《方言》，齊、宋、楚、魏皆稱曰夥，並非衹有楚地。有學者以爲，"夥涉爲王"當作注文（參見姜可瑜《〈史記·陳涉世家〉"夥涉爲王"考辨》，《文史哲》1987年第6期）。

[6]【今注】發舒：議論較爲放肆隨意。

[7]【今注】朱防：《史記·陳涉世家》"防"作"房"。施之勉《漢書集釋》按，《史記·河渠書》作"宣房"，本書《溝洫志》作"宣防"。又引《後漢書》卷一《光武紀上》李賢注，"防"與"房"古字通用。　中正：陳勝所置掌管人事的官吏。

[8]【今注】司過：陳勝所置糾察諸臣過失的官吏。司，讀曰"伺"。指察看、觀察。

[9]【今注】下吏：下交執法官吏進行懲治。

[10]【顏注】師古曰：不以付吏，而防、武自治之。

勝雖已死，其所置遣侯王將相竟亡秦。高祖時爲勝置守冢于碭，[1]至今血食。[2]王莽敗，[3]迺絕。[4]

[1]【今注】案，《史記》卷四八《陳涉世家》云守冢有"三

十家"。《史記》卷八《高祖本紀》、本書卷一《高紀上》均作"守冢十家",當以十家爲是。

[2]【今注】血食:享受有牲牢的祭祀。

[3]【今注】王莽:字巨君。漢元帝王皇后侄。漢末以外戚掌權。成帝時封新都侯。哀帝死,與王皇后立平帝,專制朝政,稱安漢公。元始五年(5),毒死平帝,另立孺子劉嬰,自稱假皇帝。初始元年(8)稱帝,改國號爲新,年號始建國。實行改制。地皇四年(23),被綠林、赤眉等義軍推翻,被殺。傳見本書卷九九。

[4]【顏注】師古曰:至今血食者,司馬遷作《史記》本語也。莽敗迺絕者,班固之詞也(班,蔡琪本、大德本、殿本作"班")。於文爲衍,蓋失不删耳(失,蔡琪本作"史")。

項籍字羽,下相人也。[1]初起,年二十四。其季父梁,[2]梁父即楚名將項燕者也。家世楚將,封於項,[3]故姓項氏。籍少時,學書不成,[4]去;學劍又不成,[5]去。梁怒之。籍曰:"書足記姓名而已。[6]劍一人敵,不足學,學萬人敵耳。"[7]於是梁奇其意,乃教以兵法。[8]籍大喜,略知其意,又不肯竟。梁嘗有櫟陽逮,[9]請蘄獄掾曹咎書抵櫟陽吏司馬欣,[10]以故事皆已。[11]梁嘗殺人,與籍避仇吳中。[12]吳中賢士大夫皆出梁下。[13]每有大繇役及喪,[14]梁常主辦,[15]陰以兵法部勒賓客子弟,[16]以知其能。秦始皇帝東遊會稽,[17]度浙江,[18]梁與籍觀。籍曰:"彼可取而代也。"梁掩其口,曰:"無妄言,族矣!"[19]梁以此奇籍。籍長八尺二寸,[20]力扛鼎,[21]才氣過人。吳中子弟皆憚籍。

[1]【顏注】韋昭曰:臨淮縣。【今注】下相:縣名。治所在

今江蘇宿遷市西南廢黄河西岸古城。

[2]【今注】季父：年紀較小的叔父。古代兄弟排行爲伯、仲、叔、季。

[3]【顏注】師古曰：即今項城縣。【今注】項：春秋時期古國名。都城在今河南沈丘縣。被魯所滅，後屬楚。秦置縣。

[4]【今注】學書：學習識字，以備爲文吏。王叔岷《史記斠證》卷七認爲，學書，非僅學習名姓。然記名姓，亦爲文吏之職。漢代文書簿籍，重在記名姓。《居延漢簡》多此例。漢承秦制，秦時或亦然。故項羽有此一説。

[5]【今注】學劍：以備爲武吏。

[6]【今注】案，書足記，大德本、殿本同，蔡琪本作“書是足記”。

[7]【今注】萬人敵：能敵萬人之術。指用兵將略。

[8]【今注】教以兵法：本書《藝文志》兵法形勢中有《項王》一篇。何焯《義門讀書記》卷一七認爲，《史記》卷九一《黥布列傳》載黥布置陣如同項籍軍，高祖望見而厭惡。可見排兵布陣是項羽所長，故能在戰場上擊敗對手。但在權謀方面有所不足，故其後往來奔命，導致被劉邦削弱乃至擊敗。

[9]【今注】櫟陽：縣名。治所在今陝西西安市閻良區武屯鄉。 逮：《史記》卷七《項羽本紀》“逮”下有“捕”字。指有罪相牽連，被櫟陽縣所逮捕。

[10]【今注】獄掾：秦漢時各縣掌管刑獄的官吏。正職稱獄掾，副職稱獄史。 書抵：文書送達。王先謙《漢書補注》以書作“書札”，抵作“至”。楊樹達《漢書窺管》以書爲“作書”，“書抵”二字當連讀。案，蔡琪本“櫟陽吏”作“櫟陽史”，大德本、殿本作“櫟陽獄史”。

[11]【顏注】應劭曰：項梁曾坐事傳繫櫟陽獄，從蘄獄掾曹咎取書與司馬欣。抵，相歸抵也。已，止也。【今注】故事皆已：

因慣例而免於處罰。王先謙《漢書補注》認爲，此事止涉及項梁一人，不當云"皆已"。"皆"字涉下文誤衍。《史記》作"得已"，當是。楊樹達《漢書窺管》以爲謂主者與梁皆得已，王說誤。

[12]【今注】吳中：泛指春秋戰國時吳國所在地。都吳（今江蘇蘇州市）。包括今江蘇、上海以及安徽、浙江的部分地區。

[13]【顏注】師古曰：言皆不及也。

[14]【今注】大繇役：築城、築路等大差役。繇，通"徭"。喪：民間喪事。

[15]【今注】主辦：主持、辦理。

[16]【今注】陰以兵法部勒賓客子弟：王先謙《漢書補注》引葉德輝說，據《太平御覽》卷三八六引《楚漢春秋》載"項梁陰養士，最高者多力拔樹以擊地"，卷八三五引云"項梁陰養死士九十人。參木者，所與計謀者也。木佯疾於室中，鑄大錢，以具甲兵"，可參看。陰，暗中。部勒，部署組織。

[17]【今注】會稽：郡名。治吳縣（今江蘇蘇州市）。

[18]【顏注】應劭曰：浙音折。晉灼曰：江水至會稽山陰爲浙江。【今注】浙江：一作"湔河""漸江水"。即今浙江錢塘江。

[19]【顏注】師古曰：凡言族者，謂族誅之。

[20]【今注】八尺二寸：約 1.89 米。秦尺一尺約 23.1 釐米。（參見王愛華《秦代標準尺量值淺議》，《秦文化論叢》第 12 輯，三秦出版社 2005 年版）

[21]【顏注】師古曰：扛，舉也，音江。【今注】力扛鼎：施之勉《漢書集釋》引《漢紀》云，項羽身長八尺二寸，目重瞳子，力能扛鼎。段玉裁曰，凡大物而兩手對舉之曰扛。項羽力能扛鼎，指鼎有鼏，以木橫貫鼎耳，而舉其兩端。無橫木則以兩手舉之，也稱爲扛。

秦二世元年，[1]陳勝起。九月，會稽假守通[2]素賢梁，乃召與計事。梁曰：“方今江西皆反秦，此亦天亡秦時也。先發制人，後發制於人。”[3]守歎曰：“聞夫子楚將世家，[4]唯足下耳！”梁曰：“吳有奇士桓楚，[5]亡在澤中，[6]人莫知其處，獨籍知之。”梁乃戒籍持劍居外待。[7]梁復入，與守語曰：“請召籍，使受令召桓楚。”[8]籍入，梁眴籍曰：“可矣！”[9]籍遂拔劍擊斬守。梁持守頭，佩其印綬。[10]門下驚擾，籍所擊殺數十百人。[11]府中皆讋伏，莫敢復起。[12]梁乃召故人所知豪吏，[13]諭以所爲，[14]遂舉吳中兵。使人收下縣，[15]得精兵八千人，部署豪桀爲校尉、候、司馬。[16]有一人不得官，自言。梁曰：“某時喪，[17]使公主某事，不能辦，以故不任公。”衆乃皆服。梁爲會稽將，[18]籍爲裨將，[19]徇下縣。[20]

　　[1]【今注】秦二世元年：公元前209年。《史記》卷七《項羽本紀》“元年”後有“七月”。

　　[2]【顔注】張晏曰：假守，兼守也。晉灼曰：《楚漢春秋》云姓殷。【今注】假守：代理郡守。漢制，郡守、縣令初視事爲守假，滿秩方爲真，仍秦之舊。　通：《漢紀》作“殷通”。

　　[3]【今注】案，“方今”四句，凌稚隆《史記評林》云，《史記·項羽本紀》作“守通謂梁”，此處作項梁所説。　江西：長江自九江至南京段，曲折向東北方向流，故古人稱今皖北一帶爲江西，皖南、蘇南爲江東。

　　[4]【今注】夫子：古時對男子的尊稱。

　　[5]【今注】桓楚：周壽昌《漢書注校補》云，即後文項羽殺宋義時，遣使向懷王報告的人。項梁特意命項羽假冒其名而入。

　　[6]【今注】澤：江、湖等水聚集的地方。

［7］【今注】戒：告誡。《史記·項羽本紀》作“誡”。

［8］【今注】案，《史記·項羽本紀》載，會稽守通對項梁説“吾欲發兵，使公及桓楚將”，此處稱出自項梁。

［9］【顏注】師古曰：眴，動目也，音舜，動目而使之也。今書本有作“眒”字者，流俗所改耳。

［10］【今注】印綬：印信和繫在印信上的絲帶。

［11］【顏注】師古曰：數十百人者，八九十乃至百也。他皆類此（類此，蔡琪本作“放此”）。

［12］【顏注】師古曰：讋，失氣也，音章涉反。【今注】讋（zhé）伏：因恐懼不敢出聲而伏在地上。《史記·項羽本紀》作“慴伏”。

［13］【今注】梁乃召故人：《史記·項羽本紀》作“梁乃召故”，無“人”字。

［14］【顏注】師古曰：諭，曉告之。

［15］【顏注】師古曰：四面諸縣也。非郡所都，故謂之下也。

［16］【顏注】師古曰：分部而署置之。【今注】校尉：武官名。地位低於將軍。由軍隊一部一校的編制而來。　候：軍候，爲軍中領兵武官。　司馬：軍司馬。將軍、校尉的屬官，掌指揮、軍法、軍需等。

［17］【今注】案，某時喪，大德本、殿本作“某時某喪”。

［18］【今注】會稽將：會稽守。上文云“佩守印綬”，知是自爲守。郡守亦稱郡將。《史記·項羽本紀》正作“會稽守”。

［19］【顏注】師古曰：裨，助也，相副助也（副助，蔡琪本作“輔助”）。裨音頻移反。他皆類此（類此，蔡琪本作“放此”）。【今注】裨將：副將、偏將。

［20］【今注】下縣：屬縣。

秦二年，廣陵人召平爲陳勝徇廣陵，[1]未下。聞陳勝敗走，秦將章邯且至，迺度江矯陳王令，[2]拜梁爲楚上柱國，曰：“江東已定，急引兵西擊秦。”梁迺以八千人度江而西。聞陳嬰已下東陽，[3]使使欲與連和俱西。陳嬰者，故東陽令史，[4]居縣，素信，爲長者。[5]東陽少年殺其令，[6]相聚數千人，欲立長，無適用，[7]迺請陳嬰。[8]嬰謝不能，遂彊立之，[9]縣中從之者得二萬人。欲立嬰爲王，異軍倉頭特起。[10]嬰母謂嬰曰：“吾爲迺家婦，聞先故未曾貴。[11]今暴得大名，[12]不祥。不如有所屬，[13]事成猶得封侯，事敗易以亡，非世所指名也。”[14]嬰迺不敢爲王，謂其軍吏曰：“項氏世世將家，有功於楚，今欲舉大事，將非其人，不可。[15]我倚名族，亡秦必矣。”[16]其衆從之，迺以其兵屬梁。[17]梁渡淮，英布、蒲將軍亦以其兵屬焉。[18]凡六七萬人，軍下邳。[19]

[1]【顏注】師古曰：召讀曰邵。【今注】廣陵：縣名。治所在今江蘇揚州市西北蜀岡上。

[2]【今注】案，蔡琪本、大德本、殿本“度江”作“渡江”。

[3]【今注】東陽：縣名。治所在今江蘇盱眙縣東南。

[4]【顏注】蘇林曰：曹史也。晉灼曰：《漢儀注》令史曰令史，丞史曰丞史。師古曰：晉說是也。【今注】令史：佐吏名。秦及漢初縣級行政長官的主要屬員。漢武帝後，實行分曹置掾之制，縣令史之名不復見。中央官府署諸曹事也有令史，位在諸曹掾史之下。

[5]【顏注】師古曰：素立恩信，號爲長者。【今注】素信爲長者：《史記》卷七《項羽本紀》作“素信謹，稱爲長者”。

[6]【今注】少年：城鎮居民中從事卑賤職業或基本無業的游

手少年（參見王子今《說秦漢"少年"與"惡少年"》，《中國史研究》1991 年第 4 期）。陶傳祥認爲漢代少年當在十二歲左右（《論漢代少年的特徵》，《牡丹江大學學報》2016 年第 6 期）。關於漢代少年犯罪與政府防範，參見董平均《秦漢時期的"少年"犯罪與政府防範措施》（《首都師範大學學報》2005 年第 4 期）。陳直《漢書新證》稱，王獻唐藏"縣中少年唯印"，楚漢之際，群雄起義之初，縣中諸少年尚未推出盟主時所用之印。西安西鄉出土"少年唯印"。

　　［7］【顏注】師古曰：適，主也，音與的同。【今注】適：《曾國藩讀書録》認爲，應爲"願""安"之義。

　　［8］【今注】案，大德本無"迺"字。

　　［9］【今注】案，彊，大德本、殿本作"强"。

　　［10］【顏注】應劭曰：言與衆異也。

　　［11］【顏注】師古曰：乃，汝也。【今注】先故：祖先。《史記·項羽本紀》作"先古"。

　　［12］【今注】暴：突然。

　　［13］【今注】屬：歸屬，依附。

　　［14］【今注】非世所指名：不爲世人所注目，從而不被指名逮捕。

　　［15］【顏注】師古曰：言以不材之人爲將，不可求勝也。【今注】有功：《史記·項羽本紀》作"有名"。

　　［16］【顏注】師古曰：倚，依也，音於綺反。【今注】名族：此處指項氏。

　　［17］【今注】迺以其兵屬梁：施之勉《漢書集釋》引《續列女傳》《世說新語·賢媛》注，項梁以陳嬰爲上柱國。

　　［18］【顏注】服虔曰：英布起於蒲地，因以爲號也。如淳曰：《史記·項羽紀》言當陽君、蒲將軍皆屬項羽，自此更有蒲將軍也。師古曰：此二人也，服說失之。若是一人，不當先言姓名，

後乃稱將軍也。【今注】蒲將軍：宋吳仁傑《兩漢刊誤補遺》以蒲將軍爲棘蒲侯陳武。清趙一清《東潛文稿》卷下並不同意這種説法。有學者認爲蒲將軍即吳芮（參見劉曉航《蒲將軍即番君吳芮説》，《四川師範學院學報》1993年第4期；葉永新《〈史記〉中的"蒲將軍"究竟是誰：兼與張振佩先生商榷》，《爭鳴》1991第4期）。或以蒲將軍爲黥布（參見黃樸民《蒲將軍與英布爲二人》，《學林漫録》第13集，中華書局1991年版；王嶽塵《〈史記〉"蒲將軍"鈎沉》，《學林漫録》第6集，中華書局1982年版）。也有學者認爲蒲將軍或爲番君將梅鋗（參見張振佩《〈史記〉"蒲將軍"辨析》，《貴州社會科學》1986年第2期）。

[19]【今注】下邳：縣名。治所在今江蘇睢寧縣西北古邳鎮東。

是時，秦嘉已立景駒爲楚王，軍彭城東，[1]欲以距梁。梁謂軍吏曰：[2]"陳王首事，戰不利，未聞所在。今秦嘉背陳王立景駒，[3]大逆亡道。"迺引兵擊秦嘉。[4]軍敗走，[5]追至胡陵。[6]嘉還戰[7]一日，嘉死，軍降。景駒走死梁地。梁已并秦嘉軍，軍胡陵，將引而西。章邯至栗，[8]梁使別將朱鷄石、餘樊君與戰。[9]餘樊君死。朱鷄石敗，亡走胡陵。梁迺引兵入薛，[10]誅朱鷄石。梁前使羽別攻襄城，[11]襄城堅守不下。已拔，皆阬之，[12]還報梁。聞陳王定死，[13]召諸別將會薛計事。時沛公亦從沛往。[14]

[1]【今注】軍：駐扎。　彭城：縣名。治所在今江蘇徐州市。

[2]【今注】軍吏：泛指軍中將帥官佐。

［3］【今注】背：背棄、違背。

［4］【今注】引：領。

［5］【今注】案，王先謙《漢書補注》認爲，“軍”上當更有“嘉”字，《史記》有，此脱。

［6］【今注】胡陵：縣名。一作“湖陵”。治所在今山東魚臺縣東南。

［7］【顏注】師古曰：復來戰。【今注】案，楊樹達《漢書窺管》認爲，“還戰一日”四字當連讀。

［8］【顏注】師古曰：栗，縣名。《地理志》屬沛郡。【今注】栗：縣名。治所在今河南夏邑縣。

［9］【今注】別將：自領一軍，配合主將作戰的將領。

［10］【今注】薛：縣名。治所在今山東滕州市張汪鎮皇殿崗故城。

［11］【今注】襄城：縣名。治所在今河南襄城縣。

［12］【顏注】師古曰：陷之於阬，盡殺之。

［13］【今注】聞陳王定死：施之勉《漢書集釋》認爲，聞陳王定死，與上文陳王“敗走”及“未聞所在”相對應。

［14］【今注】沛公：楚國縣令稱公。劉邦占領沛縣，自稱沛公。沛，縣名。治所在今江蘇沛縣。

居鄛人范增[1]年七十，素好奇計，往説梁曰：“陳勝敗固當。[2]夫秦滅六國，楚最亡罪，[3]自懷王入秦不反，楚人憐之至今，故南公稱曰‘楚雖三户，亡秦必楚’，[4]今陳勝首事，不立楚後，其勢不長。今君起江東，楚蠭起之將皆爭附君者，[5]以君世世楚將，爲能復立楚之後也。”於是梁乃求楚懷王孫心，在民間爲人牧羊，[6]立以爲楚懷王，從民望也。陳嬰爲上柱國，封五

縣。與懷王都盱台。^[7]梁自號武信君，引兵攻亢父。^[8]

[1]【顔注】晉灼曰：郯音鄡絶之鄡（蔡琪本、殿本作"鄡音勲絶之勲"）。師古曰：居鄡，縣名也。《地理志》屬廬江郡。郯音巢，字亦作巢。本春秋時巢國。【今注】居鄡：縣名。治所在今安徽巢湖市東北。

[2]【顔注】師古曰：言其計畫非是，宜應敗也。

[3]【今注】楚最亡罪：凌稚隆《史記評林》引何孟春説認爲，此説有二義：一是楚國的統系並未斷絶，二是楚懷王被騙入秦國。

[4]【顔注】服虔曰：南公，南方之老人也。蘇林曰：但令有三户在，其怨深，足以亡秦。【今注】南公：《漢書考證》齊召南説，南公應是姓南。陳直《漢書新證》以南姓在漢代爲常見之姓。如《史記索隱》引虞喜《志林》曰："南公者，道士，識廢興之數，知亡秦者必楚。"本書《藝文志》有《南公》三十一篇，自注曰"六國時"，屬於陰陽家流。服注謂"南方之老人"，當有誤。沈欽韓《漢書疏證》據《廣韻》注："南公，複姓。六國時有南公子，著書言陰陽五行事。"即此傳所説的南公。或以南公爲南郡人之統稱（參見易重廉《"楚雖三户，亡秦必楚"正誤》，《求索》1987年第1期）。　三户：三户人家。

[5]【顔注】師古曰：蠭，古蜂字也。蠭起，如蠭而起，言其衆也。一説蠭與鋒同，言鋒鋭而起者。【今注】蠭起：《史記》卷七《項羽本紀》《集解》引如淳説，蠭起，同"蠭午"。衆蠭飛起，交橫若午，比喻數量多。王念孫《讀書雜志·史記第三》認爲，《史記》《漢書》中"蠭起"皆應作"蠭午"。

[6]【今注】在民間爲人牧羊：楊樹達《漢書窺管》以爲，這七字當作原文自注。

[7]【顔注】師古曰：盱音許于反。台音怡。【今注】盱台：

縣名。亦作"盱眙"。治所在今江蘇盱眙縣東北盱眙山側。

[8]【顏注】師古曰：亢音抗。父音甫。【今注】武信君：武臣在自立爲趙王前，爲陳勝的將軍，亦曾自稱武信君。本書卷三二《張耳陳餘傳》："（武臣）乃行收兵，得數萬人，號武信君……范陽人蒯通説其令徐公降武信君，又説武信君以侯印封范陽令。" 亢父：縣名。治所在今山東濟寧市南。

初，章邯既殺齊王田儋於臨菑，[1]田假復自立爲齊王。儋弟榮走保東阿，章邯追圍之。梁引兵救東阿，[2]大破秦軍東阿，田榮即引兵歸，逐王假。假亡走楚，相田角亡走趙。角弟間，故將，[3]居趙不敢歸。田榮立儋子市爲齊王。梁已破東阿下軍，[4]遂追秦軍。數使使趣齊兵俱西。[5]榮曰："楚殺田假，趙殺田角、田間，迺發兵。"梁曰："田假與國之王，[6]窮來歸我，不忍殺。"趙亦不殺角、間，以市於齊。[7]齊遂不肯發兵助楚。梁使羽與沛公別攻城陽，[8]屠之。西破秦軍濮陽東，[9]秦兵收入濮陽。沛公、羽攻定陶。[10]定陶未下，去，西略地至雍丘，[11]大破秦軍，斬李由。還攻外黃，[12]外黃未下。

[1]【顏注】師古曰：《高紀》及《儋傳》並言於臨濟，此獨言臨菑，疑此誤也。【今注】臨菑：縣名。治所在今山東高青縣高苑西北，即漢狄縣故城。前文云狄人田儋殺狄令，自立爲齊王，故當以臨濟爲是。

[2]【今注】梁引兵救東阿：《史記》卷七《項羽本紀》作"與齊田榮司馬龍且軍救東阿"，則似龍且本是田榮之司馬。東阿，縣名。治所在今山東陽穀縣東北阿城鎮。王念孫《讀書雜志·史記

第三》稱"東阿"秦時爲"阿縣"，治所在今山東陽穀縣東北，漢時置東阿縣。

[3]【今注】故將：《史記·項羽本紀》作"故齊將"。

[4]【今注】下軍：春秋時期，諸侯國軍隊分爲左、中、右三軍或上、中、下三軍。下軍一千人。

[5]【顔注】師古曰：趣讀曰促。

[6]【顔注】張晏曰：與，黨與也。【今注】田假與國之王：楊樹達《漢書窺管》引宋祁説，據本書卷三三《田儋傳》載此句爲懷王所説。但實際軍隊由項梁指使，所以稱項梁者紀其實，云懷王者據其名，此史家互見之例，非自相違異。

[7]【顔注】張晏曰：若市買相貿易以利也。梁救榮難，猶不用命。梁念殺假等，榮未必多出兵，不如待以禮，又可以貿易他利，以除己害，遂背德，可輔假以伐齊，故曰市。市，貿易也。晉灼曰：欲令楚殺田假，以爲己利，而楚保全不殺，以買其計（大德本"計"後有"故曰市也"四字）。師古曰：二説皆非也。市者，以角、閒市取齊兵也，直言趙不殺角、閒以求齊兵耳。【今注】以市於齊：施之勉《漢書集釋》引曾國藩説，"以市於齊"四字，雖僅涉及趙，實際也包括楚。因求齊出兵的是楚。楚殺田假，又令趙殺田角、田閒，以此三人來收買齊兵。但趙皆不殺，並未以三人向齊求兵。

[8]【今注】城陽：縣名。也作"成陽"。治所在今山東鄄城縣東南。案，《漢書考證》齊召南曰：案，"城陽"當作"成陽"，此傳及本書卷一《高紀上》並傳寫之失，誤加"土"旁。胡三省云"成陽縣與定陶、濮陽皆相近，非城陽國之城陽"。王先謙《漢書補注》認爲，成陽，爲濟陰縣，治所在今曹州府濮州東南。"城"通"成"，《漢書考證》齊召南以"非城陽國之城陽"，是，以爲"誤加土旁"，則非。關於城陽，辛德勇《楚漢彭城之戰地理考述》（《學術集林》1996年第8卷）一文有考證，認爲今山東菏

澤市東北的城陽本作“成陽”，本傳所涉“城陽”當在今山東萊蕪、沂源、沂水一帶，今山東莒縣西北。可參閱。

［9］【今注】濮陽：縣名。治所在今河南濮陽市。

［10］【今注】定陶：縣名。治所在今山東菏澤市定陶區西北。

［11］【今注】雍丘：縣名。治所在今河南杞縣。

［12］【今注】外黄：縣名。治所在今河南民權縣西北。戰國魏邑，秦置縣，因地有黄溝而得名。又因魏郡有内黄，故加“外”字。

梁起東阿，比至定陶，再破秦軍，[1]羽等又殺李由，[2]益輕秦，有驕色。宋義諫曰：“戰勝而將驕卒惰者敗。今少惰矣，秦兵日益，臣爲君畏之。”梁不聽。迺使宋義於齊。道遇齊使者高陵君顯，[3]曰：“公將見武信君乎？”曰：“然。”義曰：“臣論武信君軍必敗。公徐行則免，疾行則及禍。”秦果悉起兵益章邯，夜銜枚擊楚，大破之定陶，[4]梁死。沛公與羽去外黄，攻陳留，陳留堅守不下。沛公、羽相與謀曰：“今梁軍敗，士卒恐。”[5]乃與吕臣俱引兵而東。吕臣軍彭城東，羽軍彭城西，沛公軍碭。

［1］【顏注】師古曰：比音必寐反。

［2］【今注】案，殺，大德本、殿本作“斬”。

［3］【顏注】張晏曰：名顯，封於高陵。晉灼曰：高陵，是琅邪縣。【今注】高陵：縣名。治所在今陝西西安市高陵區西南。

［4］【顏注】師古曰：銜枚，解在《高紀》。【今注】銜枚：爲防止因言語喧嘩，令敵人發覺，口中銜有像筷子一樣的東西，即枚。兩端以繩繫於脖上，防止脱落。

［5］【今注】梁：項梁。案，凌稚隆《史記評林》據董份説，項羽不宜自稱季父之名，劉邦亦不當稱項羽季父之名。《史詮》云，當作"武信君"。

章邯已破梁軍，則以爲楚地兵不足憂，迺度河北擊趙，[1]大破之。當此之時，趙歇爲王，陳餘爲將，張耳爲相，走入鉅鹿城。[2]秦將王離、涉閒圍鉅鹿，[3]章邯軍其南，築甬道而輸之粟。[4]陳餘將卒數萬人軍鉅鹿北，所謂河北軍也。[5]

［1］【今注】案，度，蔡琪本同，大德本、殿本作"渡"。

［2］【顏注】師古曰：趙歇、張耳共入鉅鹿也。【今注】鉅鹿：城名。在今河北平鄉縣西南。梁玉繩《史記志疑》卷六按，此時陳餘將兵在鉅鹿北，未入鉅鹿城。"陳餘爲將"四字或衍。

［3］【顏注】張晏曰：秦二將也。王離，王翦孫。涉，姓；閒，名也。【今注】王離：秦將。王翦之孫。封武成侯。率兵戍邊備胡，後南下與章邯圍張耳等於鉅鹿。　涉閒：秦將。與王離圍趙王歇於鉅鹿。項羽救鉅鹿，虜王離，涉閒不降，自焚而死。

［4］【顏注】師古曰：章邯爲甬道而運粟，以饟王離、涉閒之軍。【今注】甬道：兩旁有牆或其他障蔽物的通道。

［5］【今注】河北軍：王先謙《漢書補注》據《史記》卷八《高祖本紀》云"趙歇爲王，秦將王離圍之鉅鹿城，此所謂河北之軍也"，則"所謂河北軍"爲通叙河以北之兵勢，非但以陳餘之兵稱河北軍。

宋義所遇齊使者高陵君顯見楚懷王曰："宋義論武信君必敗，數日果敗。軍未戰先見敗徵，[1]可謂知兵矣。"王召宋義與計事而説之，[2]因以爲上將軍；[3]羽爲魯公，[4]爲次將，范增爲末將。諸別將皆屬，[5]號卿子冠軍。[6]北救趙，至安陽，留不進。[7]秦三年，羽謂宋義曰："今秦軍圍鉅鹿，疾引兵渡河，楚擊其外，趙應其内，破秦軍必矣。"宋義曰："不然。夫搏牛之螆不可以破蟣。[8]今秦攻趙，戰勝則兵罷，我承其敝；[9]不勝，則我引兵鼓行而西，必舉秦矣。[10]故不如先鬭秦、趙。夫擊輕鋭，我不如公；坐運籌策，公不如我。"因下令軍中曰："猛如虎，狼如羊，[11]貪如狼，强不可令者，皆斬。"遣其子襄相齊，身送之無鹽，[12]飲酒高會。[13]天寒大雨，士卒凍飢。羽曰："將勠力而攻秦，久留不行。今歲飢民貧，卒食半菽，[14]軍無見糧，[15]迺飲酒高會，不引兵渡河因趙食，[16]與併力擊秦，迺曰'承其敝'。夫以秦之强，攻新造之趙，其勢必舉趙。趙舉秦强，何敝之承！且國兵新破，王坐不安席，埽境内而屬將軍，[17]國家安危，在此一舉。今不卹士卒而徇私宴，[18]非社稷之臣也。"羽晨朝上將軍宋義，即其帳中斬義頭。[19]出令軍中曰："宋義與齊謀反楚，楚王陰令籍誅之。"諸將讋服，[20]莫敢枝梧。[21]皆曰："首立楚者，將軍家也。今將軍誅亂。"迺相與共立羽爲假上將軍。[22]使人追宋義子，及之齊，殺之。使桓楚報命於王。王因使使立羽爲上將軍。

[1]【顔注】師古曰：微，證也。

[2]【顔注】師古曰：説讀曰悦。

[3]【今注】上將軍：官名。古時天子將兵稱上將軍。戰國時

爲高級武官，掌統帥全國軍隊。此處指統軍作戰的主帥。

[4]【今注】羽爲魯公：據《史記》卷八《高祖本紀》懷王封羽爲長安侯，號爲魯公。

[5]【今注】皆屬：錢大昭《漢書辨疑》認爲“皆屬”下當有“義”字。

[6]【顏注】師古曰：冠軍，言其在諸軍之上。【今注】卿子：《史記》卷七《項羽本紀》《集解》引文穎說：卿子，是當時人的尊稱，如同說公子。　冠軍：宋義爲上將軍，爲諸軍之冠。

[7]【顏注】師古曰：今相州安陽縣。【今注】安陽：楊寬認爲，此地當在東阿（今山東陽穀縣東北五十里阿城鎮）西北小湖阿澤之西北。東阿原稱阿，即因阿澤而得名。安陽當因在阿澤之陽而得名，如趙之阿邑或稱安邑。項梁戰死前，嘗大破秦軍於東阿，繼而由東阿南下再破秦軍於定陶。當項梁於定陶戰死後，項羽等退保彭城。及宋義受命自彭城出兵救趙，因而再北上經東阿而行至安陽，準備由此北上渡河。安陽地處齊東邊聊城與甄城之間，當水陸交通要道，因而成爲齊東邊之重要商業城市，並成爲項羽準備引兵渡河之地（《戰國史料編年輯證上》，上海人民出版社2016年版，第172頁）。　案，留不進，《史記·項羽本紀》作“留四十六日，不進”。

[8]【顏注】張晏曰：搏音博。蘇林曰：蝱喻秦，蝨喻章邯等，言小大不同勢，欲滅秦當寬邯等也。如淳曰：猶言本欲以大力伐秦，而不可以救趙也。師古曰：搏，擊也，言以手擊牛之背，可以殺其上蝱，而不能破蝨，喻今將兵方欲滅秦，不可盡力與章邯即戰。或未能禽，徒費力也。如說近也。【今注】夫搏牛之蝱不可以破蝨：牛虻在牛身上，祇是爲了咬牛（搏牛），而非滅牛身上的虱。指志在滅秦，而不在於滅章邯。

[9]【顏注】師古曰：罷讀曰疲。

[10]【顏注】師古曰：鼓行，謂擊鼓而行，無畏懼也。

[11]【今注】狠：同“很”。《説文解字》義爲“不聽從”。案，蔡琪本“狠”作“很”。

[12]【顔注】師古曰：縣名。【今注】無鹽：縣名。治所在今山東東平縣。

[13]【顔注】師古曰：高會，大會也。

[14]【顔注】孟康曰：半，五斗器名也（五斗，蔡琪本、大德本、殿本作“五升”）。臣瓚曰：士卒食蔬菜以菽雜半之。師古曰：瓚説是也。菽謂豆也。【今注】半菽：五升菽。王先謙《漢書補注》曰：《史記·項羽本紀》作“芋菽”。《集解》引徐廣云：“‘芋’，一作‘半’。半，五升器也。”《索隱》引王劭云：“半，量器名，容半升也。”“半”本爲器名，指卒須食五升菽，但現在没有糧食，不能供給士卒。

[15]【顔注】師古曰：無見在之糧。

[16]【今注】趙食：趙地之糧餉。

[17]【顔注】師古曰：屬，委也，音之欲反。

[18]【今注】案，蔡琪本、殿本“私”後無“宴”字。

[19]【顔注】師古曰：即，就也。

[20]【顔注】師古曰：讋，失氣也，音之涉反。

[21]【顔注】如淳曰：梧音悟（蔡琪本、殿本作“梧音吾”）。枝梧猶枝扞也。臣瓚曰：小柱爲枝，邪柱爲梧，今屋梧邪柱是也。

[22]【顔注】師古曰：未得懷王之命，故且爲假也。

羽已殺卿子冠軍，威震楚國，名聞諸侯。乃遣當陽君、蒲將軍將卒二萬人度河救鉅鹿。[1]戰少利，陳餘復請兵。羽迺悉引兵渡河。已渡，皆湛舡，[2]破釜甑，燒廬舍，持三日糧，視士必死，無還心。[3]於是至則圍王離，與秦軍遇，九戰，絕甬道，大破之，殺蘇角，[4]

虜王離。[5]涉閒不降，自燒殺。當是時，楚兵冠諸侯。[6]諸侯軍救鉅鹿者十餘壁，[7]莫敢縱兵。及楚擊秦，諸侯皆從壁上觀。楚戰士無不一當十，呼聲動天地。[8]諸侯軍人人惴恐。[9]於是楚已破秦軍，羽見諸侯將，入轅門，[10]膝行而前，莫敢仰視。羽繇是始爲諸侯上將軍，[11]兵皆屬焉。[12]

[1]【今注】當陽君：英布。公元前208年，項梁立楚懷王之孫熊心爲楚王。項梁號爲武信君，英布爲當陽君。　案，度，大德本作“渡”。

[2]【顏注】師古曰：湛讀曰沈，謂沈没其舡於水中（舡，殿本作“船”）。【今注】案，舡，殿本作“船”。

[3]【顏注】師古曰：視讀曰示。【今注】視士必死：《史記》卷七《項羽本紀》“士”下有“卒”字。蔡琪本、殿本“士”下亦有“卒”字。

[4]【顏注】文穎曰：秦將。

[5]【今注】虜王離：《史記·秦楚之際月表》以虜王離在正月。

[6]【顏注】師古曰：言最爲上也。

[7]【今注】壁：軍營，營壘。

[8]【顏注】師古曰：呼音火故反。

[9]【顏注】服虔曰：惴音章瑞反（殿本無此注）。

[10]【顏注】張晏曰：軍行以車爲陳，轅相向爲門，故曰轅門。師古曰：《周禮》掌舍，王行則“設車宮轅門”也。【今注】轅門：古代帝王巡狩、田獵以及行軍駐扎時，以車輛作爲屏障，並仰起兩輛車，使兩車車轅相交接，形成一個半圓形的門，作爲出入之處。

[11]【顏注】師古曰：縣讀曰由同（曰，蔡琪本、大德本、殿本作"與"）。

[12]【今注】案，此句《史記·項羽本紀》作"始爲諸侯上將軍，諸侯皆屬焉"。

章邯軍棘原，[1]羽軍漳南，[2]相持未戰。秦軍數郤，[3]二世使人讓章邯。[4]章邯恐，使長史欣請事。[5]至咸陽，留司馬門三日，[6]趙高不見，[7]有不信之心。長史欣恐，還走，不敢出故道。趙高果使人追之，不及。欣至軍，報曰："事亡可爲者。[8]相國趙高顓國主斷。[9]今戰而勝，高嫉吾功；不勝，不免於死。願將軍熟計之。"陳餘亦遺章邯書曰："白起爲秦將，[10]南并鄢郢，[11]北阬馬服，[12]攻城略地，不可勝計，而卒賜死。[13]蒙恬爲秦將，[14]北逐戎人，[15]開榆中地數千里，[16]竟斬陽周。[17]何者？功多，秦不能封，因以法誅之。今將軍爲秦將三歲矣，所亡失已十萬數，而諸侯並起茲益多。彼趙高素諛日久，[18]今事急，亦恐二世誅之，故欲以法誅將軍以塞責，[19]使人更代以脫其禍。[20]將軍居外久，多内隙，有功亦誅，亡功亦誅。且天之亡秦，無愚智皆知之。今將軍内不能直諫，外爲亡國將，孤立而欲長存，豈不哀哉！將軍何不還兵與諸侯爲從，[21]南面稱孤，孰與身伏斧質，妻子爲戮乎？"[22]章邯狐疑，陰使候始成使羽，欲約。[23]約未成，羽使蒲將軍引兵度三户，[24]軍漳南，與秦戰，再破之。羽悉引兵擊秦軍汙水上，[25]大破之。

[1]【顏注】晉灼曰：地名，在鉅鹿南。【今注】棘原：地名。在今河北平鄉縣南。本書卷三二《張耳陳餘傳》作“章邯軍鉅鹿南棘原”。辛德勇以爲棘原“東臨黃河，北近洹水，同時也在漳河以南，符合張晏所講的位置”（《鉅鹿之戰地理新解》，《歷史地理》第 14 輯，上海人民出版社 1998 年版）。或以棘原在今河南安陽市西（參見閆純有、閆哲《論鉅鹿之戰中“棘原”之地理位置》，《邢臺學院學報》2016 年第 3 期）。

[2]【今注】軍漳南：駐扎在漳河以南。漳水，源出今山西東南。分清漳、濁漳，兩水合流後，經河北河南兩省交界，向東南匯入衛河。前文說項羽軍漳南，今渡河北上，已至漳河北，“軍漳南”當作“軍鉅鹿南”。

[3]【顏注】師古曰：卻，退也，音丘略反。

[4]【顏注】師古曰：讓謂責也。

[5]【今注】長史：官名。隨軍出征，協助大將軍監督屬吏，備顧問，處理政務。類似今之秘書。　欣：司馬欣。任櫟陽獄掾，曾助項梁，後升長史。隨章邯擊陳勝。鉅鹿之戰，項羽擊敗章邯。隨章邯降項羽，任上將。秦亡後，封爲塞王，都櫟陽。劉邦出兵關中，先降後叛，兵敗自殺。

[6]【顏注】師古曰：凡言司馬門者，宮垣之内兵衛所在，四面皆有司馬。司馬主武事，故總謂宮之外門爲司馬門。【今注】司馬門：皇帝宮、王宮、軍營、帝陵均有司馬門，先秦時已有。司馬門不是止車門。臣子入宮不得走司馬門，祇能走掖門。過司馬門須下車〔參見楊鴻年《漢魏司馬門雜考》（一、二），《中華文史論叢》1981 年第 3、4 輯〕。

[7]【今注】趙高：戰國末年趙國人。趙亡後入秦爲宦者。通獄法，秦始皇任爲中車府令兼行符璽令事。教胡亥學律令。始皇死後，與李斯僞造詔書，立胡亥爲皇帝，即二世，任郎中令。陳勝起義後，誣殺李斯等，任中丞相。二世三年，殺二世，立子嬰。被子

嬰所殺。著有《爰歷篇》，已佚。

[8]【顔注】師古曰：言不可復爲軍旅之事。

[9]【顔注】師古曰：顓與專同也。【今注】相國：此時趙高任中丞相，故有此説。

[10]【今注】白起：秦昭王時大將，南破楚，北滅趙。秦昭王五十年（前257）被賜死。傳見《史記》卷七三。

[11]【今注】鄢郢：春秋戰國時期楚國都城。楚都郢在今湖北荆州市荆州區江陵縣城西北紀南城，別都鄢在今湖北宜城市東南。案，南併鄢郢，指公元前223年秦滅楚。鄢郢均爲楚國早期都城，凡遷都所至當時都被稱爲郢。

[12]【顔注】服虔曰：馬服，趙括也。父奢爲趙將，有功，賜號馬服。馬服猶服馬也，故世稱之。師古曰：鄢、郢，皆楚邑也。鄢音偃。郢音弋井反。【今注】北阬馬服：公元前262年至前260年，秦趙長平之戰。趙先以廉頗爲將，後中秦反間計，以馬服君趙奢之子趙括爲將。趙軍敗，被圍。秦將白起坑殺趙降卒四十萬人。阬，通“坑”，指古代殺死無辜受死者並將尸體露天堆放或投入亂葬坑（參見郭建、姚少傑《“坑”考》，《華東政法學院學報》2001年第3期）。

[13]【顔注】師古曰：卒，終也。

[14]【今注】蒙恬：秦將。公元前221年，滅齊，任内史。始皇三十二年（前215），率軍三十萬北擊匈奴。築長城。二世即位後，被逼自殺。傳見《史記》卷八八。

[15]【今注】戎人：匈奴。

[16]【顔注】服虔曰：金城縣所治也。蘇林曰：在上郡。師古曰：即今之榆林，古者上郡界。蘇説是也。【今注】榆中地：地名。在今内蒙古河套平原，南到陝西境内。

[17]【顔注】孟康曰：縣名也，屬上郡。晉灼曰：恬賜死，死於此縣。【今注】陽周：縣名。治所在今山西子長縣西北。

[18]【顏注】師古曰：諛，諂也。

[19]【顏注】師古曰：塞，當也。

[20]【顏注】師古曰：脫，免也。

[21]【顏注】文穎曰：關東爲從，關西爲橫。孟康曰：南北爲從，東西爲橫。師古曰：言欲如六國時共敵秦。二説皆是也。還兵謂迴兵内嚮以攻秦也。從音子容反。【今注】案，愚智，蔡琪本作"智愚"。

[22]【顏注】師古曰：質謂鑕也。古者斬人，加於鑕上而斫之也。鑕音竹林反。

[23]【顏注】鄭氏曰：候，軍候也。始，姓；成，名也。【今注】案，王先謙《漢書補注》據《史記索隱》，以"始成"爲其名。

[24]【顏注】服虔曰：漳水津也。孟康曰：在鄴西三十里。【今注】三户：三户津。河北磁縣漳河上的一個渡口。在今河北臨漳縣西。案，殿本"度"作"渡"。

[25]【顏注】師古曰：汙水在鄴西南，音于。【今注】汙水：在今河北臨漳縣西。源出太行山，向東南流入漳河。

　　邯使使見羽，欲約。羽召軍吏謀曰："糧少，欲聽其約。"軍吏皆曰："善。"羽乃與盟洹水南殷虛上。[1]已盟，章邯見羽流涕，爲言趙高。羽遂立章邯爲雍王，[2]置軍中。使長史欣爲上將，將秦軍行前。[3]

　　[1]【顏注】應劭曰：洹水在陽陰界（陽陰，蔡琪本、大德本、殿本作"湯陰"）。殷虛，故殷都也。師古曰：洹水出林（林，蔡琪本作"臨"）慮縣東北，至于長樂入清水。洹音桓，俗音袁，非也。虛讀曰墟。【今注】洹（huán）水：即今河南北部的安陽河。　殷虛：殷商故都。在今河南安陽市西小屯村。王先謙

《漢書補注》引《史記集解》臣瓚曰："洹水在今安陽縣北，去朝歌殷都一百五十里。然則此殷虛非朝歌。"

[2]【今注】雍：王國名。公元前 206 年項羽封，都廢丘（今陝西興平市東南）。

[3]【顏注】師古曰：行前，謂居前而行。

漢元年，[1]羽將諸侯兵三十餘萬，行略地至河南，[2]遂西到新安。[3]異時諸侯吏卒繇使屯戍過秦中，[4]秦中遇之多亡狀，[5]及秦軍降諸侯，諸侯吏卒乘勝奴虜使之，[6]輕重折辱秦吏卒。[7]吏卒多竊言曰："章將軍等詐吾屬降諸侯，今能入關破秦，大善；即不能，諸侯虜吾屬而東，秦又盡誅吾父母妻子。"[8]諸將微聞其計，以告羽。羽廼召英布、蒲將軍計曰："秦吏卒尚眾，其心不服，至關不聽，[9]事必危，不如擊之，[10]獨與章邯、長史欣、都尉翳入秦。"於是夜擊阬秦軍二十餘萬人。

[1]【今注】漢元年：公元前 206 年。此處書"漢元年"，指正統屬漢。此年十月，秦朝子嬰降於劉邦。

[2]【今注】河南：地區名。在今河南洛陽市西一帶。

[3]【顏注】師古曰：今穀州新安城是。【今注】新安：縣名。治所在今河南義馬市新安故城。

[4]【顏注】師古曰：異時猶言先時也。秦中，關中秦地也。【今注】繇使：勞役與差役。大德本、殿本作"繇役"。　秦中：今陝西中部平原地區。因曾為秦國地而得名。

[5]【顏注】師古曰：無善形狀也。

[6]【今注】奴虜：視作奴隸、俘虜。

[7]【今注】案，《史記》卷七《項羽本紀》作"輕折辱秦吏卒"，無"重"字。折辱，羞辱。

[8]【今注】案，《史記》卷六八《商君列傳》云，匿奸者與降敵同罪。《索隱》云，按《律》"降敵者誅其身，没其家"。

[9]【今注】案，《史記·項羽本紀》"至關"下有"中"字。

[10]【今注】案，《史記·項羽本紀》"擊"下有"殺"字。

至函谷關，有兵守，不得入。聞沛公已屠咸陽，[1]羽大怒，使當陽君擊關。羽遂入，至戲西鴻門，[2]聞沛公欲王關中，獨有秦府庫珍寶。亞父范增亦大怒，[3]勸羽擊沛公。饗士，旦日合戰。羽季父項伯素善張良。良時從沛公，項伯夜以語良。良與俱見沛公，因伯自解於羽。[4]明日，沛公從百餘騎至鴻門謝羽，自陳："封秦府庫，還軍霸上以待大王，[5]閉關以備他盜，[6]不敢背德。"[7]羽意既解，范增欲害沛公，賴張良、樊噲得免。語在《高紀》。

[1]【今注】案，屠，《史記》卷七《項羽本紀》作"破"。

[2]【今注】戲：古邑名。在今陝西西安市臨潼區東北戲水西岸。　鴻門：地名。在今陝西西安市臨潼區東新豐鎮。

[3]【今注】亞父：《史記·項羽本紀》《集解》引如淳曰："亞，次也。尊敬之次父，猶管仲爲仲父。"

[4]【顏注】師古曰：自解，猶今言分疏。

[5]【今注】霸上：在今陝西西安市東南白鹿原。又作"灞上"。

[6]【今注】案，他，蔡琪本作"它"。

[7]【今注】案，"封秦府庫"四句，梁玉繩《史記志疑》卷

七認爲，書中多稱沛公於財物無所取，封秦重寶財物府庫，但《史記》卷五三《蕭相國世家》云沛公至咸陽，諸將争走金帛財物之府分之。又沛公謝項羽之玉璧，與亞父之玉斗，又從何而得？故非毫無所取。

後數日，羽迺屠咸陽，殺秦降王子嬰，[1]燒其宫室，火三月不滅；收其寶貨，略婦女而東。秦民失望。[2]於是韓生説羽曰：“關中阻山帶河，四塞之地，肥饒，可都以伯。”[3]羽見秦宫室皆已燒殘，[4]又懷思東歸，曰：“富貴不歸故鄉，如衣錦夜行。”[5]韓生曰：“人謂楚人沐猴而冠，果然。”[6]羽聞之，斬韓生。

[1]【今注】子嬰：始皇弟成蟜之子，名嬰。生於秦王政七年（前238）（參見李開元《秦王“子嬰”爲始皇弟成蟜子説——補〈史記〉秦王嬰列傳》，《秦文化論叢》第14輯，三秦出版社2007年版）。

[2]【顏注】師古曰：沛公入關，儉節自處，約法三章，反秦之政。而項羽屠殺焚燒，恣其殘酷，故關中之人失所望也。

[3]【顏注】師古曰：伯讀曰霸。【今注】案，“關中阻山帶河”一句，敦煌殘卷《項羽傳》（伯5009）作“阻山河四塞”，無“帶”“之”字。《史記》卷七《項羽本紀》正作“阻山河四塞，地肥饒”，可從。四塞，指關中地區東有函谷關，南有武關（今陝西商南縣南），西有散關（今陝西寶雞市西南），北有蕭關（今甘肅環縣西北）。

[4]【今注】案，見秦宫室，蔡琪本、大德本、殿本作“見秦”，無“宫室”二字。

[5]【顏注】師古曰：言無人見之，不榮顯矣。【今注】案，衣錦，《史記·項羽本紀》作“衣繡”。

[6]【顏注】張晏曰：沐猴，獼猴也。師古曰：言雖著人衣冠，其心不類人也。果然，如人之言也。【今注】人謂楚人沐猴而冠：沈欽韓《漢書疏證》據《初學記》引《毛詩草蟲經》曰："猱，獼猴也，楚人謂之沐猴。"周壽昌《漢書注校補》據《法言·重黎》"韓生"作"蔡生"，"沐猴"作"木侯"，下文"斬韓生"作"亨之"。

初，懷王與諸將約，先入關者王其地。羽既背約。使人致命於懷王。[1]懷王曰："如約。"羽迺曰："懷王者，吾家武信君所立耳，非有功伐，[2]何以得顓主約？[3]天下初發難，[4]假立諸侯後以伐秦。然身被堅執銳首事，暴露於野三年，滅秦定天下者，皆將相諸君與籍力也。懷王亡功，固當分其地王之。"諸將皆曰："善。"羽迺陽尊懷王爲義帝，[5]曰："古之王者，地方千里，必居上游。"[6]徙之長沙，[7]都郴。[8]迺分天下以王諸侯。[9]

[1]【今注】致命：傳達命令。

[2]【顏注】張晏曰：積功曰伐。

[3]【顏注】師古曰：顓與專同。

[4]【顏注】服虔曰：兵初起時也。

[5]【今注】義帝：王叔岷《史記斠證》卷七據《太平御覽》卷八六"楚義帝下"引《尚書中候》云："空受之帝位。"義帝名心。

[6]【顏注】文穎曰：居水之上流也。游或作流。師古曰：游即流也。

[7]【今注】長沙：郡名。治臨湘（今湖南長沙市）。

[8]【顏注】師古曰：郴音丑林反。【今注】郴：縣名。治所在今湖南郴州市。

[9]【今注】案，項羽所封十八諸侯爲漢王劉邦、雍王章邯、塞王司馬欣、翟王董翳、魏王豹、河南王申陽、韓王成、殷王司馬印、代王趙歇、恒山王張耳、九江王黥布、衡山王吳芮、臨江王共敖、遼東王韓廣、燕王臧荼、膠東王田市、齊王田都、濟北王田安。關於項羽諸侯分封及其疆域，可參看清人劉文淇《史記楚漢諸侯疆域志》三卷，另見《楚漢之際的諸侯王國研究》（段偉：《清儒地理考據研究・秦漢卷》第二冊，齊魯書社 2015 年版，第 345—355 頁）、《楚漢諸侯疆域新志》（周振鶴：《西漢政區地理》，商務印書館 2017 年版）、《楚漢之際諸侯疆域》（《中國行政區劃通史・秦漢卷》，復旦大學出版社 2016 年版）、《論項羽調整各路諸侯的疆域及其意圖》（鄧飛龍：《浙江海洋學院學報》2016 年第 1 期）諸文。

羽與范增疑沛公，業已講解，[1]又惡背約，恐諸侯叛之，陰謀曰："巴、蜀道險，秦之遷民皆居之。"乃曰："巴、蜀亦關中地。"故立沛公爲漢王，王巴、蜀、漢中。而參分關中，[2]王秦降將以距塞漢道。乃立章邯爲雍王，王咸陽以西。長史司馬欣，故櫟陽獄吏，[3]嘗有德於梁；[4]都尉董翳，本勸章邯降。故立欣爲塞王，[5]王咸陽以東至河；立翳爲翟王，[6]王上郡。[7]徙魏王豹爲西魏王，王河東。[8]瑕丘公申陽者，[9]張耳嬖臣也，[10]先下河南，迎楚河上。立陽爲河南王。[11]趙將司馬印定河內，[12]數有功。立印爲殷王，[13]王河內。徙趙王歇王代。[14]趙相張耳素賢，又從入關，立爲常山王，[15]王趙地。當陽君英布爲楚將，常冠軍。立布爲九江王。[16]番君吳芮[17]帥百粵佐諸侯，從入關。[18]立芮爲衡山王。[19]義帝柱國共敖[20]將兵擊南郡，[21]功多，因立爲臨江王。[22]徙燕王韓廣爲遼東王。[23]燕將臧荼[24]從楚救趙，因從入關。立荼爲燕王。[25]徙齊王田市爲膠東王。[26]齊將田都從共救趙，入關。立都爲齊王。[27]故秦所滅齊王建孫田安，羽方渡河救趙，安下濟北數城，[28]引兵降羽。立安爲濟北王。田榮者，背梁不肯助楚擊秦，以故不得封。陳餘棄將印去，不從入關，然素聞其賢，有功於趙，聞其在南皮，[29]故因環封之三縣。[30]番君將梅鋗[31]功多，故封十萬户侯。羽自立爲西楚伯王，[32]王梁楚地九郡，[33]都彭城。[34]

[1]【顏注】蘇林曰：講，和也。【今注】講解：講和，和解。

[2]【今注】關中：戰國末期函谷關以西秦國故地，巴、蜀實非關中地。王子今認爲，秦漢時期確有以巴蜀爲關中的“大關中”概念，包括巴蜀在内的“殽函”以西的西部地區（《秦漢區域地理學的“大關中”概念》，《人文雜志》2003 年第 1 期）。

[3]【今注】櫟陽獄吏：《史記》卷七《項羽本紀》作“櫟陽獄掾”。

[4]【今注】案，項梁有罪相牽連，被櫟陽縣所逮捕。通過蘄獄掾曹咎給櫟陽吏司馬欣寫信，得以免罪。

[5]【今注】塞王：王國名。都櫟陽（今陝西西安市閻良區武屯鄉）。

[6]【今注】翟王：王國名。都高奴（今陝西延安市東北）。

[7]【今注】上郡：治膚施（今陝西榆林市東南）。

[8]【今注】河東：都平陽（今陝西興平市東南）。

[9]【顏注】孟康曰：瑕丘縣之老人也，姓申名陽。【今注】
瑕丘公：瑕丘縣令。周壽昌《漢書注校補》認爲，"公"並非老人
之稱。春秋之世，楚縣令皆僭稱公。楚、漢之際，官名多沿楚制，
故漢王起沛稱沛公，楚有蕭公、薛公、郯公、留公、柘公，漢有滕
公、戚公，皆縣令之稱。此瑕丘公亦是瑕丘縣令，孟說非是，疑
"公"字衍。陳直《漢書新證》亦以瑕丘公當作"瑕丘令"解。瑕
丘，縣名。治所在今山東兗州市東北。

[10]【顏注】師古曰：嬖謂愛幸也。

[11]【今注】河南王：王國名。都洛陽（今河南洛陽市）。

[12]【今注】河內：郡名。治懷縣（今河南武陟縣西南）。

[13]【今注】殷王：王國名。都朝歌（今河南淇縣東北）。

[14]【今注】代：封國名。都代（今河北蔚縣東北代王城）。

[15]【今注】常山王：楚漢戰爭時王國名。項羽封張耳，都
襄國（今河北邢臺市）。

[16]【今注】九江王：王國名。都六（今安徽六安市東北）。

[17]【顏注】師古曰：番音蒲河反。【今注】番君：秦朝時，
吳芮任番陽令，號曰番君。

[18]【今注】帥百粵佐諸侯從入關：《史記·項羽本紀》作
"鄱君吳芮率百越佐諸侯，又從入關"，本書卷三四《吳芮傳》"以
芮率百越佐諸侯，從入關"，故此處應作"帥百粵佐諸侯，從入
關"（趙新德：《〈漢書〉標點糾誤》，《古籍點校疑誤彙録
（四）》，中華書局1989年版第227頁）。 百粵：古族名。秦漢時
分布於長江中下游以南地區，部落衆多，故稱百粵。又作"百越"。

[19]【今注】衡山王：王國名。都邾縣（今湖北黃岡市北）。

[20]【顏注】師古曰：共讀曰龔。

[21]【今注】南郡：郡名。治江陵（今湖北荆州市）。

[22]【今注】臨江王：王國名。都江陵（今湖北荆州市江陵
縣）。因封地南郡臨長江而得名。

[23]【今注】遼東王：王國名。治襄平（今遼寧遼陽市）。

[24]【顏注】師古曰：荼音塗。

[25]【今注】燕王：王國名。都薊（今北京市西南）。

[26]【今注】膠東王：王國名。都即墨（今山東平度市東南）。

[27]【今注】立都爲齊王：田榮不肯發兵助楚，田都叛榮，從項羽救趙，故項羽封之。都臨淄（今山東淄博市臨淄區北）。

[28]【今注】濟北：郡名。治博陽（今山東泰安市東南）。

[29]【今注】南皮：縣名。治所在今河北南皮縣東北。

[30]【顏注】孟康曰：繞南皮三縣以封之。師古曰：環音宦（宦，蔡琪本、大德本作“官”）。【今注】環封之三縣：本書卷三二《陳餘傳》作“南皮旁三縣”。

[31]【顏注】師古曰：鋗音火玄反（火玄，殿本作“火懸”。案，蔡琪本、大德本同，殿本注在“十萬戶侯”後）。

[32]【顏注】師古曰：伯讀曰霸。【今注】西楚：戰國時，以江陵爲南楚，吳爲東楚，彭城爲西楚。項羽建都彭城，故稱西楚。錢大昕《三史拾遺》卷一認爲，三楚之分以淮河爲界，淮北爲西楚，淮南爲南楚，唯東楚跨淮河南北。彭城在淮北，而介乎東西之間，故彭城以東可稱東楚，彭城以西可稱西楚。

[33]【今注】楚地九郡：段偉認爲，綜合諸説，以岳慶平、周振鶴最爲妥當，以東海（東晦）、四川、會稽、東郡、碭郡、薛郡、淮陽、南陽、故鄣爲九郡（《楚漢之際的諸侯王國研究》，《清儒地理考據研究·秦漢卷》第二册，第345頁）。

[34]【今注】都彭城：《史記·秦楚之際月表》云，義帝元年（前206）二月項羽都彭城，一本又云都江都。清劉文淇《項羽都江都考》云，項羽在義帝元年正月尚在關中，分封天下，立諸將爲侯王。此時雖有都彭城之意，而懷王尚在彭城，故先以江都爲都（參見王子今《論西楚霸王項羽“都彭城”》，《湖湘論壇》2010

年第 5 期；李斯《項羽"都江都"考論：從"西楚霸王"名號説起》，載《秦漢研究》第 7 輯，陝西人民出版社 2013 年版）。

　　諸侯各就國。田榮聞羽徙齊王市膠東，而立田都爲齊王，大怒，不肯遣市之膠東，因以齊反，迎擊都。都走楚。市畏羽，迺亡之膠東就國。榮怒，追殺之即墨，[1]自立爲齊王。予彭越將軍印，[2]令反梁地。越迺擊殺濟北王田安。[3]田榮遂并王三齊之地。[4]時漢王還定三秦。[5]羽聞漢并關中，且東，[6]齊、梁畔之，[7]大怒，迺以故吳令鄭昌爲韓王以距漢，[8]令蕭公角等擊彭越。[9]越敗蕭公角等。時，張良徇韓，遺項王書曰："漢王失職，欲得關中，如約即止，不敢東。"[10]又以齊、梁反書遺羽，羽以此故無西意，而北擊齊。徵兵九江王。[11]布稱疾不行，使將將數千人往。

　　[1]【今注】即墨：縣名。治所在今山東平度市東南。

　　[2]【今注】彭越：傳見本書卷三四。

　　[3]【今注】案，何焯《義門讀書記》卷三引本書卷三三《田儋傳》載"榮還，攻殺安"，卷一三《異姓諸侯王表》亦同，此云彭越殺，當有誤。卷九〇《彭越傳》亦祇云"下濟陰以擊楚"。楊樹達《漢書窺管》認爲，此時彭越既屬田榮，其殺田安亦受田榮的指使，兩處記載根據叙述事實不同，各有側重。

　　[4]【今注】三齊：膠東王田市、齊王田都、濟北王田安。

　　[5]【今注】三秦：本書卷一《高紀上》應劭注，章邯爲雍王，司馬欣爲塞王，董翳爲翟王，分王秦地，故曰三秦。

　　[6]【顏注】師古曰：言方欲出關而擊楚也。

　　[7]【今注】齊梁畔之：《史記》卷七《項羽本紀》作"齊、

趙畔之"。《漢書考證》齊召南認爲，趙，指陳餘破常山王張耳，迎故趙王歇還趙。本傳叙趙叛在二年，故改"齊、趙"爲"齊、梁"。梁，即指彭越反梁地。

　　[8]【今注】吳：縣名。會稽郡治。治所在今江蘇蘇州市。

　　[9]【今注】蕭公角：蕭縣縣令，名角。蕭，縣名。治所在今安徽蕭縣西北。楚人稱縣令爲公。

　　[10]【顏注】師古曰：如本要約也。

　　[11]【今注】案，蔡琪本、大德本、殿本"王"後無"布"字。

　　二年，羽陰使九江王布殺義帝。[1]陳餘使張同、夏説説齊王榮，[2]曰："項王爲天下宰，不平。[3]今盡王故王於醜地，[4]而王群臣諸將善地，逐其故主，[5]趙王迺北居代，[6]餘以爲不可。[7]聞大王起兵，且不聽不義，[8]願大王資餘兵，[9]使擊常山，[10]以復趙王，請以國爲扞蔽。"[11]齊王許之，因遣兵往。陳餘悉三縣兵，[12]與齊併力擊常山，大破之。張耳走歸漢。[13]陳餘迎故趙王歇反之趙。趙王因立餘爲代王。羽至城陽，田榮亦將兵會戰。榮不勝，走至平原，[14]平原民殺之。羽遂北燒夷齊城郭室屋，[15]皆阬降卒，係虜老弱婦女。徇齊至北海，[16]所過殘滅。齊人相聚而畔之。於是田榮弟橫收得亡卒數萬人，反城陽。羽因留，連戰未能下。

　　[1]【今注】羽陰使九江王布殺義帝：《史記》卷七《項羽本紀》稱"乃陰令衡山、臨江王擊殺之江中"。《史記》卷九一《黥布列傳》云："項氏立懷王爲義帝，徙都長沙，乃陰令九江王布等

行擊之。其八月，布使將擊義帝，追殺之郴縣。"王先謙《漢書補注》認爲，三王同受羽令，而英布殺之。梁玉繩《史記志疑》卷六稱，漢元年（前206）四月，項羽陰令衡山、臨江王殺義帝。自八月始，至二年十月追殺之郴縣。

[2]【顏注】師古曰：夏說讀曰悦，下說齊王，說音式芮反。

[3]【今注】案，斷句當作"項王爲天下宰，不平"，意爲項王主天下事而不平（趙新德：《〈漢書〉標點糾誤》，《古籍點校疑誤彙録（四）》）。

[4]【顏注】師古曰：醜，惡也。

[5]【今注】逐其故主：梁玉繩《史記志疑》卷六認爲，趙王歇爲陳餘之故主，"其"字當衍。指臧荼逐韓廣，田都逐田市，張耳逐趙歇，趙王歇北居代。

[6]【今注】代：縣名。治所在今河北蔚縣東北。

[7]【顏注】師古曰：於義不當然。

[8]【顏注】師古曰：凡不義之事，皆不聽順。

[9]【顏注】師古曰：資，給也。

[10]【今注】常山：常山王張耳。

[11]【顏注】師古曰：猶爲齊之藩屏。

[12]【顏注】師古曰：悉，盡也。

[13]【今注】張耳走歸漢：漢二年（前205），張耳敗走，投靠漢王劉邦。

[14]【今注】平原：縣名。治所在今山東平原縣西南。

[15]【顏注】師古曰：夷，平也。【今注】案，施之勉《漢書集釋》云，《史記》項羽與田榮戰於城陽，在漢二年（前205）冬。《史記·秦楚之際月表》、本書卷一《高紀上》作二年正月，故當以二年春爲是。

[16]【今注】北海：春秋戰國時指今渤海。此處指今山東中部瀕渤海一帶。

漢王劫五諸侯兵，[1]凡五十六萬人，東伐楚。羽聞之，即令諸將擊齊，而自以精兵三萬人南從魯出胡陵。[2]漢王皆已破彭城，收其貨賂美人，日置酒高會。羽迺從蕭晨擊漢軍而東，至彭城，日中，大破漢軍。[3]漢軍皆走，迫之穀、泗水。[4]漢軍皆南走山，[5]楚又追擊至靈辟東睢水上。[6]漢軍卻，爲楚所擠，[7]多殺。漢卒十餘萬皆入睢水，睢水爲不流。[8]漢王乃與數十騎遁去。語在《高紀》。太公、呂后閒求漢王，[9]反遇楚軍。楚軍與歸，羽常置軍中。

[1]【顏注】服虔曰：時有十八諸侯，漢得其五。師古曰：常山、河南、魏、韓、殷也。解在《高紀》。十八諸侯，漢時又先已得塞、翟矣。服說非也。【今注】劫：《史記》卷七《項羽本紀》作“部”。 五諸侯：本書卷一《高紀上》引應劭說，指雍、翟、塞、殷、韓；如淳說，指塞、翟、魏、殷、河南；韋昭說，指塞、翟、韓、殷、魏。雍時已敗。顏師古稱五諸侯指常山王張耳、河南王申陽、韓王鄭昌、魏王魏豹、殷王司馬卬。王駿圖、王駿觀《史記舊注平議》以爲塞、翟、河南、韓、魏。瀧川資言《史記會注考證》認爲，五諸侯當依戰國七雄而言。漢入關中，定三秦，即秦故地。而項羽據楚故地。其餘韓、趙、魏、齊、燕爲五諸侯。代指天下之兵。

[2]【今注】魯：縣名。治所在今山東曲阜市。 胡陵：縣名。治所在今山東魚臺縣東南。

[3]【顏注】張晏曰：一日之中。或曰早擊之，至日中大破。師古曰：或說是也。

[4]【顏注】臣瓚曰：二水皆在沛郡彭城。【今注】穀泗水：二水名。穀水爲泗水支流，在彭城東北入泗水。泗水，在山東境

内，經彭城東，向南入淮河。因四源併發，故名泗水。

[5]【顏注】師古曰：走，趣也，音奏。

[6]【顏注】師古曰：睢音雖。【今注】靈辟：即靈壁。在今安徽濉溪縣西北。　睢水：古代鴻溝水系的支流，從大梁東鴻溝分出，流經彭城入泗水。漢軍敗於靈壁以東一帶睢水上。

[7]【顏注】臣瓚曰：擠，排也。師古曰：音子詣反，又音子奚反。

[8]【顏注】師古曰：言殺人多，填於水中。

[9]【顏注】師古曰：閒行而求之。

　　漢王稍收散卒，蕭何發關中卒悉詣滎陽，[1]戰京、索閒，[2]敗楚。楚以故不能過滎陽而西。漢軍滎陽，築甬道，取敖倉食。三年，羽數擊絕漢甬道，漢王食乏，請和，割滎陽以西爲漢。[3]羽欲聽之。歷陽侯范增曰：[4]“漢易與耳，今不取，後必悔之。”羽乃急圍滎陽。漢王患之，乃與陳平金四萬斤以閒楚君臣。[5]語在《陳平傳》。[6]項羽以故疑范增，稍奪之權。范增怒曰：“天下事大定矣，君王自爲之！願賜骸骨歸。”[7]行未至彭城，疽發背死。[8]於是漢將紀信詐爲漢王出降，以誑楚軍，故漢王得與數十騎從西門出。令周苛、樅公、魏豹守滎陽。[9]漢王西入關收兵，還出宛、葉閒，[10]與九江王黥布行收兵。羽聞之，即引兵南。漢王堅壁不與戰。

[1]【今注】案，大德本、殿本“何”後有“亦”字。

[2]【顏注】師古曰：索音山客反（客，殿本作“各”）。【今注】京：縣名。治所在今河南滎陽市東南。　索：邑名。在今

河南滎陽市，爲大索城。又有小索城在縣北，皆以索水得名（段干木：《中國地名大辭典》，人民出版社 1981 年版，第 1670 頁）。陳萬卿、董恩林以爲京城位於今河南滎陽市東南京襄城村周圍，索城位於今河南滎陽市北索水北岸張樓村周圍（《京、索二城考》，載《歷史文獻研究》第 30 輯，華東師範大學出版社 2011 年版）。

[3]【今注】割滎陽以西爲漢：下文作“割鴻溝而西者爲漢，東者爲楚”。

[4]【今注】歷陽：縣名。治所在今安徽和縣。

[5]【顏注】師古曰：閒音居莧反。

[6]【今注】陳平傳：本書卷四〇《陳平傳》載，陳平行反間於楚軍，先是揚言楚將鍾離等欲叛楚歸漢，項羽使者至漢，則揚言使者爲亞父范增所派，使項羽懷疑范增，進而不聽其言。范增離開項羽，未至彭城而死。

[7]【今注】賜骸骨：古代官吏因年老請求退職。指賜還骸骨，歸葬故里。

[8]【顏注】師古曰：疽，癰創（殿本作“癰瘡”）也。音千餘反。

[9]【顏注】師古曰：苛音何。樅音千容反。【今注】樅公：沈欽韓《漢書疏證》引《元和姓纂》作“從公”。陳直《漢書新證》云，漢印有“從利”。“樅”爲“從”之假借字。

[10]【顏注】師古曰：葉音式涉反。【今注】宛：縣名。治所在今河南南陽市宛城區。　葉（shè）：縣名。治所在今河南葉縣西南。

是時，彭越渡睢，與項聲、薛公戰下邳，[1]殺薛公。羽乃東擊彭越。漢王亦引兵北軍成皋。[2]羽已破走彭越，[3]引兵西下滎陽城，亨周苛，殺樅公，虜韓王信，進圍成皋。漢王跳，[4]獨與滕公得出。[5]北渡河，至脩武，^[6]從張耳、韓信。^[7]楚遂拔成皋。漢王得韓信軍，留止，使盧綰、劉賈度白馬津入楚地，^[8]佐彭越共擊破楚軍燕郭西，^[9]燒其積聚，攻下梁地十餘城。羽聞之，謂海春侯大司馬曹咎曰：“謹守成皋。即漢欲挑戰，慎毋與戰，勿令得東而已。我十五日必定梁地，復從將軍。”於是引兵東。^[10]

　　［1］【今注】薛公：薛縣縣令。　下邳：縣名。治所在今江蘇睢寧縣西北。

　　［2］【今注】成皋：邑名。治所在今河南滎陽市汜水鎮西北，有成皋故城。又名虎牢邑。

　　［3］【顏注】師古曰：擊破之令其走。

　　［4］【顏注】師古曰：輕身而忽出之（忽出之，蔡琪本作“急出之”，大德本、殿本作“急出也”）。跳音徒彫反。【今注】跳：《史記》卷七《項羽本紀》作“逃”。

　　［5］【今注】滕公：夏侯嬰。曾爲滕縣令。

　　［6］【今注】脩武：縣名。治所在今河南獲嘉縣。案，殿本“脩”作“修”。

　　［7］【今注】韓信：傳見本書卷三四。

　　［8］【今注】盧綰：傳見本書卷三四。　劉賈：傳見本書卷三五。　案，蔡琪本、大德本、殿本“度”作“渡”。　白馬津：黃河古渡口名。在今河南滑縣東北，秦漢白馬縣西北古黃河南岸，與北岸黎陽津相對。

　　［9］【顏注】師古曰：燕縣，故南燕國也，屬東郡。　燕：縣名。治所在今河南延津縣東北。

　　［10］【今注】案，郭嵩燾《史記札記》卷一，據本書卷四一《灌嬰傳》，在劉項鴻溝定約之前，韓信平定齊地，自立爲齊王，使灌嬰另率一軍攻楚將公杲於魯北，又渡淮河，盡降其城邑。攻下廣

陵（今江蘇揚州市西北蜀崗上）、下邳（今江蘇睢寧縣西北古邳鎮東），擊破楚騎於平陽（今山東新泰市西北），遂降彭城（今江蘇徐州市）。故項羽引兵東歸。

　　四年，羽擊陳留、外黃，不下。[1]數日降，羽悉令男子年十五以上詣城東，欲阬之。外黃令舍人兒年十二，[2]往説羽曰：“彭越強劫外黃，[3]外黃恐，故且降，待大王。大王至，又皆阬之，百姓豈有所歸心哉！從此以東，梁地十餘城皆恐，莫肯下矣。”羽然其言，乃赦外黃當阬者。而東至睢陽，[4]聞之皆爭下。

　　[1]【今注】案，此句大德本、殿本作“羽擊陳留、外黃，外黃不下”。

　　[2]【顏注】蘇林曰：令之舍人兒也。臣瓚曰：稱兒者，以其幼弱，故係其父。【今注】舍人：戰國、秦時貴族官僚的親近屬員。　案，十二，蔡琪本、大德本、殿本作“十三”。

　　[3]【顏注】師古曰：強音其兩反（強，蔡琪本、殿本作“彊”）。【今注】案，強，蔡琪本、殿本作“彊”。

　　[4]【今注】睢陽：縣名。治所在今河南商丘市睢陽區。

　　漢果數挑楚軍戰，楚軍不出。使人辱之，五六日，大司馬怒，度兵汜水。[1]卒半度，漢擊，大破之，盡得楚國金玉貨賂。大司馬咎、長史欣皆自剄汜水上。[2]咎故蘄獄掾，欣故塞王，羽信任之。羽至睢陽，聞咎等破，則引兵還，漢軍方圍鐘離眛於滎陽東，[3]羽軍至，漢軍畏楚，盡走險阻。[4]羽亦軍廣武相守，[5]乃爲高俎，置太公其上，[6]告漢王曰：“今不急下，吾亨太公。”漢王曰：“吾與若俱北面受命懷王，[7]約爲兄弟，吾翁即汝翁。[8]必欲亨迺翁，幸分我一杯羹。”[9]羽怒，欲殺之。項伯曰：“天下事未可知。且爲天下者不顧家，雖殺之無益，但益怨耳。”羽從之。迺使人謂漢王曰：“天下匈匈，徒以吾兩人，[10]願與王挑戰，決雌雄，毋徒罷天下父子爲也。”[11]漢王笑謝曰：“吾寧鬬智，不能鬬力。”羽令壯士出挑戰。漢有善騎射曰樓煩，[12]楚挑戰，三合，樓煩輒射殺之。羽大怒，自被甲持戟挑戰。樓煩欲射，羽瞋目叱之。[13]樓煩目不能視，手不能發，走還入壁，不敢復出。漢王使閒問之，迺羽也。[14]漢王大驚。於是羽與漢王相與臨廣武閒而語。[15]漢王數羽十罪。[16]語在《高紀》。羽怒，伏弩射傷漢王。[17]漢王入成皋。

[1]【顏注】師古曰：氾音凡。解在《高紀》。【今注】案，蔡琪本、大德本、殿本“度”作“渡”，下同不注。　氾水：源出今河南鞏縣東南，北流經今滎陽市西北氾水鎮西，北入黃河。

[2]【今注】長史欣：《史記》卷七《項羽本紀》作“長史翳、塞王欣”，“翳塞王”三字當衍。下文亦祇涉及咎、欣二人。

[3]【顏注】師古曰：眛音莫葛反（葛，殿本作“曷”）。

[4]【顏注】師古曰：走音奏（殿本無此注）。

[5]【今注】羽亦軍廣武相守：《史記·項羽本紀》云“項王已定東海，來西，與漢俱臨廣武而軍”。廣武，城名。在今河南滎陽市東北廣武山上。

[6]【顏注】如淳曰：高俎，几之上也。李奇曰：軍中巢櫓謂之俎。師古曰：俎者，所以薦肉。示欲烹之，故置俎上。如說是也。【今注】俎：古代祭祀或宴會時用的四脚方形青銅盤或木漆

盤，用於盛放牛羊肉。

　　[7]【顏注】師古曰：若，汝也。

　　[8]【顏注】師古曰：翁謂父也。

　　[9]【顏注】師古曰：迺亦汝也。古者以杯盛羹，今之側杯有兩耳者是也。【今注】案，陳直《漢書新證》以爲，自戰國以來，盛行羽觴，或名爲杯，可以酌酒盛羹。漢代並没有耳杯，顏説以唐代的情況解釋秦漢史實。又案，殿本"杯"作"盃"。

　　[10]【顏注】師古曰：匈匈，讙擾之意也。他皆類此。

　　[11]【顏注】師古曰：罷讀曰疲。【今注】天下：《史記·項羽本紀》"天下"下有"之民"二字。

　　[12]【顏注】應劭曰：樓煩，胡人也。李奇曰：後爲縣，屬雁門。此縣人善騎射，謂上爲樓煩（上，蔡琪本、大德本、殿本作"士"）。取其稱耳，未必樓煩人也。師古曰：李説是也。【今注】樓煩：善於騎射的士卒。王先謙《漢書補注》引劉攽説，認爲此將姓樓名煩。然錢大昭《漢書辨疑》引《功臣表》有樓煩將丁復，沈欽韓《漢書疏證》據《灌嬰傳》有"斬樓煩將五人"，則樓煩當指秦漢時期西北古族，擅長騎馬射箭。後稱擅騎馬射箭的人爲樓煩，並非是真的樓煩。顧炎武《日知錄》卷二九則認爲，樓煩是趙西北邊之國，其人强悍習騎，楚漢之際多用樓煩人，别爲一軍。

　　[13]【顏注】師古曰：瞋目，張目也，音充人反。

　　[14]【顏注】師古曰：閒，微問之也。

　　[15]【今注】閒：當作"澗"。施之勉《漢書集釋》引《太平御覽》卷六九《地部三十四·澗》載：《漢書》曰：沛公與項籍臨廣武澗而語，數籍十罪，據改。廣武二城東西相距約二百步，中間有澗，汴水從此流過，即廣武澗。

　　[16]【顏注】師古曰：數，責也，音所具反。【今注】數羽十罪：一是違背先入關中爲王的約定；二是殺宋義自立爲帥；三是鉅

鹿之戰後，擅劫諸侯之兵入關；四是燒秦宮室，掘始皇帝陵；五是殺秦降王子嬰；六是坑殺秦新安降卒二十萬；七是分封不公；八是驅逐義帝，占據彭城；九是命人殺義帝；十是大逆無道。以上十條概括起來即，爲人臣而殺其主，殺其已降，爲政不平，主約不信。

［17］【今注】伏弩：埋伏的弩手。

　　時彭越數反梁地，絕楚粮食，又韓信破齊，且欲擊楚。羽使從兄子項它爲大將，龍且爲裨將，[1]救齊。韓信破殺龍且，追至成陽，[2]虜齊王廣。信遂自立爲齊王。羽聞之，恐，使武涉往説信。[3]語在《信傳》。[4]

　　［1］【顏注】師古曰：它音徒河反。且音子余反。《高紀》云項聲，此傳云項它，紀傳不同，未知孰是。【今注】龍且爲裨將：王鳴盛《十七史商榷》卷二三據本書卷一《高紀》此次戰役衹有“龍且”，並不言“項聲”。《史記》卷八《高祖本紀》又以此役有龍且與周蘭二人，則是役楚所遣將凡三人。又據《丁復傳》，是役尚有楚將留公，當不止三將。

　　［2］【今注】案，成陽，蔡琪本作“咸陽”，大德本作“城陽”。

　　［3］【今注】武涉：盱台（今江蘇盱眙縣）人。

　　［4］【今注】案，本書卷三四《韓信傳》載，武涉勸韓信反漢，指出韓信與項羽爲故交，劉邦被項羽所擒，逃脱後又反擊項羽，此人不可親信。韓信終會被劉邦所擒。韓信之所以能保全，是因爲有項羽的存在。項羽如果敗亡了，接着劉邦就會對付韓信。所以，韓信應該與楚聯合，三分天下，稱王於齊。韓信則言曾經在項羽處不被重用，而在劉邦手下授以軍權，言聽計從。

　　時，漢關中兵益出，食多，羽兵食少。漢王使侯公説羽，[1]羽迺與漢王約，中分天下，割鴻溝而西者爲漢，[2]東者爲楚，歸漢王父母妻子。[3]已約，羽解而東。五年，漢王進兵追羽，至故陵，[4]復爲羽所敗。漢王用張良計，致齊王信、建成侯、彭越兵，[5]及劉賈入楚地，圍壽春。[6]大司馬周殷叛楚，舉九江兵隨劉賈，迎黥布，與齊梁諸侯皆大會。

[1]【今注】侯公：《史記》卷七《項羽本紀》云漢王封侯公爲平國君。《正義》引《楚漢春秋》載，劉邦封侯公，云此天下辯士，所居傾國，故號曰平國君。施之勉《漢書集釋》按，"平國"指侯公説歸太公、呂后，能和平邦國。

[2]【今注】鴻溝：古運河名。約戰國魏惠王十年（前360）開通。源出今河南滎陽市北，向東流經中牟（今河南中牟縣）、大梁（今河南開封市），向南入潁水。

[3]【今注】父母妻子：太公、劉交之母、呂后及劉肥。本書卷一《高紀上》云"歸太公、呂后"，趙翼《廿二史札記》卷一云，此時高祖之母雖已死，但楚元王劉交爲高祖異母弟，則高祖仍有庶母。惠帝劉盈有庶兄劉肥。高祖路遇劉盈，同行者有魯元公主。劉肥並不同行，也未投劉邦，則與太公、呂后一起爲項羽所得。

[4]【今注】故陵：即固陵。縣名。治所在今河南太康縣南。《史記·項羽本紀》、卷八《高祖本紀》、本書《高紀上》"故"作"固"，當作"固陵"。故，殿本作"固"。

[5]【今注】建成侯：呂釋之。單父（今山東單縣南）人。呂后的二哥。秦末隨劉邦起兵。劉邦封漢王，隨之入漢中。後被派至豐（今江蘇豐縣）護衛劉邦之父。漢六年（前201）四月封。建成，縣名。治所在今河南永城市東南。

[6]【今注】壽春：縣名。治所在今安徽壽縣。

羽壁垓下，[1]軍少食盡。漢帥諸侯兵圍之數重。羽夜聞漢軍四面皆楚歌，迺驚曰："漢皆已得楚乎？是何楚人多也！"起飲帳中。有美人姓虞氏，[2]常幸從；駿馬名騅，常騎。[3]迺悲歌忼慨，自爲歌詩曰："力拔山兮氣蓋世，時不利兮騅不逝。騅不逝兮可奈何！虞兮虞兮奈若何！"[4]歌數曲，美人和之。羽泣下數行，左右皆泣，莫能仰視。

[1]【今注】垓下：地名。在今安徽靈璧縣東南五十里沱河北岸（對垓下位置諸說的評議，可參閱卜憲群、劉曉滿《垓下位置研究評議》，《安徽廣播電視大學學報》2010 年第 4 期；陳立柱《垓下遺址方位研究評議》，《宿州學院學報》2011 年第 3 期）。

[2]【今注】虞氏：《史記》卷七《項羽本紀》作"有美人名虞"。周壽昌《漢書注校補》案，婦人從夫姓，即以己姓爲名，至後世仍有此類事例。

[3]【顏注】師古曰：蒼白雜毛曰騅，蓋以其色名之。

[4]【顏注】師古曰：若，汝也。【今注】自爲歌詩：此詩《樂府詩集》卷五八作《力拔山操》，《古詩紀》前集卷二題作《垓下歌》。可，敦煌寫卷 P.2635《類林》音聲歌舞第三十五引《項羽傳》作"其"。若，作"汝"。日本《史記桃源鈔》引全詩作："力拔山兮氣蓋世，時不利兮威勢廢，威勢廢兮騅不逝。騅不逝兮可奈何，虞兮虞兮奈若何。"（參見劉立志編著《先秦歌謠集》，南京師範大學出版社 2014 年版，第 76—77 頁）

於是羽遂上馬，戲下騎從者八百餘人，[1]夜直潰圍南出馳。[2]平明，[3]漢軍迺覺之，令騎將灌嬰以五千騎追羽。[4]羽渡淮，騎能屬者百餘人。[5]羽至陰陵，迷失道，^[6]問一田父，田父紿曰“左”。^[7]左，乃陷大澤中，^[8]以故漢追及之。羽復引而東，至東城，^[9]迺有二十八騎。^[10]追者數千，羽自度不得脱，^[11]謂其騎曰：“吾起兵至今八歲矣，身七十餘戰，所當者破，所擊者服，未嘗敗北，遂伯有天下。^[12]然今卒困於此，^[13]此天亡我，非戰之罪也。今日固決死，願爲諸軍快戰，^[14]必三勝，斬將，艾旗，迺後死，^[15]使諸君知吾非用兵罪，天亡我也。”於是引其騎因四隤山^[16]而爲圜陳外嚮。^[17]漢騎圍之數重。羽謂其騎曰：“吾爲公取彼一將。”令四面騎馳下，期山東爲三處。於是羽大呼馳下，^[18]漢軍皆披靡，^[19]遂殺漢一將。是時，楊喜爲郎騎，^[20]追羽，羽還叱之，^[21]喜人馬俱驚，辟易數里，^[22]與其騎會三處。漢軍不知羽所居，分軍爲三，復圍之。羽迺馳，復斬漢一都尉，殺數十百人。復聚其騎，亡兩騎。迺謂騎曰：“何如？”騎皆服曰：“如大王言。”

[1]【顏注】師古曰：戲，大將之旗也，音許宜反，又音許爲反。《漢書》通以戲爲旌麾及指麾字。

[2]【今注】夜直：《史記》卷七《項羽本紀》作“直夜”，當是。

[3]【今注】平明：天快亮的時候。

[4]【今注】灌嬰：傳見本書卷四一。

[5]【顏注】師古曰：屬，聯及也，音之欲反。

[6]【顏注】孟康曰：縣名，屬九江郡。【今注】陰陵：山名。在今安徽和縣北。（參見張柏青、余恕誠、張勁松《“項羽不死於

烏江" 説獻疑：項羽敗走所經 "陰陵" 等處地理位置考辨》，《國
學研究》2013 年第 1 期）

[7]【顏注】文穎曰：紿，欺也；欺令左也。

[8]【今注】大澤：在今安徽定遠縣西西卅店以南一帶（參見
袁傳璋《項羽所陷陰陵大澤考》，《學術月刊》2009 年第 3 期）。

[9]【今注】東城：縣名。治所在今安徽定遠縣東南。

[10]【今注】二十八騎：學者認爲此屬文學創作，是司馬遷
以二十八騎對應 "二十八宿環北辰"（參見徐日輝《項羽 "二十八
騎" 突圍考》，《渭南師範學院學報》2017 年第 9 期）。

[11]【顏注】師古曰：脱，免也，音土活反。

[12]【顏注】師古曰：伯讀曰霸。

[13]【顏注】師古曰：卒，終也。

[14]【今注】諸軍快戰：諸軍，王念孫《讀書雜志·漢書第
八》認爲，當依《史記》《漢紀》作 "諸君"。羽此時但有二十八
騎，不得言 "諸軍"。下文亦作 "諸君"。案，殿本 "快戰" 作
"決戰"。

[15]【顏注】師古曰：艾音刈。

[16]【顏注】孟康曰：四下陂陁也（陁，蔡琪本、大德本、
殿本作 "隤"）。師古曰：隤音徒回反。【今注】四隤山：在安徽
和縣與江蘇江浦交接處，滁河及陰陵山之南、江浦縣石橋鎮北，今
名四潰山或四馬山（中國史記研究會、和縣項羽與烏江文化研究室
聯合考察組：《項羽垓下突圍南馳烏江路綫考察報告》，《渭南師範
學院學報》2009 年第 1 期）。張柏青、余恕誠、張勁松認爲是陰陵
山南十五里的 "四隤山"，而非定遠縣南六十里處虞姬墓所在的
"四潰山"（《 "項羽不死於烏江" 説獻疑：項羽敗走所經 "陰陵"
等處地理位置考辨》）。

[17]【顏注】師古曰：圍陳，四周爲之也。外嚮，謂兵刃皆
在外也。【今注】案，《史記·項羽本紀》云 "分其騎以爲四隊，

四鄉"。

　　[18]【顏注】師古曰：呼，叫也，音火故反。

　　[19]【顏注】師古曰：披音普彼反。

　　[20]【今注】楊喜：或作"楊憙"。陳直《漢書新證》引後漢蔡邕《太尉楊秉碑》云楊憙封"赤泉侯"。《金石索》有"赤泉侯"印。　郎騎：武官名。即郎中騎將，爲皇帝侍從（參見曲柄睿《釋"郎騎"——兼論西漢郎吏"私馬從軍"現象》，《南都學壇》2008年第2期）。

　　[21]【顏注】師古曰：還謂迴面也。

　　[22]【顏注】師古曰：辟易，謂開張而易其本處。辟音頻亦反。

　　於是羽遂引東，欲度烏江。[1]烏江亭長檥舡待，[2]謂羽曰："江東雖小，地方千里，衆數十萬，亦足王也。願大王急度。今獨臣有舡，漢軍至，亡以度。"羽笑曰："迺天亡我，何度爲！且籍與江東子弟八千人度而西，今亡一人還，縱江東父兄憐而王我，我何面目見之哉？縱彼不言，籍獨不愧於心乎！"謂亭長曰："吾知公長者也，吾騎此馬五歲，所當亡敵，嘗一日千里，吾不忍殺，以賜公。"迺令騎皆去馬，步持短兵接戰。羽獨所殺漢軍數百人。羽亦被十餘創。顧見漢騎司馬呂馬童曰："若非吾故人乎？"[3]馬童面之，[4]指王翳曰：[5]"此項王也。"羽迺曰："吾聞漢購我頭千金，邑萬戶，[6]吾爲公得。"[7]迺自剄。王翳取其頭，亂相蹂蹈[8]爭羽相殺者數十人。最後楊喜、呂馬童、郎中呂勝、楊武各得其一體。故分其地以封五人，皆爲列侯。[9]漢王迺以魯公號葬羽於穀城。[10]諸項支屬皆不诛。封項伯等四人爲列侯，賜姓劉氏。[11]

[1]【顏注】臣瓚曰：在牛渚。【今注】案，度，蔡琪本、大德本、殿本作“渡”。 烏江：在今安徽和縣長江西岸的烏江浦渡口。

[2]【顏注】服虔曰：檥音蟻。如淳曰：南方人謂整舡向岸曰檥（舡，蔡琪本、殿本作“船”）。【今注】亭長：亭，秦漢時鄉里的行政機構，亭長爲其長官。十里一亭，設亭長一人。 長檥舡待：王駿圖、王駿觀《史記舊注平議》云，以木槁攏船附岸。案，蔡琪本、殿本“舡”作“船”。

[3]【顏注】師古曰：若，汝也。【今注】騎司馬：率領騎兵的將領。

[4]【顏注】張晏曰：以故人難親斫之，故背之也。如淳曰：面謂不正視也。師古曰：如説非也。面謂背之，不面向也。面縛亦謂反偝而縛之（偝，蔡琪本、殿本作“背”）。杜元凱以爲但見其面，非也。【今注】面：爲回避而面相背，並非直面相對。

[5]【顏注】如淳曰：指示王翳。【今注】案，本書《高惠高后功臣表》“翳”作“壽”。

[6]【顏注】師古曰：購，以財設賞，音工豆反。

[7]【顏注】鄧展曰：令公得我爲功也。晉灼曰：字或作“德”。【今注】得：王駿圖、王駿觀《史記舊注平議》云，《史記》作“德”，當作“惠”字解。

[8]【顏注】師古曰：輮，踐也，音人九反。

[9]【今注】案，錢大昭《漢書辨疑》云，楊喜爲赤泉侯，王翳爲杜衍侯，馬童爲中水侯，呂勝爲涅陽侯，楊武爲吳房侯。本書《高惠高后功臣表》“勝”一作“騰”。列侯，秦漢二十等爵中最高爵位（第二十等）。初稱徹侯，後避武帝諱，改稱通侯。

[10]【今注】魯公：何焯《義門讀書記》卷一七認爲懷王命

卷三一

陳勝項籍傳第一

3631

項羽救趙時，以魯公爲次將。封以魯公號，以正楚君臣之分。　穀城：山名。在今山東平陰縣西南。一説漢以魯公禮葬項羽，在今山東曲阜市西北之小穀城（參見錢穆《史記地名考》，商務印書館2004年版）。

[11]【今注】賜姓劉氏：王先謙《漢書補注》據《功臣表》賜姓者有射陽侯劉緾（即項伯）、平皋侯劉它、桃安侯劉襄三人，或遺漏一人。《史記》卷七《項羽本紀》作“射陽侯、桃侯、平皋侯、玄武侯”。

　　　贊曰：昔賈生之過秦曰：[1]

　　秦孝公據殽函之固，[2]擁雍州之地，[3]君臣固守而闚周室，有席卷天下，包舉宇内，囊括四海，[4]并吞八荒之心。[5]當是時也，商君佐之，[6]内立法度，務耕織，脩守戰之備，外連衡而鬭諸侯。[7]於是秦人拱手而取西河之外。[8]

[1]【顏注】應劭曰：賈生書有《過秦》二篇，言秦之過。此第一篇也。司馬遷取以爲贊，班固因之。

[2]【顏注】師古曰：殽謂殽山（殽山，大德本作“殽函”），今陝縣東二殽是也。函謂函谷，今桃林縣南洪溜澗是也（溜澗，大德本、殿本作“溜澗”）。【今注】秦孝公：戰國時秦國國君。公元前361至前338年在位。　殽：山名。在今河南靈寶市東南。

[3]【今注】雍州：古九州之一。故地在今陝西、甘肅及青海東部地區。

[4]【今注】四海：古人以中國四周有海環繞，故以“四海”泛指“海疆”，代指天下。

[5]【顏注】張晏曰：括，結囊也，言其能包含天下。師古

曰：八荒，八方荒忽極遠之地也。【今注】八荒：八方荒遠之地。指天下。《説苑·辨物》有“八荒之内有四海，四海之内有九州”。

［6］【顔注】師古曰：衞鞅也，封於商。

［7］【今注】連衡：又作“連橫”。戰國時由秦國張儀提出，欲鼓動魏韓與秦聯合，以攻齊楚。

［8］【顔注】師古曰：言其不費功力也。【今注】案，王先謙《漢書補注》云，秦孝公時，稱三晉奪秦河西地。魏武侯時，吳起治西河，後遭到譖言而離去。吳起離開魏國後，秦起用商君，其疆域向東接近黄河。秦惠成王時，尚未全部占領河西地。魏襄王時，始獻地於秦。西河，地名。在今陝西東部黄河西岸一帶。戰國時期屬魏國。

孝公既没，惠文、武、昭襄[1]蒙故業，因遺策，南取漢中，西舉巴蜀，東割膏腴之地，收要害之郡。[2]諸侯恐懼，會盟而謀弱秦，不愛珍器重寶肥饒之地，以致天下之士。合從締交，[3]相與爲一。當此之時，齊有孟嘗，[4]趙有平原，[5]楚有春申，[6]魏有信陵。[7]此四賢者，皆明智而忠信，寬厚而愛人，尊賢重士，約從離横，[8]兼韓、魏、燕、趙、宋、衞、中山之衆。[9]於是六國之士有甯越、徐尚、蘇秦、杜赫之屬爲之謀，[10]齊明、周最、陳軫、召滑、樓緩、翟景、蘇厲、樂毅之徒通其意，[11]吳起、孫臏、帶他、兒良、王廖、田忌、廉頗、趙奢之朋制其兵。[12]常以十倍之地，百萬之軍，仰關而攻秦。[13]秦人開關延敵，九國之師遁巡而不敢進。[14]秦無亡矢遺鏃之費，而天下已困矣。[15]於是從散約敗，爭割地而賂秦。秦有餘力而制其弊，追亡逐北，伏尸百萬，流血漂鹵，[16]因利乘便，宰割天下，分裂山河；强國請服，弱國入朝。[17]

[1]【顔注】師古曰：惠文王，孝公之子。武王，惠文王之子。昭襄王，武王之弟。【今注】案，惠文，秦惠文王，秦孝公之子。公元前 337 至前 311 年在位。武，秦武王。秦惠文王之子。公元前 310 至前 307 年在位。昭襄，秦昭襄王。秦武王異母弟。武王無子，因立爲王。公元前 306 至前 251 年在位。惠文、武、昭襄，王先謙《漢書補注》引諸書説法不一，《新書》作“惠文、武、昭襄王”，《史記》卷四八《陳涉世家》贊作“惠文王、武王、昭王”，《史記》卷六《秦始皇本紀》作“惠王、武王”，《文選》作“惠文、武、昭”。

[2]【今注】南取漢中：《史記》卷五《秦本紀》作“惠文王九年（前 316），攻楚漢中，取地六百里”。　西舉巴蜀：《史記·秦本紀》作“惠文王九年，司馬錯伐蜀，滅之”。　收要害之郡：閻振益、鍾夏《新書校注》云，俞樾曰：“要害之郡，指成皋之險，在東不在北，則‘北’字衍文也。”案，此文本自李斯《諫逐客疏》“惠王用張儀之計，西并巴蜀，北收上郡，南取漢中，東據成皋之險，害膏腴之壤”，當有“北”字。秦時成皋非郡（後魏始置），此當指上郡，其地在秦北境，已近匈奴，故謂要害之郡。梁玉繩《史記志疑》卷二六亦稱此處“‘收’上缺‘北’字”。

[3]【顔注】師古曰：締，結也。從音子容反。締音大系反。【今注】合從：六國南北縱向聯合，共同抗秦。

[4]【顔注】師古曰：孟嘗君田文。

[5]【顔注】師古曰：平原君趙勝。

[6]【顔注】師古曰：春申君黃歇。

[7]【顔注】師古曰：公子無忌爲信陵君。

[8]【顔注】師古曰：約誓爲從，欲以分離爲横。横謂秦也。從音子容反。其下亦同。

[9]【今注】案，"兼韓"一句，王先謙《漢書補注》據《史記》卷六《秦始皇本紀》"燕"下有"楚、齊"二字。下文兩言"九國之師"，又云"陳涉之位，不齒於齊、楚、燕、趙、韓、魏、宋、衛、中山之君"，可以證明。今本《漢書》及《史記》卷四八《陳涉世家》、《賈子》、《文選》脫"楚、齊"二字。然《新書校注》引《史記·秦本紀》《韓非子·存韓》祇言五諸侯伐秦。所謂九國之師，當爲約略的説法。（閻振益、鍾夏：《新書校注》，中華書局 2000 年版，第 8 頁）

[10]【今注】六國之士：王先謙《漢書補注》認爲，原爲九國，因衛國微弱，宋、中山又先被秦滅，故止言六國。 甯越：趙中牟（今河南鶴壁市西）人。 徐尚：宋國人。 蘇秦：東周洛陽（今河南洛陽市）人。當時爲從約長。 杜赫：周人，杜伯之後。

[11]【顏注】師古曰：召讀曰邵。【今注】齊明：東周大臣，後仕秦、楚及韓。 周最：東周之公子，亦仕秦。一作"周聚"，又作"周冣"。 陳軫：楚國人。 召滑：又作"卓滑"，楚相。 樓緩：魏文侯之弟，魏相。 翟景：魏國人。王念孫《讀書雜志·史記第一》以爲，即《楚》《魏策》之"翟强"，"景""强"聲近。 蘇厲：蘇秦之弟。 樂毅：燕國將領。

[12]【顏注】師古曰：臏音頻忍反。他音徒何反。兒音五奚反。廖音聊。【今注】吳起：魏將，後入楚。 孫臏：齊將。 帶他：趙將。即"帶佗"。 兒（ní）良：兵家。一説爲魏國人。本書《藝文志》兵權謀家有《兒良》一篇。《吕氏春秋·不二篇》載兒良作兵謀，貴後發制人。 王廖：秦將。秦穆公時任内史，善戰。《吕氏春秋》載王廖謀兵事，貴先進行策劃。 田忌：齊將。 廉頗：趙將。 趙奢：趙將。

[13]【顏注】師古曰：秦之地形高，而諸侯之兵欲攻關中者皆仰嚮，故云仰關也。今流俗書本仰字作卬，非也。【今注】仰關而攻秦：王先謙《漢書補注》認爲，"仰"本作"卬"，古仰望字

皆如此。"仰""卬"應作"叩",與下文"秦人開關延敵"相對應。

[14]【顔注】師古曰:遁巡,謂疑懼而卻退也(懼,蔡琪本、殿本作"出")。遁音千旬反。流俗書本巡字誤作逃,讀者因之而爲遁逃之義。潘岳《西征賦》云"遁逃以奔竄",斯亦誤矣。【今注】遁巡:當作"逡遁",退讓。

[15]【顔注】師古曰:鏃,矢鋒也,音子木反(蔡琪本、大德本同,殿本注在"遺鏃之費"後)。

[16]【顔注】師古曰:漂,浮也。鹵,盾也。其血可以浮盾,言殺人多也。漂音匹遙反(殿本無此句)。【今注】鹵:大盾。通"櫓"。或作"樐"。"鹵"又"樐"之省文。

[17]【今注】案,强,蔡琪本作"彊"。

施及孝文、莊襄王,[1]享國之日淺,國家亡事。及至始皇,奮六世之餘烈,[2]振長策而馭宇内,[3]吞二周而亡諸侯,[4]履至尊而制六合,[5]執敲扑以鞭笞天下,[6]威震四海。南取百粤之地,以爲桂林、象郡。[7]百粤之君頫首係頸,[8]委命下吏。[9]迺使蒙恬北築長城而守藩籬,[10]卻匈奴七百餘里,[11]胡人不敢南下而牧馬,士不敢彎弓而報怨。於是廢先王之道,焚百家之言,以愚黔首。[12]墮名城,殺豪俊,[13]收天下之兵聚之咸陽,銷鋒鍉[14]鑄以爲金人十二,[15]以弱天下之民。然後踐華爲城,[16]因河爲池,據億丈之城,[17]臨不測之川,[18]以爲固。良將勁弩,守要害之處,[19]信臣精卒,陳利兵而誰何。[20]天下已定,始皇之心,自以爲關中之固,金城千里,子孫帝王萬世之業也。

[1]【顏注】師古曰：施，延也。孝文王，昭襄王之子也。莊襄王，孝文王之子，即始皇父也。施音戈豉反。【今注】孝文：秦孝文王，公元前250年在位。 莊襄王：秦莊襄王。公元前249年至前247年在位。

[2]【顏注】師古曰：孝公、惠文王、武王、昭襄王、孝文王、莊襄王，凡六君也。烈，業也。

[3]【顏注】師古曰：以乘馬爲喻也。策，所以檛馬也。

[4]【今注】吞二周而亡諸侯：閻振益、鍾夏《新書校注》云，《史記》卷六《秦始皇本紀》載"滅二周，置三川郡"。但秦滅二周在莊襄王時。二周，周考王時，周王室分爲東西二周。東周都鞏（今河南鞏縣西南），西周都河南（今河南洛陽市西王城公園一帶）。東西二周分別在公元前249年、前256年爲秦所滅。

[5]【今注】六合：天地四方。代指天下。

[6]【顏注】鄧展曰：敲，短杖也。扑，捶也。師古曰：敲音若交反（若，蔡琪本、大德本、殿本作"苦"）。扑音普木反。【今注】敲扑：刑杖。短爲敲，長爲扑。

[7]【今注】桂林：郡名。治布山（今廣西桂平市西）。 象郡：治臨塵（今廣西崇左市）。

[8]【顏注】鄧展曰：頫音俯。師古曰：古俯字。

[9]【今注】委命：寄託性命。將性命交給獄吏。

[10]【顏注】師古曰：言以長城扦蔽胡寇，如人家之有藩籬。

[11]【顏注】師古曰：卻音丘略反。

[12]【今注】以愚黔首：《史記·秦始皇本紀》載"更名民曰黔首"。沈欽韓《漢書疏證》引《商子·墾令篇》"民不貴學則愚，愚則無外交，無外交則勉農而不偷"，即所謂愚黔首。

[13]【顏注】師古曰：墮，毀也，音火規反。

[14]【顏注】如淳曰：鍉音嫡（嫡，大德本、殿本作"鏑"），箭鏃也（箭鏃，蔡琪本、大德本作"箭足"）。師古曰：

鋒，戈戟刃也。鏑與鏑同，即箭鏃也。如音是也。

[15]【顏注】師古曰：所謂公仲者也。《三輔黃圖》云坐高三丈（王先謙《漢書補注》引《史記索隱》云“各重千石，坐高二丈”，與此“三丈”異；“公”作“翁”，字同）。其銘曰：皇帝二十六年，初兼天下，改諸侯爲郡縣，一法律，同度量。大人來見臨洮，其長五丈，足跡六尺。

[16]【顏注】服虔曰：斷華山爲城。晉灼曰：踐，登也。師古曰：晉説是也（蔡琪本無“也”字）。【今注】踐華爲城：《史記·秦始皇本紀》“踐”作“斬”。《釋名·釋姿容》：“踐，殘也，使殘壞也。”吳國泰《史記解詁》按，“斬”爲“塹”之省文，故“踐”當從《史記》作“斬”，意爲鑿塹華山之石以爲城。

[17]【今注】據億丈之城：“城”一作“高”。王念孫《讀書雜志·墨子第一》云，高，當作“章”，即城郭之“郭”，因形近訛爲“高”。賈誼《新書·過秦上》“據億丈之章”，今本“章”訛爲“高”，故“城”字或誤。

[18]【今注】川：《史記·秦始皇本紀》、《文選》作“谿”，《新書》作“淵”。

[19]【今注】守要害之處：俞樾《諸子平議》卷二七據吉府本“守”上有“而”字，疑“勁弩”上缺一字，下句云“信臣精卒，陳利兵而誰何”，此句“良將”與“信臣精卒”對，當有一字與“陳”字對應。此字偶缺，後人誤以良將勁弩對信臣精卒，遂認爲“而”字無謂，將此字删去。

[20]【顏注】師古曰：問之爲誰，又云何人，其義一也。【今注】誰何：呵問是誰。何，通“呵”，詰問、喝斥。

始皇既没，餘威震于殊俗。然而陳涉，甕牖繩樞之子，[1]甿隸之人，[2]遷徙之徒也，材能不及中庸，[3]非有仲尼、墨翟之知，[4]陶朱、猗頓之富。[5]躡足行伍之閒，[6]而免起阡陌之中，[7]帥罷散之卒，將數百之衆，[8]轉而攻秦。斬木爲兵，揭竿爲旗，[9]天下雲合嚮應，[10]贏糧而景從，[11]山東豪俊遂並起而亡秦族矣。[12]

[1]【顏注】服虔曰：以繩係户樞。孟康曰：瓦甖爲窗也。【今注】瓮牖繩樞：以瓮口作窗框，用繩子繫門轉軸。形容窮困而門窗簡陋。王先謙《漢書補注》認爲，"樞"當作"窗"。古多以瓦甖作窗，以繩作樞。

[2]【顏注】如淳曰：甿，古文萌字。萌，民也。

[3]【今注】中庸：《史記》卷六《秦始皇本紀》作"中人"。

[4]【顏注】文穎曰：墨翟，宋人爲墨家者也。

[5]【顏注】師古曰：越人范蠡逃越，止於陶，自謂陶朱公。猗頓本魯人，大畜牛羊於猗氏之南，貲擬王公，馳名天下。

[6]【顏注】如淳曰：蹑音疊。師古曰：蹑音女涉反。

[7]【顏注】如淳曰：時皆僻屈在阡陌之中也。師古曰：俛者，言免脱徭役也。免字或作俛（蔡琪本、大德本、殿本作"免"），讀與俯同（俯，蔡琪本作"府"，大德本、殿本作"免"）。【今注】阡陌：王念孫《讀書雜志·漢書第八》認爲，此處本作"什伯"。此因"什伯"誤作"仟佰"，故又誤作"阡陌"。古代軍制以十人爲"什"，百人爲"伯"，泛指軍隊。

[8]【顏注】師古曰：罷讀曰疲。

[9]【顏注】師古曰：揭音竭，謂豎之也。今讀之者爲負揭之揭，非也。

[10]【顏注】師古曰：嚮讀曰響，言如響之應聲。

[11]【顏注】師古曰：贏，擔也（蔡琪本、大德本、殿本作"擔也"）。景從，言如影之隨形也。

[12]【今注】山東：戰國秦漢時指崤山或華山以東地區。泛指秦以外的六國疆域。

且天下非小弱也；雍州之地，殽函之固，自若也。[1]陳涉之位，不齒於齊、楚、燕、趙、韓、魏、宋、衛、中山之君；[2]鉏櫌棘矜，不敵於鉤戟長鎩；[3]適戍之衆，不亢於九國之師；[4]深謀遠慮，行軍用兵之道，非及曩時之士也。[5]然而成敗異變，功業相反，何也？試使山東之國與陳涉度長絜大，[6]比權量力，不可同年而語矣。[7]然秦以區區之地，致萬乘之權，[8]招八州而朝同列，[9]百有餘年，然后以六合爲家，[10]殽函爲宮。一夫作難而七廟墮，[11]身死人手，爲天下笑者，何也？仁誼不施，而攻守之勢異也。

[1]【顔注】師古曰：自若，猶言如故也。

[2]【顔注】師古曰：齒謂齊列如齒。【今注】案，九國是周王朝分封或自立的較大諸侯國，而陳涉不能與這些諸侯相提並論。不齒，《新書》作"非尊"。

[3]【顔注】服虔曰：以鉏柄及棘作矛穳也。晉灼曰：櫌椎，塊椎也。師古曰：服説非也。櫌（殿本作"耰"），摩田器也。棘，戟也。矜與穳同，穳謂矛鋋之杷也。鉤戟，戟刃鉤曲者也。鎩，鈹也。言往者秦銷兵刃，陳涉起時但用鉏櫌及戈戟之穳以相攻戰也。櫌音憂。矜音其巾反。鎩音山列反。【今注】櫌：槌土塊使土地平整的農具。案，殿本"櫌"作"耰"。　棘矜：伐棘以爲柄。矜，矛柄謂之矜。　不敵：《史記》卷六《秦始皇本紀》作"非銛"。　鉤戟：似矛，刃下有横出的鉤形。　長鎩：似矛，雙面有長刃，稱爲鈹。鈹頭下部裝上猶如劍格的鐔則稱爲鎩。（參見孫機《漢代物質文化資料圖説（增訂本）》，上海古籍出版社2011年版，第148頁）

[4]【顔注】師古曰：適讀曰讁（讁，蔡琪本作"謫"），謂

罪罰而行也。亢，當也，讀與抗同。【今注】亢：相當、抗衡。通"抗"。

[5]【顏注】師古曰：曩，昔也，音乃朗反。

[6]【顏注】師古曰：絜謂圍束之也。度音徒各反。絜音下結反。【今注】度長絜大：比較物體的長短大小。指九國與陳勝的力量相比較。

[7]【今注】同年而語：相提並論。

[8]【顏注】師古曰：區區，小貌也（小，蔡琪本、殿本作"之"。案，底本、蔡琪本、大德本顏注在"之權"後，殿本在"區區之地"後）。【今注】萬乘之權：天子的地位和權力。古代天子有車萬乘，以萬乘代指天子。

[9]【顏注】鄧展曰：招，舉也。蘇林曰：招音翹（蔡琪本、殿本作"蘇林曰：招，舉也。鄧展曰：招音翹"）。【今注】八州：古代分天下為九州，除秦所在雍州外，八州指冀、兗、青、徐、揚、荊、豫、梁。

[10]【顏注】師古曰：后與後同，古通用字也。

[11]【顏注】師古曰：墮，毀也，音火規反。【今注】七廟：天子七廟，包括左三昭、右三穆與中間太祖之廟。

周生亦有言，[1]"舜蓋重童子"，項羽又重童子，[2]豈其苗裔邪？何其興之暴也！夫秦失其政，陳涉首難，豪傑蜂起，[3]相與並爭，不可勝數。然羽非有尺寸，[4]乘勢拔起隴畝之中，[5]三年，遂將五諸侯兵滅秦，[6]分裂天下而威海內，封立王侯，政繇羽出，[7]號為"伯王"，[8]位雖不終，近古以來未嘗有也。[9]及羽背關懷楚，放逐義帝，[10]而怨王侯畔己，難矣。自矜功伐，奮其私智而不師古，始霸王之國，[11]欲以力征經營天下，五年卒亡其國，身死東城，尚不覺寤，不自責過失，迺引"天亡我，非用兵之罪"，豈不謬哉！

[1]【顏注】鄭氏曰：周時賢人也。師古曰：《史記》稱太史公曰：余聞之周生，則知非周時人，蓋姓周耳。【今注】周生：漢武帝時周姓儒生。

[2]【顏注】師古曰：童子，目之眸子（眸子，蔡琪本作"眸也"）。【今注】重童：一隻眼睛裏有倆個瞳孔。童，通"瞳"。

[3]【今注】案，傑，蔡琪本、殿本作"桀"。

[4]【今注】尺寸：如同尺寸大小的地方。非有尺寸，指項羽起事前勢力很小。

[5]【顏注】晉灼曰：拔音卒拔之拔。鄧展曰：疾起也。師古曰：音步末反。【今注】隴畝：田畝。指項羽出身於平民。

[6]【今注】五諸侯：王先謙《漢書補注》引《史記集解》："此時山東六國，而齊、趙、韓、魏、燕五國併起，從伐秦，故云五諸侯。"

[7]【顏注】師古曰：縣與由同。

[8]【顏注】師古曰：伯讀曰霸。

[9]【顏注】師古曰：近古猶末代（末代，蔡琪本作"末近"）。

[10]【顏注】師古曰：背關，謂背約不王高祖於關中。懷楚，謂思東歸而都彭城。

[11]【今注】始：《史記》卷六《秦始皇本紀》作"謂"。霸王之國：王先謙《漢書補注》據宋祁說：舊本無"霸王之國"四字。《管子·輕重》載，天子之國千里，霸王之國三百餘里，諸侯之國地方百里，子國、男國地方七十里。

漢書　卷三二

張耳陳餘傳第二[1]

[1]【今注】案，本傳規仿《史記》卷八九《張耳陳餘列傳》而成。記述張耳、陳餘因敬慕爲刎頸之交到反目成仇的史實。不虛美，不隱惡，先揚後抑，善惡俱張，功過分明。世傳所稱賢者，亦不過多以勢利相交。

　　張耳，大梁人也，[1]少時及魏公子毋忌爲客。[2]嘗亡命遊外黃，[3]外黃富人女甚美，庸奴其夫，[4]亡邸父客。[5]父客謂曰：“必欲求賢夫，從張耳。”女聽，爲請決，嫁之。[6]女家厚奉給耳，耳以故致千里客，官爲外黃令。[7]

　　[1]【顏注】臣瓚曰：今陳留大梁城也。【今注】大梁：古城名。戰國時魏國都城。在今河南開封市西北。
　　[2]【顏注】師古曰：毋忌，六國時信陵君也。言其尚及見毋忌，爲之賓客。【今注】魏：戰國七雄之一。都安邑（今山西夏縣北），後遷大梁。公元前225年被秦所滅。　毋忌：魏毋忌。亦作“無忌”。魏昭王的小兒子，安釐王異母弟。封信陵君。有食客三千人。公元前257年，秦相范雎發兵圍趙，毋忌竊符救趙，擊退秦軍。居於趙十年。事迹見《史記》卷七七《魏公子列傳》。

[3]【顏注】師古曰：命者，名也。凡言亡命，謂脫其名籍而逃亡。【今注】亡命：當指已經確定罪名而逃亡。顏注看法或有訛誤。《史記》卷八九《張耳陳餘列傳》《索隱》引崔浩曰："逃匿則削除名籍，故以逃爲亡命。"魏文侯時，李悝制《法經》六篇，第四篇爲《捕法》，其中規定"諸徵名已定及從軍征討而亡者，一日徒一年，一日加一等，十五日絞"（黃奭《黃氏逸書考·子史鈎沈》輯本）。嶽麓秦簡《亡律》中有對已論罪而逃亡者的規定（參見周海鋒《嶽麓書院藏秦簡〈亡律〉研究》，《簡帛研究》2016年春夏卷）。日本學者保科季子認爲，"命"爲確定罪名的司法手續（《亡命小考——兼論秦漢的確定罪名手續"命"》，《簡帛》第3輯）。又參見陶傳祥《秦漢"亡命"考論》（《南都學壇》2016年第2期）。 外黃：戰國魏邑。治所在今河南民權縣西北。因其地有黃溝得名。又因魏郡有內黃，故加"外"字以區別。

[4]【顏注】師古曰：言不恃賴其夫，視之若庸奴。【今注】庸奴其夫：對待其夫如同庸奴。《史記·張耳陳餘列傳》作"嫁庸奴，亡其夫，去抵父客"。《漢書》刪"嫁""亡"二字。袁文《甕牖閒評》卷二據《史記》認爲，庸奴當爲人名。又《甕牖閒評》附錄俞樾《評庸奴》說：《史記》"嫁庸奴，亡其夫，去抵父客"應作"嫁，庸奴其夫，亡去抵父客"，指此女既嫁，而鄙視其夫如庸奴，故亡去而抵父客。《集解》徐廣注於"亡其夫"下曰：一云"其夫亡"。此句爲文本校勘，而非注釋，因其所見版本有"亡"字在"其夫"二字之下的。王念孫《讀書雜志·漢書第八》也引《集解》徐廣注"一云'其夫亡'也"，認爲"嫁"字是後人所加。"亡"字當在"其夫"下，應作"庸奴其夫，亡去，抵父客"。但朱一新《漢書管見》認爲此句當從《史記》有"嫁"字，即所嫁者乃庸奴，故逃其夫而去抵父客居。趙翼《廿二史札記》亦以爲"所嫁者乃庸奴，故逃之"，故"亡"意爲"逃亡"。邸，同"抵"。

[5]【顏注】如淳曰：父時故賓客也。師古曰：邸，歸也，

音丁禮反。

　　[6]【顏注】師古曰：請決絕於前夫而嫁於耳。

　　[7]【今注】官爲外黃令：《史記·張耳陳餘列傳》作“乃宦
魏爲外黃令”。《漢書考證》齊召南認爲，必有“魏”字以區別於
秦國，《漢書》删之。下文有“秦購耳以千金”，故當有“魏”字
以區別。案，官，大德本同，蔡琪本、殿本作“宦”。

　　陳餘，亦大梁人，好儒術。[1]遊趙苦陘，[2]富人公
乘氏以其女妻之。[3]餘年少，父事耳，相與爲刎
頸交。[4]

　　[1]【今注】儒術：用儒家經典經邦治國的學説。《孔叢子·
獨治》載：“陳餘謂子魚曰：‘秦將滅先王之籍，而子爲書籍之主，
其危哉！’”又陳餘向陳勝推薦孔鮒，稱：“今必欲定天下取王侯
者，其道莫若師賢而友智。”可爲陳餘好儒術之證。

　　[2]【顏注】張晏曰：苦陘，章帝醜其名，改曰漢昌。師古
曰：陘音刑。【今注】趙：戰國七雄之一。都晉陽（今山西太原市
西南），後遷邯鄲（今河北邯鄲市）。公元前 222 年被秦所滅。　苦
陘：縣名。治所在今河北無極縣東北。案，此句《史記》卷八九
《張耳陳餘列傳》作“數游趙苦陘”。

　　[3]【今注】公乘：爵名。秦漢二十等爵的第八等。周壽昌
《漢書注校補》以爲史失其姓，以爵爲氏。楊樹達《漢書窺管》則
據《説苑·善説》有“公乘不仁”，則認爲魏國舊有公乘氏。

　　[4]【顏注】師古曰：刎，斷也。刎頸交者，言託契深重，
雖斷頸絕頭，無所顧也。刎音舞粉反。【今注】刎頸交：可以共生
死的朋友。《史記》卷八一《廉頗藺相如列傳》載，廉頗藺相如
“卒相與歡，爲刎頸之交”。司馬貞《索隱》引崔浩曰：“言要齊生
死，斷頸無悔。”

　　高祖爲布衣時，嘗從耳遊。[1]秦滅魏，[2]購求耳千金，餘五百金。[3]兩人變名姓，俱之陳，[4]爲里監門。[5]吏嘗以過笞餘，[6]餘欲起，耳攝使受笞。[7]吏去，耳數之曰：[8]"始吾與公言何如？今見小辱而欲死一吏乎？"餘謝罪。

　　[1]【今注】案，《史記》卷八九《張耳陳餘列傳》此句前有"秦之滅人梁也，張耳家外黃"十一字，後有"客數月"三字。似高祖從耳游在魏初滅時。

　　[2]【今注】案，《史記・張耳陳餘列傳》"秦滅魏"下有"數歲，已聞此兩人魏之名士也"十二字。

　　[3]【今注】案，當時張耳爲外黃令，陳餘未仕，故二人賞金有别。

　　[4]【今注】陳：縣名。治所在今河南淮陽縣。

　　[5]【顏注】師古曰：監門，卒之賤者，故爲卑職以自隱。【今注】里監門：看守里門的人，掌里門開閉，身份低微。里爲古代基層行政區單位名。周代一里有二十五户，後代户數有變化。

　　[6]【今注】笞：古代刑罰名。以竹板或荆條捶擊犯人的脊背或臀部。秦簡《法律答問》《秦律十八種》中有"治"刑，通"笞"。有不當治、治十、治卅、治五十、治百等，屬於懲誡性的輕刑，也作爲刑訊手段（參見黃海《由"笞"至"笞刑"——東周秦漢時期"笞刑"的産生與流變》，《社會科學》2019年第4期）。

　　[7]【顏注】師古曰：攝謂引持之。【今注】攝：執持。《史記・張耳陳餘列傳》作"躡之"。

　　[8]【顏注】師古曰：數，責也，音所具反。

　　陳涉起蘄至陳，[1]耳、餘上謁涉。[2]涉及左右生平

數聞耳、餘賢，[3]見，大喜。陳豪桀説涉曰："將軍被
堅執鋭，[4]帥士卒以誅暴秦，復立楚社稷，[5]功德宜爲
王。"陳涉問兩人，兩人對曰："將軍瞋目張膽，[6]出萬
死不顧之計，爲天下除殘。今始至陳而王之，視天下
私。[7]願將軍毋王，急引兵而西，遣人立六國後，自爲
樹黨。[8]如此，野無交兵，[9]誅暴秦，據咸陽以令諸
侯，[10]則帝業成矣。今獨王陳，恐天下解也。"[11]涉不
聽，遂立爲王。

[1]【今注】蘄：縣名。治所在今安徽宿州市東南。

[2]【顔注】師古曰：上其謁而見也。上謁，若今之通名。
【今注】上謁：通報姓名以求被接見。一般作爲拜見、問候時所用
（參見王曉光《新出漢晉簡牘及書刻研究》，榮寶齋出版社 2013 年
版，第 348—352 頁）。現存漢晉時期的名謁簡牘多用寬板，內容上
往往會附上拜謁人、拜謁對象、拜謁目的等信息，禮儀性較重（參
見王彬《漢晉間名刺、名謁的書寫及其交往功能》，《出土文獻》
第 8 輯，中西書局 2016 年版）。

[3]【今注】生平數聞：很久以來經常聽説。生平，素來、平素。

[4]【今注】被堅執鋭：身披堅甲，手持鋭利的武器。被，通
"披"。

[5]【今注】社稷：古代君主祭祀土地神（社）和穀神（稷），
後以社稷代指國家。

[6]【顔注】師古曰：張膽，言勇之甚。【今注】瞋目：因驚
恐或憤怒而睜大眼睛。

[7]【顔注】師古曰：視讀曰示。

[8]【顔注】師古曰：樹，立也。【今注】六國：秦統一前的
韓、趙、魏、齊、楚、燕六國。

[9]【今注】案，《史記》卷八九《張耳陳餘列傳》此句後有"縣無守城"四字。

[10]【今注】咸陽：秦國都城。故城遺址在今陝西咸陽市渭城區窰店鎮一帶。

[11]【顔注】師古曰：解謂離散其心也。

耳、餘復說陳王曰：[1]"大王興梁、楚，[2]務在入關，[3]未及收河北也。[4]臣嘗遊趙，知其豪桀，[5]願請奇兵略趙地。"於是陳王許之，以所善陳人武臣爲將軍，[6]耳、餘爲左右校尉，[7]與卒三千人，從白馬渡河。[8]至諸縣，說其豪桀[9]曰："秦爲亂政虐刑，殘滅天下，北爲長城之役，南有五領之戍，[10]外內騷動，百姓罷敝，[11]頭會箕斂，[12]以供軍費，財匱力盡，[13]重以苛法，[14]使天下父子不相聊。[15]今陳王奮臂爲天下倡始，莫不嚮應，[16]家自爲怒，各報其怨，[17]縣殺其令丞，[18]郡殺其守尉。[19]今以張大楚，王陳，[20]使吳廣、周文將卒百萬西擊秦。[21]於此時而不成封侯之業者，非人豪也。夫因天下之力而攻無道之君，報父兄之怨而成割地之業，此一時也。"豪桀皆然其言。迺行收兵，得數萬人，號武信君。[22]下趙十餘城，餘皆城守，莫肯下。乃引兵東北擊范陽。[23]范陽人蒯通說其令徐公降武信君，[24]又說武信君以侯印封范陽令。[25]語在《通傳》。[26]趙地聞之，不戰下者三十餘城。

[1]【今注】耳餘復說：《史記》卷八九《張耳陳餘列傳》作"陳餘乃復說"。前文載陳餘游趙苦陘，本段又稱"臣嘗遊趙"，故

此處當祇有陳餘一人。

[2]【今注】梁楚：陳勝起義後建都陳縣。陳縣在戰國時是魏地，魏國別稱"梁"。陳勝在蘄縣起義，蘄縣在戰國時屬楚，故稱"楚"。

[3]【今注】關：此指秦函谷關。在今河南靈寶市東北農澗河畔王垛村。

[4]【今注】河北：泛指黃河以北的地區。

[5]【顏注】師古曰：與相知（大德本、殿本"知"後有"也"字）。

[6]【今注】將軍：武官名。始置於戰國，是統兵作戰的高級將領。

[7]【今注】耳餘爲左右校尉：《史記·張耳陳餘列傳》此句前有"邵騷爲護軍"一句。校尉，武官名。地位低於將軍。由軍隊一部一校的編制而來。

[8]【顏注】師古曰：津名，即今滑州白馬縣界也。【今注】白馬：黃河古渡口名。在今河南滑縣東北，秦漢白馬縣西北古黃河南岸。

[9]【顏注】鄧展曰：至河北縣説之。

[10]【顏注】服虔曰：山領有五，因以爲名。交趾、合浦界有此領。師古曰：服説非也。領者，西自衡山之南，東窮于海，一山之限耳。而別標名，則有五焉。裴氏《廣州記》云"大庾、始安、臨賀、桂陽、揭陽，是爲五領"。鄧德明《南康記》曰"大庾領一也，桂陽騎田領二也，九真都龐領三也，臨賀萌渚領四也，始安越城領五也"。師古曰：裴説是也。【今注】五領：通"五嶺"。此指五處山間通道。即汀梅循道、大庾嶺道、騎田嶺道、萌渚嶺道、越城嶺道。在今湖南、江西、廣東、廣西等省邊界地區（參見趙炳林《秦代"五嶺之戍"述考——兼與林崗等先生商榷》，《中國邊疆史地研究》2018 年第 2 期）。也有學者認爲是大庾、騎

田、萌渚、都龐和越城等五座山嶺。劉新光以五嶺爲大庾嶺（今江西大餘、廣東南雄交界處）、騎田嶺（今湖南宜章、郴州交界處）、都龐嶺（今湖南道縣、江永交界處）、萌渚嶺（今湖南江華與廣西賀州交界處）及越城嶺（今湖南新寧、東安與廣西全州交界處）（《“五嶺”考辨》，《國學學刊》2009 年第 4 期）。案，《説文》釋“嶺”，指山道。《淮南子·人間》載“使尉屠睢發卒五十萬，爲五軍，一軍塞鐔城之領，一軍守九疑之塞，一軍處番禺之都，一軍守南野之界，一軍結餘幹之水”。宋人周去非《嶺外代答》卷一《五嶺》亦説，五嶺乃山道。其一自福建之汀，入廣東之循、梅；其二自江西之南安，踰大庾入南雄；其三自湖南之郴入連；其四自道入廣西之賀；其五自全入静江。又案，《史記》卷六《秦始皇本紀》云，始皇三十四年（前 213），築長城及南越地。又案，有學者認爲，五嶺本當爲古越語的漢字記音地名，泛指大山。秦漢時期的“五嶺”或即“梅嶺”，即後來的大庾嶺（參見周宏偉《“五嶺”新解》，《湖南學院學報》2014 年第 4 期）。

　　[11]【顔注】師古曰：罷讀曰疲。

　　[12]【顔注】服虔曰：吏到其家（蔡琪本、大德本、殿本“家”後有“人”字），人頭數數出穀（蔡琪本、大德本、殿本少一“數”字），以箕斂之。【今注】頭會箕斂：按人頭繳納賦錢，官吏以箕斂收。“箕斂”收的是錢，並非穀物（參見蘇誠鑒《“頭會箕斂”與“八月算人”》，《中國史研究》1983 年第 1 期）。嶽麓秦簡《金布律》有“官府受錢者，千錢一畚”的規定。

　　[13]【顔注】師古曰：匱，竭也。

　　[14]【顔注】師古曰：重音直用反。

　　[15]【顔注】師古曰：言無聊賴，以相保養。

　　[16]【顔注】師古曰：倡讀曰唱。嚮讀曰響。

　　[17]【顔注】師古曰：爲音于僞反。

　　[18]【今注】令丞：縣令和縣丞。人口在萬户以上的縣，其

長官稱令。在萬户以下的稱長。令丞負責一縣行政、財政等事務。
關於秦縣令、丞、尉的職責，可參見沈剛《秦縣令、丞、尉問題發
微》（載《出土文獻研究》第 17 輯，中西書局 2018 年版）。

[19]【今注】守尉：郡爲秦漢時地方最高行政區劃。有郡守
掌行政，郡尉掌軍事。

[20]【顔注】師古曰：言張建大楚之國，而王於陳地（地，
蔡琪本、殿本作“也”）。【今注】張大楚：陳勝國號爲張楚，即
張大楚國。張大楚亦同此義。王先謙《漢書補注》引劉攽説陳涉國
號爲“張楚”，張大楚即使之光大。曾國藩《讀書録》以“張大”
爲“張而大之”，不應與“大楚”連讀。案，20 世紀 70 年代，長
沙馬王堆三號漢墓出土了帛書《五星占》中的五星行度和另一種古
佚書的干支表，其上具列秦及漢初紀年，其間有張楚而無秦二世年
號。今人或據此認爲張楚既是國號、王號，又用以紀年。（參見田
餘慶《説張楚——關於“亡秦必楚”問題的探討》，《歷史研究》
1989 年第 2 期）。

[21]【今注】卒百萬：《史記》卷四八《陳涉世家》作“車
千乘，卒數十萬”。《史記》卷一一八《淮南衡山列傳》云周章之
兵百二十萬，皆當時號稱之數。本書卷三一《陳勝項籍傳》作
“卒十萬”，或爲當時的實際情况。

[22]【顔注】師古曰：武臣自號也。

[23]【今注】范陽：縣名。治所在今河北定興縣西南固城鎮。
后曉榮《秦代政區地理》云，天津寶坻縣秦故城遺址出土秦“泉
州丞印”雙面印範，印文正面爲“泉州丞印”，反面爲“范陽丞
印”。范陽，古地名，戰國時屬燕地。故城在今河北定州市南。然
清人錢大昕《廿二史考異·史記五》認爲，首先武臣等自白馬渡
河，纔下十城，故不可能遠及燕地。且范陽既降之後，趙地不戰而
下者三十餘城，然後方至邯鄲。豈能未得邯鄲以前已抵涿郡？因此
以范陽爲齊地，即漢東郡范縣（秦東郡范陽）。后曉榮認爲，陳餘、

武臣等從白馬津渡河，其目的是北略趙地。白馬津在今河南滑縣。初期進展順利，連下趙地十餘城，後因“餘城皆守，莫肯下”，進兵遭到困難，乃引兵東北擊范陽。武臣的趙地不包括黃河之南，即西漢范縣不可能在其範圍之內（后曉榮《秦廣陽郡置縣考》，《首都師範大學學報》2009年第4期）。

[24]【今注】蒯通：范陽（今河北定興縣北）人。本名蒯徹，避漢武帝劉徹諱稱蒯通。陳勝派武臣攻取趙地，他說范陽令歸降，使武臣不戰而下三十餘城。後又說韓信攻取齊地，並勸其叛劉邦自立爲王。韓信不聽，遂佯狂離去。惠帝時，爲丞相曹參賓客。著有《雋永》八十一篇。已佚。　徐公：徐縣縣令。春秋戰國時期，楚國縣令皆稱公。楚漢之際，官名多沿楚制。故徐縣縣令稱徐公。

[25]【今注】侯印：陳直《漢書新證》說，秦代始改戰國“鈢”爲“印”。

[26]【今注】案，蒯通說徐公載在《史記·張耳陳餘列傳》，“范陽人蒯通說范陽令曰：‘竊聞公之將死，故弔。雖然，賀公得通而生。’范陽令曰：‘何以弔之？’對曰：‘秦法重，足下爲范陽令十年矣，殺人之父，孤人之子，斷人之足，黥人之首，不可勝數。然而慈父孝子莫敢傅刃公之腹中者，畏秦法耳。今天下大亂，秦法不施，然則慈父孝子且傅刃公之腹中以成其名，此臣之所以弔公也。今諸侯畔秦矣，武信君兵且至，而君堅守范陽，少年皆爭殺君，下武信君。君急遣臣見武信君，可轉禍爲福，在今矣。’”

至邯鄲，[1]耳、餘聞周章軍入關，[2]至戲郤；[3]又聞諸將爲陳王徇地，[4]多以讒毀得罪誅。[5]怨陳王不以爲將軍而以爲校尉，[6]迺說武臣曰：“陳王非必立六國後。[7]今將軍下趙數十城，獨介居河北，[8]不王無以填之。[9]且陳王聽讒，還報，恐不得脫於禍。[10]願將軍毋失時。”武臣乃聽，遂立爲趙王。[11]以餘爲大將軍，耳爲丞相。^[12]使人報陳王，陳王大怒，欲盡族武臣等家，而發兵擊趙。相國房君諫曰：^[13]"秦未亡，今又誅武臣等家，此生一秦也。不如因而賀之，使急引兵西擊秦。"陳王從其計，徙繫武臣等家宮中，封耳子敖爲成都君。^[14]使使者賀趙，趣兵西入關。^[15]

[1]【今注】邯鄲：戰國時趙國都城。在今河北邯鄲市西南。

[2]【今注】周章：周文。"章"或爲周文的字。秦末農民起義軍將領。陳勝稱王後，授其將軍印，令西向攻秦。兵敗於秦將章邯，自殺。

[3]【顏注】蘇林曰：至戲地而郤兵。【今注】戲：縣名。后曉榮《秦代政區地理》認爲，秦於戲置縣，治所在今陝西西安市臨潼區東北四十里戲水。　郤：敗退。

[4]【今注】徇地：掠取土地。

[5]【今注】案，本書卷三一《陳勝傳》載，陳勝爲王時，有客入宮，因有人言"客愚無知，專妄言，輕威"，陳勝斬之。又置中正、司過等官，主監察群臣，常以苛察爲忠。諸將出征，如不聽從命令，則治罪。對自己不喜歡的人，不經官吏而親自治罪。

[6]【今注】怨陳王不以爲將軍而以爲校尉：《史記》卷八九《張耳陳餘列傳》作"怨陳王不用其筴，不以爲將，而以爲校尉"。

[7]【顏注】師古曰：非，不也。

[8]【顏注】晉灼曰：介音夏。臣瓚曰：介，特也。師古曰：二説並非也。介，隔也，讀如本字。

[9]【顏注】師古曰：填，音竹刃反。【今注】填：通"鎮"。平定。

[10]【顏注】師古曰：脱，免也，音土活反（殿本無此注）。

[11]【今注】遂立爲趙王：《史記·秦楚之際月表》載此事在二世元年（前209）八月。

[12]【今注】耳爲丞相:《史記·張耳陳餘列傳》作"張耳爲右丞相",下有"邵騷爲左丞相"一句。

[13]【今注】相國:官名。戰國時趙國始置此官,掌輔佐諸侯王。錢大昭《漢書辨疑》引本書《陳勝傳》"以上蔡人房君蔡賜爲上柱國",認爲"相國"當作"柱國"。《史記》作"相國",亦誤。但周壽昌《漢書注校補》以爲:當造亂時,官無定制,柱國、相國從其尊者稱之,並非錯誤。　房君:蔡賜。楚國上蔡人。房是其封邑,即吳房縣。治所在今河南遂平縣。

[14]【今注】敖:張敖,張耳之子。後隨其父降漢。公元前202年,繼位爲趙王,妻爲劉邦之女魯元公主。公元前200年,因趙相貫高謀殺劉邦,事發被捕,後獲釋,貶爲宣平侯。　成都君:封號名。陳直《漢書新證》認爲,成都屬於有美好寓意的封號,而非地名,取所居一年成邑,三年成都。

[15]【顏注】師古曰:趣讀曰促。

耳、餘説武臣曰:"王王趙,非楚意,特以計賀王。[1]楚已滅秦,必加兵於趙。願王毋西兵,北徇燕、代,[2]南收河內,[3]以自廣。趙南據大河,[4]北有燕、代,楚雖勝秦,必不敢制趙。"趙王以爲然,因不西兵,而使韓廣略燕,李良略常山,[5]張黶略上黨。[6]

[1]【顏注】師古曰:言力不能制,且事安撫爲權宜之計耳。

[2]【今注】燕代:指戰國末年燕國、代國之地,在今河北西北部、山西東北部。

[3]【今注】河內:地區名。在今河南境內黃河以北地區。

[4]【今注】南據大河:韓兆琦《史記箋證》認爲,秦漢時期,黃河流經河南溫縣、滑縣、濮陽,向東北流經山東德州,自河北滄州東北入海。正爲趙國南部屏障。大河,即黃河。

[5]【今注】常山：郡名。治東垣縣（今河北石家莊市長安區東古城村東垣故城遺址）。原作“恒山”，避漢文帝劉恒諱而改爲常山。

[6]【顏注】師古曰：饜音烏點反。【今注】上黨：郡名。戰國韓、趙兩國各置上黨郡。秦合二上黨郡爲一，治長子縣（今山西長子縣西南）。

韓廣至燕，燕人因立廣爲燕王。趙王乃與耳、餘北略地燕界。趙王閒出，爲燕軍所得。[1]燕囚之，欲分地。[2]使者往，燕輒殺之，以固求地。耳、餘患之。有厮養卒謝其舍曰：[3]“吾爲二公説燕，與趙王載歸。”[4]舍中人皆笑曰：“使者往十輩皆死，若何以能得王？”[5]乃走燕壁。[6]燕將見之，問曰：“知臣何欲？”燕將曰：“若欲得王耳。”曰：“君知張耳、陳餘何如人也？”燕將曰：“賢人也。”曰：“其志何欲？”燕將曰：“欲得其王耳。”趙卒笑曰：“君未知兩人所欲也。夫武臣、張耳、陳餘，杖馬箠下趙數十城，[7]亦各欲南面而王。夫臣之與主，豈可同日道哉！顧其勢初定，[8]且以長少先立武臣，以持趙心。今趙地已服，兩人亦欲分趙而王，時未可耳。今君囚趙王，念此兩人名爲求王，實欲燕殺之，此兩人分趙而王。夫以一趙尚易燕，[9]況以兩賢王左提右挈，而責殺王，滅燕易矣。”[10]燕以爲然，乃歸趙王。[11]養卒爲御而歸。[12]

[1]【顏注】師古曰：閒出，謂投閒隙而微出也。
[2]【顏注】師古曰：要劫之，令割趙地輸燕以和解也。【今

注】案，大德本、殿本、蔡琪本"欲"後有"與"字。《史記》卷八九《張耳陳餘列傳》亦作"欲與分趙地半"，當有"與"字。

[3]【顏注】蘇林曰：廝，取薪者也。養，養人者也。舍謂所舍宿主人也。晉灼曰：以辭相告曰謝。師古曰：謝其舍，謂告其舍中人也。故下言舍中人皆笑。今流俗書本於此"舍"下輒加"人"字，非也。廝音斯。【今注】廝養卒：負責砍柴做飯的小卒。《史記·張耳陳餘列傳》《集解》引韋昭云，析薪爲廝，炊烹爲養。飲食所以養人，故炊烹者稱爲養。　謝其舍：告訴其舍中之人。徐仁甫《史記注解辨正》認爲，《史記》作"謝其舍中"。《索隱》稱爲"同舍中之人"，又稱"《漢書》作'舍人'"，與顏師古所謂俗本相符。《新序·善謀下》"舍"作"舍中人"，"燕將"作"燕王"。

[4]【顏注】師古曰：二公，張耳、陳餘。

[5]【顏注】師古曰：若，汝也。次下亦同。

[6]【顏注】師古曰：走，趣也，音奏。【今注】壁：軍營。原意爲軍營的牆壁。

[7]【顏注】張晏曰：言其不用兵革也。師古曰：箠謂馬撾也，音止縈反。【今注】杖馬箠：執馬鞭。本書卷四三《婁敬傳》："杖馬箠去居岐，國人爭歸之。"顏師古注："箠，馬策也。杖謂柱之也。云杖馬箠者，以示無所攜持也。"

[8]【顏注】師古曰：顧，思念也。

[9]【顏注】師古曰：易，輕也，音弋豉反。

[10]【顏注】師古曰：提挈，言相扶持也。

[11]【今注】案，兩"歸"字有重複，《新序》《漢紀》"乃歸"均作"乃遣"。

[12]【今注】養卒爲御而歸：《漢紀》卷一《高祖皇帝紀》作"廝養卒爲御而歸"。明田藝蘅《留青日札》卷三認爲，養卒爲御而歸，據《左傳》養馬者曰圉，此處廝養卒或爲廝圉卒。可備

一説。

李良已定常山，還報趙王，趙王復使良略太原。[1]
至石邑，[2]秦兵塞井陘，[3]未能前。秦將詐稱二世使使
遺良書，不封，[4]曰：“良嘗事我，得顯幸，誠能反趙
爲秦，赦良罪，貴良。”良得書，疑不信，之邯鄲益請
兵。[5]未至，道逢趙王姊，從百餘騎。良望見，以爲
王，伏謁道旁。王姊醉，不知其將，使騎謝良。良素
貴，起，慙其從官。[6]從官有一人曰：“天下叛秦，能
者先立。且趙王素出將軍下，今兒女乃不爲將軍下
車，[7]請追殺之。”良以得秦書，欲反趙，未決，因此
怒，遣人追殺王姊，遂襲邯鄲。邯鄲不知，竟殺武
臣。[8]趙人多爲耳、餘耳目者，故得脫出。收兵得數萬
人。客有説耳、餘曰：“兩君羈旅，[9]而欲附趙，難可
獨立；立趙後，輔以誼，[10]可就功。”[11]乃求得趙歇，
立爲趙王，居信都。[12]

[1]【今注】太原：郡名。治晉陽縣（今山西太原市西南）。

[2]【今注】石邑：縣名。一作“石城”。治所在今河北獲鹿
縣東南。

[3]【今注】井陘：縣名。治所在今河北井陘縣西。

[4]【顏注】張晏曰：欲其漏泄，君臣相疑也。【今注】封：
對書信進行封緘。不封，即故意泄漏機密，使趙君臣互相猜疑。秦
漢時期，書牘封緘方式一般是在所寫書牘上另加一塊同樣大小的木
牘，以繩捆扎，在繩結處設有檢木，蓋泥塊並鈐印。

[5]【顏注】師古曰：之，往也。

[6]【今注】案，此數句指李良赴邯鄲向趙王請兵，路遇趙王

姐，以爲是趙王，故拜伏於道旁。但趙王姐並不知道是李良，没有親自問侯，而是遣手下騎卒前往。故李良認爲自己受到了污辱，其屬官也感到羞愧。從官，即屬官。

[7]【今注】兒女：大德本、殿本作“女兒”，指女子。

[8]【今注】竟殺武臣：王先謙《漢書補注》據《史記》卷八九《張耳陳餘列傳》，邵騷亦於此時被殺。

[9]【顏注】張晏曰：羈，寄。旅，客也。【今注】羈旅：寄居在他鄉。

[10]【顏注】師古曰：謂求取六國時趙王後而立之，以名義自輔助也。【今注】案，“難可獨立”三句，《史記·張耳陳餘列傳》作“而欲附趙，難；獨立趙後，扶以義”。

[11]【顏注】師古曰：就，成也。

[12]【顏注】張晏曰：歇，趙之苗裔也。信都，襄國也。【今注】信都：縣名。治所在今河北邢臺市西南。漢元年（前206），項羽改信都曰襄國。

　　李良進兵擊餘，餘敗良。良走歸章邯。[1]章邯引兵至邯鄲，皆徙其民河内，夷其城郭。[2]耳與趙王歇走入鉅鹿城，[3]王離圍之。[4]餘北收常山兵，得數萬人，軍鉅鹿北。章邯軍鉅鹿南棘原，[5]築甬道屬河，[6]饟王離。[7]王離兵食多，急攻鉅鹿。鉅鹿城中食盡，耳數使人召餘，餘自度兵少，不能敵秦，不敢前。數月，耳大怒，怨餘，使張黶、陳釋往讓餘[8]曰：“始吾與公爲刎頸交，今王與耳旦暮死，而公擁兵數萬，不肯相救，胡不赴秦俱死？[9]且什有一二相全。”[10]餘曰：“所以不俱死，欲爲趙王、張君報秦。今俱死，如以肉餧虎，何益？”[11]張黶、陳釋曰：“事以急，[12]要以俱死立信，

安知後慮！”餘曰：“吾顧以無益。”[13]迺使五千人令張
黶、陳釋先嘗秦軍，[14]至皆没。

[1]【今注】章邯：秦將。秦二世時爲少府。率軍破陳勝、項
梁起義軍。二世二年（前208），率軍圍趙王歇。鉅鹿之戰，爲項
羽擊敗，投降。秦亡後，項羽封爲雍王，都廢丘（今陝西興平市東
南）。公元前205年，劉邦攻雍丘，兵敗自殺。

[2]【顔注】師古曰：夷，平也。

[3]【今注】走入鉅鹿城：本書卷三一《項籍傳》作“趙歇爲
王，陳餘爲將，張耳爲相，走入鉅鹿城”。鉅鹿，縣名。在今河北
雞澤縣東北。

[4]【今注】王離：秦將。王翦之孫。封武成侯。率兵戍邊備
胡，後南下與章邯圍張耳等於鉅鹿。案，《漢紀》卷一《高祖皇帝
紀》王離上有“秦將”二字。

[5]【今注】棘原：城名。在今河北平鄉縣南。鉅鹿南七里又
有棘城，一名棘陽寨。或以爲即章邯之棘原。或以棘原在今河南安
陽西，“章邯軍鉅鹿南棘原”應作“章邯軍鉅鹿南、棘原”（參見
閆純有、閆哲《論鉅鹿之戰過程及棘原位置》，《邢臺學院學報》
2016年第1期）。

[6]【顔注】師古曰：屬，聯及也，音之欲反。【今注】甬
道：兩邊有墻的通道。　河：此處指漳河。

[7]【顔注】師古曰：饟，古餉字，謂饋運其軍糧也。

[8]【顔注】師古曰：讓，責也。【今注】釋：《史記》卷八
九《張耳陳餘列傳》作“澤”。

[9]【顔注】師古曰：胡，何也。

[10]【顔注】師古曰：十中尚冀得一二勝秦。

[11]【顔注】師古曰：餧，飢也，音於僞反。

[12]【今注】案，以，殿本作“已”。

[13]【顏注】師古曰：顧，思念也。【今注】顧：單單，自認爲。王念孫《讀書雜志·漢書第十二》亦認爲，凡《漢書》中顧字在句首者，當訓爲"特"。

[14]【顏注】師古曰：嘗，試也，言若嘗食也。

當是時，燕、齊、楚聞趙急，[1]皆來救。張敖亦北收代，[2]得萬餘人來，皆壁餘旁。項羽兵數絶章邯甬道，王離軍乏食。項羽悉引兵度河，破章邯軍。[3]諸侯軍乃敢擊秦軍，遂虜王離。於是趙王歇、張耳得出鉅鹿。與餘相見，責讓餘，問張黶、陳釋所在。餘曰："黶、釋以必死責臣，臣使將五千人先嘗秦軍，皆沒。"耳不信，以爲殺之，數問餘。餘怒曰："不意君之望臣深也！[4]豈以臣重去將哉？"[5]迺脱解印綬與耳，耳不敢受。餘起如厠，客有説耳曰："天予不取，反受其咎。[6]今陳將軍與君印綬，不受，反天不祥。急取之。"耳乃佩其印，收其麾下。餘還，亦望耳不讓，[7]趨出。耳遂收其兵。[8]餘獨與麾下數百人之河上澤中漁獵。由此有隙。

[1]【今注】燕：公元前209年，韓廣奉趙王武臣之命進攻燕地，自立爲燕王。 齊：陳勝起義後，二世元年（前209）九月，田儋自立爲齊王。 楚：楚懷王派宋義、項羽、范增來救趙。

[2]【今注】代：縣名。治代縣（今河北蔚縣西北）。

[3]【今注】案，即鉅鹿之戰，事在二世三年（前207）十一月。度，蔡琪本、大德本、殿本作"渡"。

[4]【顏注】師古曰：望，怨望也。次下亦同。【今注】望：謹。怨望，責備。

[5]【顏注】師古曰：重，難也。【今注】案，《史記》卷八九《張耳陳餘列傳》作"以臣爲重去將哉"，吴恂《漢書注商》認爲，"臣"下當據《史記》補"爲"字。

[6]【今注】案，本書卷三九《蕭何曹參傳》載，此句出自《周書》，即《逸周書》。

[7]【今注】案，蔡琪本"耳"後復有一"耳"字。

[8]【今注】案，蔡琪本、殿本無"耳"字。

趙王歇復居信都。耳從項羽入關。項羽立諸侯，耳雅遊，多爲人所稱。[1]項羽素亦聞耳賢，迺分趙立耳爲常山王，治信都。[2]信都更名襄國。餘客多説項羽："陳餘、張耳一體有功於趙。"羽以餘不從入關，聞其在南皮，即以南皮旁三縣封之。[3]而徙趙王歇王代。

[1]【顏注】師古曰：雅，故也。言其久故倦遊，交結英傑，是以多爲人所稱譽也。【今注】耳雅遊多爲人所稱：張耳善於交際往來，爲人們所稱贊。此句沈欽韓《漢書疏證》認爲，應作"耳雅遊多，爲人所稱"。張耳因爲故交多，故人們多在項羽面前稱贊他。《史記》卷八九《張耳陳餘列傳》作"張耳雅游，人多爲之言"。

[2]【顏注】師古曰：治，爲治處也，音文吏反（文，蔡琪本、大德本、殿本作"丈"）。【今注】案，《史記》卷七《項羽本紀》載，徙趙王歇爲代王在封張耳爲常山王之前。

[3]【今注】南皮：縣名。治所在今河北南皮縣東北。案，《史記》卷八《高祖本紀》作"封成安君陳餘河間三縣，居南皮"。《項羽本紀》作項羽"素聞其賢，有功於趙，聞其在南皮，故因環封三縣"。

耳之國，餘愈怒曰：“耳與餘功等也，今耳王，餘獨侯。”及齊王田榮叛楚，[1]餘乃使夏説説田榮[2]曰：“項羽爲天下宰，[3]不平，盡王諸將善地，徙故王王惡地，今趙王乃居代！願王假臣兵，請以南皮爲扞蔽。”[4]田榮欲樹黨，乃遣兵從餘。餘悉三縣兵，[5]襲常山王耳。耳敗走，曰：“漢王與我有故，[6]而項王彊，立我，我欲之楚。”[7]甘公曰：[8]“漢王之入關，五星聚東井。[9]東井者，秦分也。[10]先至必王。楚雖彊，後必屬漢。”耳走漢。漢亦還定三秦，[11]方圍章邯廢丘。[12]耳謁漢王，漢王厚遇之。[13]

[1]【今注】案，田榮爲田儋從弟。田儋爲秦將章邯所殺，田榮率軍至東阿（今山東陽穀縣東北阿城鎮）。齊人立故齊王田建之弟田假爲齊王。田榮回齊國後，趕走田假，立田儋之子田市爲齊王。因項梁不肯殺田假、張耳不肯殺田角，故濮陽之戰與鉅鹿之戰中，田榮均不肯發兵。因此項羽封齊王田市爲膠東王，田都爲齊王，並不封田榮。故田榮反叛，自立爲齊王。

[2]【顏注】師古曰：夏説讀曰悦。説田榮，音式芮反（芮，蔡琪本、大德本、殿本作“鋭”）。【今注】使夏説：《漢書考證》齊召南引《史記》作“使張同、夏説”，則遣説田榮者有二人，此處祇有夏説一人。

[3]【今注】項羽爲天下宰：項羽時爲西楚霸王，分封天下諸侯。宰，主持。

[4]【顏注】師古曰：扞蔽，猶言藩屏也。【今注】案，底本“蔽”字漫漶，據蔡琪本、殿本、大德本補。

[5]【顏注】師古曰：悉，盡也。【今注】案，底本“兵”字漫漶，據蔡琪本、殿本、大德本補。

[6]【顏注】張晏曰：漢王布衣時常從耳遊也。

[7]【顏注】師古曰：羽既彊盛，又爲所立，是以狐疑，莫知所往。

[8]【顏注】文穎曰：善說星於甘氏也（案，蔡琪本、大德本、殿本均作"者"）。晉灼曰：齊人。【今注】甘公：秦末善占星者。又名"甘德"，齊人。《史記·天官書》稱"在齊甘公"，《正義》引《七略》云"楚人，戰國時，作《天文星占》八卷"。《集解》云"甘公名德，本魯人"。本書《藝文志》云"楚有甘公"，有《甘德長柳占夢》二十卷，已佚。諸說不一。

[9]【今注】五星聚東井：金、木、水、火、土五星聚於東井。東井，即井宿，爲二十八宿中南方七宿的第一宿。案，此事本書卷一上、卷二六均載，元年冬十月，五星聚於東井。《史記》卷八九《張耳陳餘列傳》祇載五星聚東井，並不注明時間。對於此事，後世多有討論，如《北史》卷三一《高允傳》載高允說，漢元年（前206）冬十月，水星和金星"附日而行"，太陽與東井相距遼遠，太陽西落，井宿始東升，水、金二星絕對運行不到井宿中，五星至少缺二，並不能形成五星聚於東井，這種說法是史官欲神其事，並不符合事理。崔浩後推測五星聚於東井當提前三個月，即在七月。司馬光《資治通鑑考異》卷一亦從此說，於漢元年冬十月並不載此事。《漢書考正》劉攽則認爲，此時十月爲秦冬十月，而劉邦入秦在夏七月，當時人爲了使漢德應天命，故一併稱之。蘇軾《東坡志林》卷三《辨五星聚東井》，十月爲正，十月乃今之八月。八月而得七月節，則日猶在翼、軫間，則金、水聚與東井相距不甚遠。周壽昌《漢書注校補》卷一亦認爲五星聚東井，指二世三年（前207）八月，沛公攻武關入秦，而不是後來十月至霸上。又引顧棟高說，武帝太初定曆，改用夏正，史官因改前正朔，但漢元年冬十月失於追改，仍秦曆，故有五星聚東井。其實秦之冬十月，乃夏正之七月。顧炎武《日知錄》卷七亦以爲"漢元年十月，五

星聚東井”乃“七月”之誤。王念孫《讀書雜志·漢書第五》據王引之説，則認爲十月五星聚東井，其事並不存在。王先謙《漢書補注》云，秦冬十月爲夏正七月，亦即太初後改曆之七月。五星聚井，班固誤書於十月，故《資治通鑑》並不載此事。而崔適《史記探源》卷八認爲，此記載爲劉歆從《郊祀志》中竄入《張耳陳餘列傳》，又竄入本書卷一《高祖紀》。秦及漢初用顓頊曆，以夏曆十月爲歲首，各月排列仍依夏曆。所以秦曆十月在夏曆仍爲十月，不是七月。《史記》載此事時，並未明確時間。而《漢書》則明確在元年冬十月，甚至在《天文志》中明確説“此高皇帝受命之符”。但五星聚東井乃是兵象，對於秦朝來説是國家滅亡的凶兆。根據現代天文學的推算，高祖元年五月至七月，確實發生五星聚東井的天象。但考慮到古今歲差，陳久金認爲五星聚東井發生在高祖元年四五月間（《斗轉星移映神州中國二十八宿》，海天出版社2012年版，第112—114頁）。陳遵嬀則認爲，此事發生於漢元年七月節（《中國天文學史》上，上海人民出版社2016年版，第581頁）。也有學者認爲，發生於漢二年（前205）五月至七月（馮時：《中國天文考古學》，社會科學文獻出版社2001年版，第73—74頁）。有學者認爲，此處記載並不誤，祇是《漢書》誤“七”爲“十”（鄭慧生：《校勘雜志》，河南大學出版社2007年版，第63—68頁）。

　　[10]【顏注】師古曰：分音扶問反。

　　[11]【今注】三秦：項羽分封，以秦關中舊地分封秦降將章邯爲雍王，司馬欣爲塞王，董翳爲翟王，合稱三秦。漢元年五月，圍章邯於廢丘。八月，司馬欣、董翳降漢，故稱還定三秦。

　　[12]【今注】廢丘：縣名。治所在今陝西興平市東南。

　　[13]【顏注】師古曰：《高紀》云，元年五月漢王定雍地，東如咸陽，引兵圍雍王廢丘，而遣諸將略地。八月，塞王欣、翟王翳皆降漢。二年十月，陳餘擊常山王張耳，耳敗走，降漢。而

此傳乃言方圍廢丘時耳謁漢王，隔以他事，於後始云漢二年東擊楚，則與帝紀前後參錯不同，疑傳誤也。【今注】案，漢初以十月爲歲首。王先謙《漢書補注》引本書卷一《高紀上》，元年五月圍章邯於廢丘，二年十月，張耳降漢。至六月方破廢丘。張耳降時，廢丘尚未破，紀、傳並無參錯，顏説誤。

餘已敗耳，皆收趙地，迎趙王於代，復爲趙王。趙王德餘，[1]立以爲代王。餘爲趙王弱，國初定，留傅趙王，而使夏説以相國守代。[2]

[1]【顏注】師古曰：懷其德。

[2]【顏注】師古曰：爲代相國而居守。

漢二年，[1]東擊楚，使告趙，欲與俱。餘曰："漢殺張耳乃從。"於是漢求人類耳者，斬其頭遺餘，餘乃遣兵助漢。漢敗於彭城西，[2]餘亦聞耳詐死，即背漢。漢遣耳與韓信擊破趙井陘，斬餘泜水上，[3]追殺趙王歇襄國。[4]

[1]【今注】漢二年：公元前205年。

[2]【今注】彭城：縣名。治所在今江蘇徐州市。

[3]【顏注】蘇林曰：泜音祇也。晉灼曰：問其方人音抵。師古曰：蘇、晉二説皆是也。蘇音祇敬之祇，音執夷反，古音如是。晉音根柢之柢，音丁計反，今其土俗呼水則然。【今注】泜水：在今河北元氏縣西南。發源於河北元氏縣西群山中，東流入槐河，長五十餘里。

[4]【今注】案，底本無此七字，蔡琪本、殿本、大德本有。

據補。本書卷三四《韓信傳》云擒趙王歇，不云殺之。襄國，縣名。即前文信都。治所在今河北邢臺市。

四年夏，立耳爲趙王。[1]五年秋，耳薨，[2]謚曰景王。[3]子敖嗣立爲王，尚高祖長女魯元公主，[4]爲王后。

[1]【今注】案，漢封張耳爲趙王，《史記》卷八九《張耳陳餘列傳》《集解》引徐廣曰：“四年十一月。”裴駰案：《漢書》“四年夏”。《史記》卷一六《秦楚之際月表》在四年（前203）十一月。《史記》卷八《高祖本紀》在四年。本書卷一三《異姓諸侯王表》在三年十一月。據本書卷一上《高紀上》載，漢三年十月，韓信、張耳擊趙，斬陳餘。又據本書卷三四《韓信傳》滅趙之後，韓信遣使報漢，請立張耳爲趙王，當在漢三年十月或十一月之後。但此時項羽多次進攻趙地，尚未平定。四年十一月，漢正式以張耳爲趙王。故“夏”當作“冬”。

[2]【今注】五年秋：據《異姓諸侯王表》，張耳薨於漢五年（前202）十月。

[3]【今注】景王：據《謚法》，由義而濟、布義行剛曰“景”。

[4]【今注】魯元公主：劉邦之女，呂后所生。因食邑於魯，又爲長女，故稱魯元公主。

七年，高祖從平城過趙，[1]趙王旦暮自上食，體甚卑，有子壻禮。[2]高祖箕踞罵詈，甚慢之。[3]趙相貫高、趙午年六十餘，故耳客也，怒曰：“吾王孱王也！”[4]說敖曰：“天下豪桀並起，能者先立，今王事皇帝甚恭，皇帝遇王無禮，請爲王殺之。”敖齧其指出血，^[5]曰：“君何言之誤！且先王亡國，賴皇帝得復國，^[6]德流子孫，秋豪皆帝力也。願君無復出口。”貫高等十餘人相謂曰：“吾等非也。吾王長者，不背德。且吾等義不辱，今帝辱我王，故欲殺之，何迺汙王爲？^[7]事成歸王，事敗獨身坐耳。”

[1]【今注】平城：縣名。治所在今山西大同市東北。此年高祖至平城，爲匈奴所圍。

[2]【今注】案，清郝懿行《證俗文》云，張敖上食，沿六國之餘習，以贅壻自居，故稱爲子壻。

[3]【顏注】師古曰：箕踞者，謂申兩脚其形如箕。【今注】箕踞：席地而坐，兩脚伸前，形如簸箕。這是一種不禮貌的坐姿。

[4]【顏注】孟康曰：冀州人謂懦弱爲屛。師古曰：音士連反。

[5]【顏注】師古曰：自齧其指出血，以表至誠，而爲誓約，不背漢也。

[6]【顏注】師古曰：復音房目反（殿本無此注）。【今注】案，漢元年（前206）二月，項羽封張耳爲常山王，封陳餘於南皮三縣。陳餘認爲項羽分封不公平，故發兵攻張耳。張耳投奔劉邦。漢三年（前204）十月，張耳與韓信攻破趙，斬陳餘。韓信向劉邦請立張耳爲趙王。故張敖有此説。

[7]【顏注】師古曰：言何爲乃汙染王。

八年，上從東垣過。^[1]貫高等乃壁人柏人，^[2]要之置廁。^[3]上過欲宿，心動，問曰：“縣名爲何？”曰：“柏人。”“柏人者，迫於人！”不宿去。

[1]【顏注】師古曰：擊韓王信餘寇於東垣，還而過趙。【今注】東垣：縣名。治所在今河北石家莊市長安區東古城村東垣故城遺址。

[2]【今注】柏人：縣名。治所在今河北隆堯縣西。

[3]【顏注】文穎曰：置人厠壁中以伺高祖。【今注】置厠：在驛站旁邊伏擊劉邦。置，驛置、驛站。厠，通"側"。旁邊。

　　九年，貫高怨家知其謀，告之。於是上逮捕趙王諸反者。趙午等十餘人皆爭自到，貫高獨怒罵曰："誰令公等爲之？今王實無謀，而并捕王；公等死，誰當白王不反者？"[1]乃檻車與王詣長安。[2]高對獄曰："獨吾屬爲之，王不知也。"[3]吏榜笞數千，[4]刺爇，身無完者，[5]終不復言。呂后數言張王以魯元故，不宜有此。上怒曰："使張敖據天下，豈少迺女虜！"[6]廷尉以貫高辭聞，[7]上曰："壯士！誰知者，以私問之。"[8]中大夫泄公曰："臣素知之，[9]此固趙國立義不侵爲然諾者也。"[10]上使泄公持節問之箯輿前，[11]卬視，泄公[12]勞苦如平生歡。[13]與語，問張王果有謀不。[14]高曰："人情豈不各愛其父母妻子哉？今吾三族皆以論死，[15]豈以王易吾親哉！[16]顧爲王實不反，[17]獨吾等爲之。"具道本根所以，王不知狀。於是泄公具以報上，上迺赦趙王。

[1]【顏注】師古曰：白，明也。

[2]【顏注】師古曰：檻車者，車而爲檻形，謂以板四周之，無所通見。【今注】案，漢代王侯高官被捕遣送時，不必因禁在檻

車裏，仍然可以乘坐與其身份等級相符的輜車（參見宋傑《漢代的
檻車押解制度》，《首都師範大學學報》2012 年第 2 期）。

　　[3]【今注】對獄：回答獄吏的審問。本書《刑法志》"與郡
鞫獄"注"以囚辭決獄事爲鞫"。本書卷四〇《周勃傳》"勃恐不
知置辭"，師古注："辭，對獄之辭。"記録其供詞的文書稱爲爰書。
（可參考《封診式·訊獄》，載陳偉主編《秦簡牘合集：釋文注釋
修訂本（壹）》，武漢大學出版社 2016 年版，第 265 頁）

　　[4]【顔注】師古曰：榜謂捶擊之也，音彭。他皆類此。

　　[5]【顔注】應劭曰：以鐵刺之，又燒灼之。師古曰：爇音
而悦反。

　　[6]【顔注】師古曰：迺，汝也。

　　[7]【今注】廷尉：官名。漢代掌刑獄的最高官吏。因張敖娶
魯元公主，涉及宗室，故由廷尉負責。廷尉獄屬於詔獄，所囚犯人
多爲奉詔收捕（參見沈剛《漢代廷尉考述》，《史學集刊》2004 年
第 1 期；宋傑《漢代的廷尉獄》，《史學月刊》2008 年第 1 期）。此
時廷尉，據《百官表》爲義渠。

　　[8]【顔注】張晏曰：以和悦問之。臣瓚曰：字多作"私"，
謂以私情相問也。師古曰：瓚説是也。

　　[9]【顔注】師古曰：泄音薛。【今注】中大夫：官名。漢九
卿之一郎中令（光禄勳）屬官，掌議論，無定員。秩比二千石。武
帝太初元年（前 104）改名光禄大夫。

　　[10]【顔注】師古曰：侵猶犯負也。【今注】案，大德本、
殿本"義"前有"名"字。

　　[11]【今注】持節：使者持節代表皇帝出使、指揮軍隊或處
理政務。節，漢代使者所持的信物，以竹爲杆，柄長八尺，上綴飾
旄牛尾。　筦輿：以竹、木製作的輿床。一般由兩人抬行，類似担
架。（參見孫機《漢代物質文化資料圖説（增訂本）》，上海古籍
出版社 2011 年版，第 137—138 頁）

[12]【顏注】師古曰：篍輿者，編竹木以爲輿形，如今之食輿矣。高時榜笞刺爇委困，故以篍輿處之也。篍音鞭。卬讀曰仰。

[13]【顏注】師古曰：勞苦，相勞問其勤苦也。【今注】案，"上使泄公"數句，中華本標點作"上使泄公持節問之篍輿前。卬視泄公，勞苦如平生歡"。此句爲泄公前往慰問，主語均是"泄公"，應於"卬視"後逗斷，"泄公"連下讀。《史記》卷八九《張耳陳餘列傳》作"上使泄公持節問之篍輿前。仰視曰：'泄公邪？'泄公勞苦如平生歡，與語，問張王果有計謀不"。（《古籍點校疑誤彙録》，中華書局 2011 年版，第 228 頁）

[14]【顏注】師古曰：果猶決也。

[15]【今注】三族：父母、兄弟、妻子。

[16]【顏注】師古曰：易，代也。

[17]【顏注】師古曰：顧，思念也。

　　上賢高能自立然諾，[1]使泄公赦之，告曰："張王已出，上多足下，[2]故赦足下。"高曰："所以不死，白張王不反耳。今王已出，吾責塞矣。[3]且人臣有篡弑之名，豈有面目復事上哉！"乃仰絶亢而死。[4]

[1]【今注】案，高能自立然諾，即前文泄公所說趙國以名義自立，不負其諾言。

[2]【顏注】師古曰：多猶重也。【今注】足下：古代平輩或朋友之間的尊稱。

[3]【顏注】師古曰：塞，當也，滿也。

[4]【顏注】蘇林曰：亢，頸大脈也，俗所謂胡脈也。師古曰：亢者，總謂頸耳。《爾雅》云"亢，鳥嚨"，即喉嚨也，音下郎反，又音工郎反。【今注】絶亢而死：割斷頸部動脈而死。

敖已出，尚魯元公主如故，[1]封爲宣平侯。[2]於是上賢張王諸客，皆以爲諸侯相、郡守。語在《田叔傳》。[3]及孝惠、高后、文、景時，張王客子孫皆爲二千石。[4]

[1]【顏注】師古曰：尚猶配也。《易·泰卦》九二爻辭曰"得尚于中行"，王弼亦以爲配也。諸言尚公主者其義皆然。而説者乃云尚公主，與尚書、尚食同意，訓尚爲主，言主掌之，失其理矣。公主既尊，又非物類，不得以主掌爲辭，貢禹又云"諸侯則國人承公主"，益知主不得言主掌也。【今注】尚：義爲"奉事"，本書卷七二《王吉傳》載"漢家列侯尚公主，諸侯則國人承翁主，使男事女，夫詘於婦"。

[2]【今注】宣平侯：漢制，諸侯王分爲王、侯兩級，張敖本爲趙王，改封宣平侯，故本書卷三七《田叔傳》稱廢爲宣平侯。

[3]【今注】語在田叔傳：《田叔傳》載，衹有田叔、孟舒等十餘人赭衣自髡鉗，隨王至長安。高祖盡拜爲郡守、諸侯相。田叔爲漢中守十餘年。孟舒爲雲中守。

[4]【今注】二千石：漢代官吏的俸禄等級，中央的九卿郎將，地方上的郡守尉都是二千石，後又細分爲比二千石、二千石與中二千石。此處指郡守級地方官員。

初，孝惠時，齊悼惠王獻城陽郡，尊魯元公主爲太后。[1]高后元年，魯元太后薨。後六年，宣平侯敖復薨。[2]呂太后立敖子偃爲魯王，以母爲太后故也。[3]又憐其年少孤弱，乃封敖前婦子二人：壽爲樂昌侯，[4]侈爲信都侯。[5]高后崩，大臣誅諸呂，廢魯王及二侯。孝文即位，復封故魯王偃爲南宮侯。[6]薨，子生嗣。[7]武帝時，生有罪免，國除。元光中，^[8]復封偃孫廣國爲睢陵侯。^[9]薨，子昌嗣。太初中，昌坐不敬免，國除。^[10]孝平元始二年，^[11]繼絶世，封敖玄孫慶忌爲宣平侯，食千户。

[1]【顏注】師古曰：爲齊太后，以母禮事之。【今注】案，齊悼惠王即劉肥。傳見本書卷三八。齊悼惠王劉肥爲高祖庶長子，惠帝爲吕后之子，魯元公主爲吕后之女，三人實爲平輩。魯元公主嫁張敖，惠帝娶張敖之女（非魯元所生），則魯元公主實際上爲惠帝的妻母。劉肥以母禮事魯元，是依惠帝而尊之。事在惠帝二年（前193）。　城陽：郡名。治莒縣（今山東莒縣）。

[2]【今注】復薨：《漢書考正》劉攽以“復”字爲衍文。蔡琪本引吴仁傑《兩漢書刊誤》認爲，上文言魯太后薨，故此處言敖復薨。

[3]【顏注】師古曰：以公主爲齊王太后，故立其子爲王。【今注】案，清沈登瀛《深柳堂文集》認爲，本書《異姓諸侯王表》載張偃封魯王在高后元年（前187），而張敖死於高后六年（前182），故張敖未死時張偃已受封，與此不同。

[4]【今注】樂昌：縣名。治所在今河南南樂縣西北。

[5]【今注】信都：縣名。治所在今河北衡水市冀州區。前文項羽改信都爲襄國，在今河北邢臺市，與此不同。

[6]【今注】案，復封故魯王偃爲南宫侯，據本書《功臣表》在漢文帝元年（前179）。南宫，縣名。治所在今河北南宫市西北。

[7]【今注】子生嗣：清沈登瀛《深柳堂文集》據本書《高惠高后文功臣表》，張偃薨後，子哀侯張歐嗣，張歐薨，子張生嗣，故張生是武侯張敖之曾孫。此處“子生嗣”上當脱去“子哀侯歐嗣薨”六字。

[8]【今注】元光：漢武帝劉徹年號（前134—前129）。

[9]【顏注】師古曰：睢音雖。

[10]【今注】太初：漢武帝年號（前104—前101）。 國除：本書《高惠高后文功臣表》載，漢武帝太初二年（前103），張昌坐爲太常乏祠，免。

[11]【今注】元始：漢平帝劉衍年號（1—5）。

　　贊曰：張耳、陳餘，世所稱賢，其賓客廝役皆天下俊桀，所居國無不取卿相者。然耳、餘始居約時，[1]相然信死，[2]豈顧問哉！[3]及據國爭權，卒相滅亡，何鄉者慕用之誠，[4]後相背之盭也！[5]勢利之交，古人羞之，蓋謂是矣。

[1]【顏注】晉灼曰：始在貧賤儉約之時。

[2]【今注】相然信死：信守承諾，雖死而不顧惜。

[3]【今注】顧問：顧惜。《史記》卷八九《張耳陳餘列傳》贊載：“然張耳、陳餘始居約時，相然信以死，豈顧問哉。”司馬貞《索隱》：“謂然諾相信，雖死不顧也。”

[4]【顏注】師古曰：鄉讀曰嚮。嚮謂曩昔也。

[5]【顏注】師古曰：盭，古戾字。戾，違也。

漢書　卷三三

魏豹田儋韓信傳第三[1]

[1]【今注】案，楊樹達《漢書窺管》謂三人皆故六國人，故合傳。韓信，大德本同，蔡琪本、殿本作"韓王信"。

魏豹，故魏諸公子也。[1]其兄魏咎，故魏時封爲甯陵君，秦滅魏，[2]爲庶人。[3]陳勝之王也，[4]咎往從之。勝使魏人周市徇魏地，[5]魏地已下，欲立周市爲魏王。市曰："天下昏亂，忠臣乃見。[6]今天下共畔秦，其誼必立魏王後迺可。"[7]齊、趙使車各五十乘，立市爲王。市不受，迎魏咎於陳，[8]五反，[9]陳王迺遣立咎爲魏王。

[1]【顏注】師古曰：六國時魏也。【今注】公子：古代諸侯之子。《儀禮·喪服》："諸侯之子稱公子。"特指世子以外之子，即別子。諸侯之女亦可稱公子，《公羊傳》莊公元年："群公子之舍，則以卑矣。"何休注："謂女公子也。"後來又用來稱呼豪門貴族子弟。案，沈欽韓《漢書疏證》謂《列女傳·節義》云"秦破魏，誅諸公子"。今此魏豹、魏咎皆魏公子封君，是秦滅國未嘗誅夷，故齊王建亦有子孫。世言秦暴，猶不若後世必盡其種也。陳涉兵起，齊、韓、趙、魏、楚皆故國子孫，惟燕王喜走遼東無後。漢得

天下，鑒是，故徙諸豪族於關中。

〔2〕【顏注】文穎曰：魏，大梁也。【今注】甯陵：縣名。治所在今河南寧陵縣東南。　秦滅魏：事在秦王政二十二年，魏王假三年（前225）。

〔3〕【今注】庶人：即庶民、平民。案，王先謙《漢書補注》謂《史記》卷九〇《魏豹彭越列傳》作"家人"。義同。

〔4〕【今注】陳勝：秦末農民起義領袖。傳見本書卷三一。

〔5〕【顏注】師古曰：徇，略也，音辭峻反。【今注】周市：陳勝部將，原魏地人。　徇：攻占。

〔6〕【顏注】師古曰：言當昏亂之時，忠臣乃得顯其節義也。《老子道經》曰"國家昏亂有忠臣"。

〔7〕【今注】案，誼，《史記·魏豹彭越列傳》作"義"。

〔8〕【今注】陳：縣名。治所在今河南淮陽縣。

〔9〕【顏注】師古曰：反謂回還也。

章邯已破陳王，[1]進兵擊魏王於臨濟。[2]魏王使周市請救齊、楚。齊、楚遣項它、田巴將兵，[3]隨市救魏。[4]章邯遂擊破殺周市等軍，[5]圍臨濟。咎為其民約降。[6]約降定，咎自殺。[7]

〔1〕【今注】章邯：秦將。率軍破陳勝、項梁起義軍。鉅鹿之戰，為項羽擊敗，投降。秦亡後，項羽封為雍王，都廢丘（今陝西興平市東南）。公元前205年，劉邦攻雍丘，兵敗自殺。案，事在秦二世二年（前208）十二月。

〔2〕【今注】臨濟：縣名。治所在今河南封丘縣東。

〔3〕【今注】案，底本"田"字殘，據蔡琪本、大德本、殿本補。

〔4〕【顏注】師古曰：楚遣項它，齊遣田巴。【今注】案，王

先謙《漢書補注》引劉奉世曰：《田儋傳》，儋自將兵救魏，章邯殺儋臨濟下。非遣田巴也。

[5]【今注】案，底本"遂"字殘，據蔡琪本、大德本、殿本補。

[6]【顏注】師古曰：與章邯爲誓而約降。

[7]【顏注】師古曰：但欲全其人，而身自不降。【今注】案，郭嵩燾《史記札記》卷五謂約降而後死，有救民之心矣。秦漢之際如周市、魏咎之君臣，君子有取焉。

魏豹亡走楚。[1]楚懷王予豹數千人，[2]復徇魏地。項羽已破秦兵，降章邯，[3]豹下魏二十餘城，立爲魏王。[4]豹引精兵從項羽入關。羽封諸侯，欲有梁地，[5]迺徙豹於河東，[6]都平陽，[7]爲西魏王。

[1]【今注】案，事在秦二世二年七月。其時項梁已立熊心爲楚懷王，而齊王田儋已死，田儋之弟田榮被章邯圍困於東阿（今山東東阿縣西南），項羽、劉邦等率軍救東阿，魏豹遂往東阿從項羽。

[2]【今注】楚懷王：戰國末期楚懷王之孫。名心。楚亡後在民間爲人牧羊。秦二世二年（前208），項梁聽范增建議，擁立爲王，稱楚懷王。秦亡後，被項羽尊爲義帝，遷往長沙郴縣，於途中被殺。

[3]【今注】案，項羽破秦軍於鉅鹿在秦二世三年十二月，章邯率軍投降項羽在同年七月。

[4]【顏注】師古曰：項羽立之。【今注】案，王先謙《漢書補注》謂《高紀》"豹自立爲魏王"，時項梁初死，懷王徙彭城，項羽亦尚無立王之權。顏注謬。

[5]【顏注】師古曰：羽欲自取梁地。

[6]【今注】河東：郡名。治安邑（今山西夏縣西北）。

[7]【今注】平陽：縣名。治所在今山西臨汾市西南。

漢王還定三秦，[1] 度臨晉，[2] 豹以國屬焉，[3] 遂從擊楚於彭城。[4] 漢王敗，還至滎陽，[5] 豹請視親病，[6] 至國，則絕河津畔漢。[7] 漢王謂酈生曰："緩頰往説之。"[8] 酈生往，豹謝曰："人生一世間，如白駒過隙。[9] 今漢王嫚侮人，罵詈諸侯群臣如奴耳，非有上下禮節，吾不忍復見也。"漢王遣韓信擊豹，遂虜之，傳豹詣滎陽，[10] 以其地爲河東、太原、上黨郡。[11] 漢王令豹守滎陽。楚圍之急，周苛曰："反國之王，難與共守。"[12] 遂殺豹。[13]

[1]【今注】三秦：本書卷一《高紀》應劭注，章邯爲雍王，司馬欣爲塞王，董翳爲翟王，分王秦地，故曰三秦。

[2]【今注】案，度，蔡琪本、大德本、殿本作"渡"。 臨晉：縣名。治所在今陝西大荔縣西南朝邑東南。戰國時魏邑。秦置縣，漢因之。

[3]【今注】案，本書《高紀》載："（二年）三月，漢王自臨晉渡河，魏王豹降，將兵從。"

[4]【今注】彭城：縣名。治所在今江蘇徐州市。

[5]【今注】滎陽：縣名。治所在今河南滎陽市東北。

[6]【顏注】師古曰：親謂母也。

[7]【今注】河津：黃河渡口。案，本書卷九七上《外戚傳上》云："（豹）背漢而中立，與楚連和。"

[8]【今注】酈生：酈食其。劉邦手下的謀士與説客。傳見本書卷四三。 緩頰：婉言勸解。

[9]【顏注】師古曰：言其速疾也。白駒謂日景也。隙，壁

際也。【今注】白駒：沈欽韓《漢書疏證》謂《莊子·盜跖》有"忽然無異騏驥之馳過隙也"，《墨子·兼愛》有"人之生乎地上之無幾何也，譬猶駟馳而過卻也"，據此，則謂馬也。

[10]【今注】傳豹詣滎陽：用傳車將魏豹押解到滎陽。傳，驛站所備供過往官員所用之車馬。

[11]【今注】太原：郡名。治晉陽（今山西太原市西南）。上黨：郡名。治長子（今山西長子縣西南）。

[12]【今注】周苛：劉邦麾下將軍，楚漢相爭時任御史大夫而守滎陽，項羽破滎陽，周苛不降而死。事見本書卷一《高紀》、卷四二《周昌傳》。

[13]【顏注】師古曰：反國，言其嘗叛也。

田儋，狄人也，[1]故齊王田氏之族也。[2]儋從弟榮，榮弟橫，皆豪桀，宗彊，能得人。[3]陳涉使周市略地，北至狄，狄城守。儋陽爲縛其奴，從少年之廷，欲謁殺奴，[4]見狄令，因擊殺令，而召豪吏子弟曰："諸侯皆反秦自立，齊，古之建國，[5]儋，田氏，當王。"遂自立爲齊王，發兵擊周市。市軍還去，儋因率兵東略定齊地。[6]

[1]【顏注】師古曰：狄，縣名也，《地理志》屬千乘。【今注】狄：縣名。治所在今山東高青縣東南。

[2]【顏注】師古曰：亦六國時齊也。【今注】故齊王：戰國時代齊國的國王。

[3]【今注】從弟：堂弟。　能得人：指人緣好，受到擁護。

[4]【顏注】服虔曰：古殺奴婢，皆當告官，儋欲殺令，故詐縛奴以謁也。師古曰：陽縛其奴，爲殺奴之狀。廷，縣之中也

（蔡琪本、大德本、殿本"之"前有"廷"字），音"定"。今流俗書本爲字作偈，非也。陽即偈耳，不當重言之。【今注】謁殺奴：秦漢律中的"謁殺"可視爲一種法律程序。主謁官殺奴的理由大多是奴婢驕橫强悍、不聽主令。張家山漢簡《二年律令·賊律》："其悍主而謁殺之，亦棄市；謁斬若刑，爲斬、刑之。"〔參見張家山二四七號漢墓竹簡整理小組《張家山漢墓竹簡〔二四七號墓〕》（釋文修訂本），文物出版社 2006 年版，第 14—15 頁〕由此亦可見主謁殺奴如果得到官府許可，"棄市"當是死刑執行方式之一。

[5]【今注】齊古之建國：此謂齊地是我們齊國當初被封的地方。

[6]【今注】案，田儋擊周市於齊都臨菑西北之狄縣，後轉而平定齊國東部地區。

秦將章邯圍魏王咎於臨濟，急。魏王請救於齊，儋將兵救魏。章邯夜銜枚擊，[1]大破齊、楚軍，殺儋於臨濟下。儋從弟榮收儋餘兵東走東阿。[2]

[1]【今注】銜枚：軍隊秘密行動時，讓兵士口中橫銜著枚（像筷子的東西），防止説話，以免被敵人發覺。

[2]【今注】東阿：縣名。治所在今山東東阿縣西南。

齊人聞儋死，乃立故齊王建之弟田假爲王，[1]田角爲相，田間爲將，以距諸侯。[2]

[1]【今注】故齊王建：齊王田建，戰國時期的末代齊王。
[2]【今注】距：通"拒"，抵禦。此謂不准別路起義軍進入齊地。

榮之走東阿，章邯追圍之。項梁聞榮急，[1]迺引兵
擊破章邯東阿下。章邯走而西，項梁因追之。[2]而榮怒
齊之立假，迺引兵歸，擊逐假。假亡走楚。相角亡走
趙。角弟間前救趙，[3]因不敢歸。榮迺立儋子市爲
王，[4]榮相之，橫爲將，平齊地。

[1]【今注】項梁：秦泗水郡下相縣（今江蘇宿遷市西南）
人。秦末著名起義軍首領。楚國貴族項燕之子。項羽的叔父。

[2]【今注】項梁因追之：據本書卷一上《高紀上》，追擊者
並非項梁，而是項羽和劉邦。

[3]【今注】案，王先謙《漢書補注》引王先慎，謂《史記》
"救"上衍"求"字，當依此訂。

[4]【今注】案，田榮立田市爲齊王在秦二世二年（前208）
八月。

項梁既追章邯，章邯兵益盛，項梁使使趣齊兵共
擊章邯。[1]榮曰："楚殺田假，趙殺角、間，迺出兵。"
楚懷王曰："田假與國之王，[2]窮而歸我，殺之不誼。"
趙亦不殺田角、田間以市於齊。[3]齊王曰："蝮蠚手則
斬手，蠚足則斬足。[4]何者？爲害於身也。田假、田
角、田間於楚、趙，非手足戚，[5]何故不殺？且秦復得
志於天下，則齮齕首用事者墳墓矣。"[6]楚、趙不聽
齊，齊亦怒，終不肯出兵。章邯果敗殺項梁，[7]破楚
兵。楚兵東走，而章邯度河圍趙於鉅鹿。[8]項羽由此
怨榮。

[1]【顏注】師古曰："趣"讀曰"促"。

[2]【今注】與國：結交之國。

[3]【今注】市於齊：與齊國做交易。

[4]【顏注】應劭曰：蝮一名虺。蠚，螫也。螫人手足則割去其肉，不然則死。師古曰：《爾雅》及《說文》皆以爲蝮即虺也，博三寸，首大如擘，而郭璞云各自一種蛇。其蝮蛇，細頸大頭焦尾，色如綬文，文間有毛，似豬鬣，鼻上有針，大者長七八尺，一名反鼻，非虺之類也。以今俗名證之，郭說得矣。虺若土色，所在有之，俗呼土虺。其蝮唯出南方。蝮，音芳六反。蠚，音火各反。螫，音式亦反。虺，音許偉反。擘者，人手大指也，音步歷反。【今注】案，此言畏蛇毒流遍全身而致死，故舍小以保大。

[5]【顏注】文穎曰：言將亡身，非手足憂也。臣瓚曰：田假於楚，非手足之親也。師古曰：瓚說是也。

[6]【顏注】如淳曰：齮，側齧也。齘，齘也。師古曰：首用事，謂起兵而立號者也。"齮"音"螘"。"齘"音"紇"。齘，音五絞反。【今注】秦復得志於天下：指秦一旦消滅起義軍，將重新整頓國家秩序。　首用事者：首先起兵反秦者。

[7]【顏注】師古曰：擊敗而殺之。

[8]【今注】鉅鹿：郡名。治鉅鹿縣（今河北平鄉縣南）。

羽既存趙，降章邯，西滅秦，立諸侯王，迺徙齊王市更王膠東，[1]治即墨。[2]齊將田都從共救趙，因入關，故立都爲齊王，治臨菑。[3]故齊王建孫田安，項羽方度河救趙，[4]安下濟北數城，[5]引兵降項羽，羽立安爲濟北王，治博陽。[6]榮以負項梁，[7]不肯助楚攻秦，故不得王。趙將陳餘亦失職，[8]不得王。二人俱怨項羽。

［1］【今注】膠東：郡國名。治即墨（今山東萊西縣西南）。
［2］【顏注】師古曰：治謂都之也，音丈吏反。下皆類此。
【今注】即墨：縣名。治所在今山東平度市東南。
［3］【今注】臨菑：縣名。治所在今山東淄博市東北臨淄區。
［4］【今注】案，度河，大德本同，蔡琪本、殿本作“渡河”。
［5］【今注】濟北：郡國名。治博陽（今山東泰安市東南）。
［6］【今注】博陽：縣名。治所在今山東泰安市東南。
［7］【今注】負：背叛。
［8］【今注】陳餘：傳見本書卷三二。　失職：因陳餘未隨項
羽入關，故項羽没有封陳餘爲王，祇封給他南皮（今河北南皮縣
北）周圍的三個縣。

榮使人將兵助陳餘，令反趙地，而榮亦發兵以距
擊田都，都亡走楚。榮留齊王市母之膠東。市左右曰：
“項王强暴，王不就國，必危。”市懼，迺亡就國。榮
怒，追擊殺市於即墨，還攻殺濟北王安，自立爲王，
盡并三齊之地。[1]

［1］【顏注】師古曰：三齊，齊及濟北、膠東。

項王聞之，大怒，乃北伐齊。榮發兵距之城陽。[1]
榮兵敗，[2]走平原，[3]平原民殺榮。項羽遂燒夷齊城
郭，[4]所過盡屠破。齊人相聚畔之。[5]榮弟橫收齊散
兵，得數萬人，反擊項羽於城陽。而漢王帥諸侯敗楚，
入彭城。項羽聞之，迺釋齊[6]而歸擊漢於彭城，[7]因連

與漢戰，相距滎陽。以故橫復收齊城邑，立榮子廣爲王，而橫相之，政事無巨細皆斷於橫。

[1]【今注】城陽：縣名。治所在今山東鄄城縣東南。

[2]【今注】案，榮兵敗，殿本、大德本同，蔡琪本作"兵敗"。

[3]【今注】平原：縣名。治所在今山東平原縣南。

[4]【顏注】師古曰：夷，平也。

[5]【今注】案，本書卷三一《陳勝項籍傳》載："羽遂北燒夷齊城郭室屋，皆阬降卒，係虜老弱婦女。徇齊至北海，所過殘滅。齊人相聚而畔之。"

[6]【顏注】師古曰：釋，解也。

[7]【今注】案，底本"彭"字殘，據蔡琪本、大德本、殿本補。

定齊三年，[1]聞漢將韓信引兵且東擊齊，[2]齊使華母傷、田解[3]軍歷下以距漢。[4]會漢使酈食其往說王廣及相橫，與連和。橫然之，迺罷歷下守備，縱酒，[5]且遣使與漢平。[6]韓信迺度平原，[7]襲破齊歷下軍，因入臨菑。王廣、相橫以酈生爲賣己而亨之。[8]廣東走高密，[9]橫走博，[10]守相田光走城陽，[11]將軍田既軍於膠東。楚使龍且救齊，[12]齊王與合軍高密。漢將韓信、曹參破殺龍且，[13]虜齊王廣。漢將灌嬰追得守相光，[14]至博。而橫聞王死，自立爲王，還擊嬰，嬰敗橫軍於嬴下。[15]橫亡走梁，歸彭越。越時居梁地，中立，且爲漢，且爲楚。[16]韓信已殺龍且，因進兵破殺田既於膠東，灌嬰破殺齊將田吸於千乘，[17]遂平齊地。

[1]【今注】定齊三年：謂田橫統治齊國的第三年。《史記》卷八二《田儋列傳》作“橫定齊三年”。

[2]【今注】韓信：傳見本書卷三四。

[3]【顏注】師古曰：二人也。華，音戶化反。

[4]【顏注】張晏曰：濟南歷山之下。【今注】歷下：邑名。治所在今山東濟南市。

[5]【顏注】師古曰：縱，放也。放意而飲酒。【今注】案，本書卷四三《酈食其傳》載：“田廣以爲然，迺聽食其，罷歷下兵守戰備，與食其日縱酒。”

[6]【顏注】師古曰：方欲遣使。

[7]【今注】案，度平原，大德本同，蔡琪本、殿本作“渡平原”。

[8]【顏注】師古曰：謂其與韓信合謀。【今注】亨：通“烹”。

[9]【今注】高密：縣名。治所在今山東高密市西。

[10]【顏注】蘇林曰：泰山博縣。【今注】博：縣名。治所在今山東泰安市東南。案，王先謙《漢書補注》謂《史記》“博”作“博陽”，下同。

[11]【顏注】師古曰：守相者，言爲相而專主居守之事。

[12]【顏注】師古曰：且，音子閭反。【今注】龍且：項羽部將。

[13]【今注】曹參：傳見本書卷三九。案，本書卷三九《曹參傳》載：“從韓信擊龍且軍於上假密，大破之，斬龍且，虜亞將周蘭。”

[14]【今注】灌嬰：西漢開國功臣，時爲騎將，受韓信指揮，於破齊之役中功勛卓著。傳見本書卷四一。

[15]【顏注】晉灼曰：泰山嬴縣也。師古曰：音弋成反。【今注】嬴：縣名。治所在今山東萊蕪市西北。

[16]【顏注】師古曰：言在楚、漢之間，居中自立而兩助之也。中，音竹仲反。【今注】案，郭嵩燾《史記札記》卷五謂項羽與高祖相距滎陽，所以卒不得志，以彭越居梁地絕其糧道爲後患也。彭越始終爲漢，未嘗一爲楚也。

[17]【顏注】師古曰：吸，音許及反。【今注】千乘：縣名。治所在今山東高青縣東南。

　　漢滅項籍，[1]漢王立爲皇帝，[2]彭越爲梁王。橫懼誅，而與其徒屬五百餘人入海，居隖中。[3]高帝聞之，以橫兄弟本定齊，[4]齊人賢者多附焉，今在海中不收，[5]後恐有亂，迺使使赦橫罪而召之。橫謝曰：“臣亨陛下之使酈食其，今聞其弟商爲漢將而賢，[6]臣恐懼，不敢奉詔，請爲庶人，守海隖中。”使還報，高帝迺詔衛尉酈商曰：“齊王橫即至，人馬從者敢動搖者致族夷！”[7]迺復使使持節具告以詔意，[8]曰：“橫來，大者王，小者乃侯耳；[9]不來，且發兵加誅。”橫迺與其客二人乘傳詣雒陽。[10]

[1]【今注】案，事在漢五年（前202）十二月。

[2]【今注】案，事在漢五年二月。

[3]【顏注】韋昭曰：海中山曰隖。師古曰：音丁老反。【今注】案，關於此島的位置，一説在今江蘇海州市東北的大海中；一説在今山東即墨市東南的橫門灣中。

[4]【今注】本定齊：最早平定齊地。

[5]【今注】不收：不招納。

[6]【今注】商：酈商。傳見本書卷四一。

[7]【顏注】師古曰：族夷，言平除其族。【今注】衛尉：戰

國秦置，西漢沿置。掌宮門屯衞兵。秩中二千石，列位九卿。

[8]【今注】節：帝王使者外出所持的信物。

[9]【顏注】師古曰：大者謂橫身，小者其徒屬。【今注】案，王先謙《漢書補注》引劉奉世，謂高帝唯召橫，故許之"大者王，小者乃侯耳"，非爲其徒衆。

[10]【顏注】師古曰：傳，音張戀反。【今注】乘傳：乘坐傳舍提供的馬車。漢初除非遇到緊急情況需要報告，一般衹有郡守和秩在二千石的高級官吏可以乘傳。張家山漢簡《二年律令·置吏律》："郡守二千石官、縣道官言邊變事急者，及吏遷徙、新爲官，屬尉、佐以上毋乘馬者，皆得爲駕傳。"〔參見張家山二四七號漢墓竹簡整理小組《張家山漢墓竹簡〔二四七號墓〕》（釋文修訂本），文物出版社 2006 年版，第 37 頁〕　雒陽：縣名。治所在今河南洛陽市東北。案，時漢都於洛陽，入都關中事在田橫自殺後。

　　至尸鄉厩置，[1]橫謝使者曰："人臣見天子，當洗沐。"[2]止留。謂其客曰："橫始與漢王俱南面稱孤，[3]今漢王爲天子，而橫迺爲亡虜，北面事之，其媿固已甚矣。又吾亨人之兄，與其弟併肩而事主，[4]縱彼畏天子之詔，不敢動搖，我獨不媿於心乎？且陛下所以欲見我，不過欲壹見我面貌耳。陛下在雒陽，今斬吾頭，馳三十里閒，形容尚未能敗，[5]猶可知也。"[6]遂自剄，令客奉其頭，從使者馳奏之高帝。[7]高帝曰："嗟乎，有以！[8]起布衣，兄弟三人更王，[9]豈非賢哉！"爲之流涕，[10]而拜其二客爲都尉，發卒二千，以王者禮葬橫。

　　[1]【顏注】應劭曰：尸鄉在偃師城西。臣瓚曰：案厩置謂

置馬以傳驛者。【今注】尸鄉：邑名。治所在今河南偃師市西。
厩置：即驛站。

[2]【今注】洗沐：此爲洗浴之意。

[3]【顏注】師古曰：王者自稱曰孤，蓋爲謙也。老子《德經》曰貴以賤爲本，高以下爲基，是以侯王自謂孤、寡、不穀。

[4]【顏注】師古曰：并，音步鼎反。

[5]【今注】形容：容貌。

[6]【今注】案，王先謙《漢書補注》謂《史記》"知"作"觀"。

[7]【今注】奏：進呈。

[8]【今注】有以：謂有原因、有道理。

[9]【顏注】師古曰：更，音工衡反。【今注】更王：交替依次稱王。

[10]【今注】案，洪邁《容齋隨筆》謂橫不顧王侯之爵，視死如歸，故漢祖流涕稱其賢，班固以爲雄才。王鳴盛《十七史商榷》稱高帝召田橫，恐其爲亂，非真欲赦之。橫自治不免，來而自殺，高帝爲流涕，葬以王禮，高帝慣有此一副急淚，借以欺人屢矣，不獨於田橫爲然。心實幸其死，非真惜而哀之也。

　　既葬，二客穿其冢旁，皆自剄從之。高帝聞而大驚，以橫之客皆賢者，吾聞其餘尚五百人在海中，使使召至，聞橫死，亦皆自殺。於是乃知田橫兄弟能得士也。

　　韓王信，[1]故韓襄王孽孫也，[2]長八尺五寸。[3]項梁立楚懷王，燕、齊、趙、魏皆已前王，唯韓無有後，故立韓公子橫陽君成爲韓王，[4]欲以撫定韓地。項梁死定陶，[5]成犇懷王。[6]沛公引兵擊陽城，[7]使張良以韓司徒徇韓地，[8]得信，以爲韓將，將其兵從入武關。[9]

[1]【今注】韓王信：《漢書考證》齊召南謂韓王信與淮南王韓信姓名偶同，故稱韓王信以別之。

[2]【顏注】張晏曰：孽子爲孼。師古曰：孼謂庶耳。張説非也。

[3]【今注】長八尺五寸：約合今 1.96 米。

[4]【今注】橫陽君成：即韓成，戰國末年韓國的公子。

[5]【今注】定陶：縣名。治所在今山東菏澤市定陶區西北。

[6]【顏注】師古曰：犇，古奔字。

[7]【今注】陽城：縣名。治所在今河南方城縣。

[8]【今注】司徒：官名。三公之一。職同宰相。

[9]【今注】武關：關名。在今陝西商南縣西南丹江北岸。

沛公爲漢王，信從入漢中，[1]乃説漢王曰："項王王諸將，王獨居此，遷也。士卒皆山東人，[2]竦而望歸，及其鋒東鄉，可以爭天下。"[3]漢王還定三秦，乃許王信，先拜爲韓太尉，[4]將兵略韓地。

[1]【今注】漢中：地區名。指今陝西漢中市。

[2]【今注】山東：秦漢時指華山或崤山以東的地區。

[3]【顏注】鄭氏曰：及軍中將士氣鋒也。師古曰：《高紀》及《韓彭英盧傳》皆稱斯説是楚王韓信之辭，而此傳復云韓王信之語，豈史家謬錯乎？將二人所勸大指實同也？竦謂引領舉足也。蠭與鋒同。"鄉"讀曰"嚮"。【今注】案，周壽昌《漢書注校補》指出本書卷一《高紀》誤，卷三四《韓彭英盧吳傳》無此語，從

傳爲長。

[4]【今注】太尉：武官名。秦漢時代三公之一。掌軍事顧問，有兵事則設，無事則罷。

項籍之封諸王皆就國，韓王成以不從無功，不遣之國，更封爲穰侯，[1]後又殺之。聞漢遣信略韓地，乃令故籍游吳時令鄭昌爲韓王[2]距漢。漢二年，信略定韓地十餘城。漢王至河南，[3]信急擊韓王昌，[4]昌降漢。乃立信爲韓王，[5]常將韓兵從。漢王使信與周苛等守滎陽，楚拔之，信降楚。已得亡歸漢，[6]漢復以爲韓王，竟從擊破項籍。五年春，與信剖符，王潁川。[7]

[1]【顏注】文穎曰：穰，南陽縣也。臣瓚曰：穰縣屬江夏。師古曰：文説是也。【今注】穰：縣名。治所在今河南鄧州市。

[2]【顏注】孟康曰：項籍在吳時，昌爲吳縣令。

[3]【今注】河南：郡名。治洛陽（今河南洛陽市東北）。

[4]【今注】案，《史記》卷九三《韓信盧綰列傳》"昌"後有"陽城"二字。

[5]【今注】案，乃立信爲韓王，大德本同，蔡琪本、殿本作"漢乃立信爲韓王"。

[6]【顏注】師古曰：降楚之後復得歸漢（蔡琪本、大德本同，殿本"降楚"後無"之"字）。

[7]【顏注】師古曰：剖，分也。爲合符而分之。【今注】剖符：破符爲二，皇帝與受封者各持其一，以示互不相背。 潁川：郡名。秦王政十七年（前230）以韓國地置。因潁水而得名。漢高祖五年（前202）爲韓國，六年（前201）復爲潁川郡。治陽翟（今河南禹州市）。

六年春,上以爲信壯武,北近鞏、雒,[1]南迫宛、葉,[2]東有淮陽,[3]皆天下勁兵處也,[4]乃更以太原郡爲韓國,[5]徙信以備胡,都晉陽。[6]信上書曰:"國被邊,[7]匈奴數入,晉陽去塞遠,請治馬邑。"[8]上許之。秋,匈奴冒頓大入圍信,[9]信數使使胡求和解。漢發兵救之,疑信數間使,有二心。[10]上賜信書責讓之曰:"專死不勇,專生不任,[11]寇攻馬邑,君王力不足以堅守乎?安危存亡之地,此二者朕所以責於君王。"[12]信得書,恐誅,因與匈奴約共攻漢,以馬邑降胡,擊太原。

[1]【顏注】師古曰:鞏即今鞏縣。【今注】案,《史記》卷九三《韓信盧綰列傳》"北"上有"所王"二字。 鞏:縣名。治所在今河南鞏義市西南。 雒:雒陽。

[2]【顏注】師古曰:南陽之二縣也。宛,音於元反。葉,音式涉反。【今注】宛:縣名。治所在今河南南陽市宛城區。葉:縣名。治所在今河南葉縣西南。

[3]【今注】淮陽:時爲郡名。治陳(今河南淮陽縣)。

[4]【今注】天下勁兵處:即兵家必爭之地,駐重兵把守之處。

[5]【今注】太原郡:治晉陽(今山西太原市西南)

[6]【今注】晉陽:縣名。治所在今山西太原市西南。

[7]【顏注】李奇曰:被,音"被馬"之"被"。師古曰:被猶帶也。

[8]【今注】馬邑:縣名。治所在今山西朔州市朔城區。

[9]【今注】冒頓:匈奴單于。姓攣鞮。秦二世元年(前209)殺父頭曼自立。建立奴隸制軍事政權,增設官職,加強軍力,東滅東胡,西逐月氏,控制西域諸國,北服丁零,南並樓煩、白羊,進

占河套一帶，勢力强大。西漢初年，經常南下，成爲漢初西北地區最强勁的勢力。

[10]【顏注】師古曰：間，私也。

[11]【顏注】李奇曰：言爲將軍，齎必死之意不得爲勇，齎必生之心不任軍事。傳曰"期死非勇也，必生非任也"。【今注】案，周壽昌《漢書注校補》謂專死者輕生，故不爲勇；專生者惜死，故不能任。

[12]【顏注】師古曰：言雖處危亡之地，執忠履信，可以安存，責其有二心。【今注】案，王先謙《漢書補注》謂處安危存亡之地，專死、專生二者，皆非朕所望。責其竭智勇以禦敵，不可輕生，亦不宜惜死也。顏注微隔。

七年冬，上自往擊破信軍銅鞮，[1]斬其將王喜。信亡走匈奴，與其將白土人曼丘臣、王黄[2]立趙苗裔趙利爲王，[3]復收信散兵，[4]而與信及冒頓謀攻漢。匈奴使左右賢王將萬餘騎與王黄等屯廣武以南，至晉陽，[5]與漢兵戰，漢兵大破之，追至于離石，復破之。[6]匈奴復聚兵樓煩西北。[7]漢令車騎擊匈奴，常敗走，[8]漢乘勝追北。聞冒頓居代谷，[9]上居晉陽，使人視冒頓，還報曰"可擊"。[10]上遂至平城，上白登。[11]匈奴騎圍上，上乃使人厚遺閼氏。[12]閼氏說冒頓曰："今得漢地，猶不能居，且兩主不相戹。"[13]居七日，胡騎稍稍引去。[14]天霧，漢使人往來，胡不覺。護軍中尉陳平言上曰：[15]"胡者全兵，[16]請令彊弩傅兩矢外鄉，[17]徐行出圍。"入平城，漢救兵亦至。胡騎遂解去，漢亦罷兵歸。信爲匈奴將兵往來擊邊，令王黄等說誤陳豨。[18]

［1］【顔注】師古曰：上黨之縣也。鞮，音丁奚反。【今注】銅鞮：縣名。治所在今山西沁縣南。

［2］【顔注】張晏曰：白土，縣名也，屬上郡。【今注】白土：縣名。治所在今陝西神木縣西。 曼丘臣：姓曼丘，名臣。周壽昌《漢書注校補》謂二人皆白土賈人，見《陳豨傳》。

［3］【顔注】師古曰：六國時趙後。

［4］【今注】案，復收信散兵，大德本、殿本同，蔡琪本作"復收信敗散兵"。

［5］【顔注】師古曰：廣武亦太原之縣。【今注】左右賢王：漢時匈奴官名。匈奴謂賢爲"屠耆"，故又稱左右屠耆王。其中左賢王位略高，僅次於單于，常以太子任之。 廣武：縣名。治所在今山西代縣西南。

［6］【顔注】師古曰：離石，西河之縣（案，底本"之"字漫漶，據蔡琪本、大德本、殿本補）。【今注】離石：縣名。治所在今山西吕梁市離石區。

［7］【今注】樓煩：縣名。治所在今山西寧武縣。

［8］【今注】案，底本"常""敗"二字殘，據蔡琪本、大德本、殿本補。

［9］【今注】代谷：古地名。《水經注·灅水》説在代縣（今山西蔚縣東北），王念孫《讀書雜志·史記第五》爲代谷與平城相近。

［10］【今注】案，本書卷四三《婁敬傳》載："匈奴匿其壯士肥牛馬，徒見其老弱及羸畜。使者十輩來，皆言匈奴易擊。"

［11］【顔注】服虔曰：臺名，去平城七里。如淳曰：平城旁之高地，若丘陵也。師古曰：在平城東山上，去平城十餘裏，今其處猶存。服説非也。【今注】平城：縣名。治所在今山西大同市東北。 白登：山名。在今山西大同市東北。

［12］【顔注】師古曰：閼氏，匈奴單于之妻也。閼，音於連

反。"氐"音"支"。

[13]【今注】案,底本"庀"字殘,據蔡琪本、大德本、殿本補。

[14]【今注】案,稍稍引去,大德本同,蔡琪本、殿本作"稍引去"。

[15]【今注】護軍中尉:武官名。漢置。本書卷四〇《陳平傳》記漢高祖劉邦在楚漢相峙時期,以陳平爲護軍中尉,使"盡護諸將",即協調各將領之間的關係。

[16]【顏注】李奇曰:言唯弓矛無雜仗也(言唯弓矛無雜仗也,大德本、蔡琪本同,殿本作"言唯弓矛無雜仗")。【今注】全兵:沈欽韓《漢書疏證》認爲"全兵"謂匈奴人咸以短兵自衛,故漢軍可以弩破圍。周壽昌《漢書注校補》也説,"全兵"言胡全用鋭利之兵以殺敵,如刀、矛、戈、戟皆是,無楯、鎧之類以禦弩矢也。

[17]【顏注】師古曰:"傅"讀曰"附"。每一弩而加兩矢外鄉者,以禦敵也。"鄉"讀曰"嚮"。

[18]【今注】説誤:游説而使犯錯誤。　陳豨:西漢開國功臣,時任代國丞相,兼統代、趙邊事。

十一年春,信復與胡騎入居參合。[1]漢使柴將軍擊之,[2]遺信書曰:"陛下寬仁,諸侯雖有叛亡,而後歸,[3]輒復故位號,不誅也。[4]大王所知。今王以敗亡走胡,非有大罪,急自歸。"信報曰:"陛下擢僕閭巷,[5]南面稱孤,此僕之幸也。滎陽之事,僕不能死,囚於項籍,[6]此一罪也。寇攻馬邑,僕不能堅守,以城降之,此二罪也。今爲反寇,將兵與將軍爭一旦之命,此三罪也。夫種、蠡無一罪,身死亡;[7]僕有三罪,而欲求活，此伍子胥所以僨於吳世也。^[8]今僕亡匿山谷間，旦暮乞貸蠻夷，^[9]僕之思歸，如痿人不忘起，盲者不忘視，^[10]勢不可耳。"遂戰。柴將軍屠參合，斬信。

[1]【顏注】師古曰：代郡之縣。【今注】參合：縣名。治所在今山西陽高縣南。

[2]【顏注】鄧展曰：柴奇也。應劭曰：柴武也。晉灼曰：奇，武之子。師古曰：應說是也。

[3]【今注】案，而後歸，殿本、大德本同，蔡琪本作"而復歸"。

[4]【顏注】師古曰：復，音扶目反。

[5]【今注】閭巷：平民居所，此處用以指平民。

[6]【今注】囚於項籍：指韓王信在滎陽被項羽所俘、投降項羽事。

[7]【顏注】文穎曰：大夫種、范蠡也。師古曰：二人皆越王句踐之臣也。大夫種位爲大夫，名種也，有功於越，而句踐逼令自死。范蠡即陶朱公也，浮海而逃之齊，又居陶，自號朱公，竟以壽終。信引之以自喻者，蓋言種不去則見殺，蠡逃亡則獲免。"蠡"音"禮"。【今注】種蠡：文種、范蠡。越王句踐功臣，助句踐滅吳後，范蠡辭官而去，文種爲句踐所殺。

[8]【顏注】蘇林曰："僨"音"奮"。孟康曰：僨猶斃也。言子胥得罪於夫差而不知去，所以斃於世也。師古曰：僨謂僵仆而倒也，音方問反。【今注】伍子胥：吳國大臣，佐吳王闔閭稱霸，又助吳王夫差破越，後被夫差所殺。

[9]【顏注】師古曰：音吐得反（蔡琪本、殿本、大德本"音"前有"貸"字）。

[10]【顏注】師古曰：痿，風痹病也，音人佳反。【今注】痿人：癱瘓者。

信之入匈奴，與太子俱，及至頹當城，[1]生子，因名曰頹當。韓太子亦生子嬰。至孝文時，頹當及嬰率其衆降。[2]漢封頹當爲弓高侯，[3]嬰爲襄城侯。[4]吳楚反時，弓高侯功冠諸將。[5]傳子至孫，孫無子，[6]國絶。嬰孫以不敬失侯。[7]頹當孼孫嫣，[8]貴幸，名顯當世。嫣弟説，[9]以校尉擊匈奴，封龍頟侯。[10]後坐酎金失侯，[11]復以待詔爲橫海將軍，擊破東越，封按道侯。[12]太初中，爲游擊將軍屯五原外列城，還爲光禄勳，[13]掘蠱太子宮，[14]爲太子所殺。[15]子興嗣，坐巫蠱誅。上曰："游擊將軍死事，無論坐者。"[16]乃復封興弟增爲龍頟侯。增少爲郎，諸曹侍中光禄大夫，[17]昭帝時至前將軍，與大將軍霍光定策立宣帝，[18]益封千户。本始二年，五將征匈奴，增將三萬騎出雲中，[19]斬首百餘級，至期而還。[20]神爵元年，[21]代張安世爲大司馬車騎將軍，[22]領尚書事。增世貴，幼爲忠臣，事三主，重於朝廷。爲人寬和自守，以温顔遜辭承上接下，無所失意，保身固寵，不能有所建明。五鳳二年薨，[23]謚曰安侯。子寶嗣，亡子，國除。成帝時，繼功臣後，封增兄子岑爲龍頟侯。薨，子持弓嗣。王莽敗，乃絶。[24]

[1]【今注】頹當城：在今内蒙古察哈爾右翼後旗西北。

[2]【今注】案，據本書《高惠高后文功臣表》，韓頹當、韓嬰二人俱以匈奴相國降漢。

[3]【顏注】晉灼曰：《功臣表》屬營陵。【今注】弓高：縣名。治所在今河北阜城縣南。

［4］【顏注】晉灼曰：《功臣表》屬魏郡。【今注】襄城：縣名。治所在今河南襄城縣。

［5］【今注】案，韓頹當在平吳楚之亂中討平膠西，事見本書卷三五《荆燕吳傳》。

［6］【今注】案，孫無子，大德本、殿本同，蔡琪本作“無子”。

［7］【今注】案，本書《高惠高后文功臣表》載墨子釋之嗣，傳文“孫”字誤，當作“子”。另據《表》可知，“（釋之）坐詐疾不從，耐爲隸臣”。

［8］【顏注】鄭氏：音隅陵之隅。師古曰：鄭音是也，音“偃”。【今注】嫣：韓嫣，漢武帝寵臣。

［9］【顏注】師古曰：“説”讀曰“悦”。

［10］【顏注】師古曰：字或作雒。

［11］【今注】酎金：漢時諸侯獻給朝廷用於祭祀的貢金。

［12］【顏注】師古曰：《史記年表》并《衛青傳》載韓説初封龍雒侯，後爲按道侯，皆與此傳同。而《漢書·功臣侯表》乃云龍頟侯名説，按道侯名説，列爲二人，與此不同，疑表誤。

［13］【今注】光禄勳：職官名。掌宫殿警衞，秩中二千石，位列九卿。

［14］【顏注】師古曰：掘，音其勿反。【今注】太子：戾太子劉據。

［15］【今注】案，本書卷六三《戾太子傳》云：“（太子）乃使客爲使者收捕充等。按道侯説疑使者有詐，不肯受詔，客格殺説。”

［16］【顏注】服虔曰：時無故見殺，而無爲之論坐伏辜者也。臣瓚曰：按説無故見殺，而子復爲巫蠱見誅，皆爲怨枉，故上曰毋有應論坐者也。師古曰：二説皆非。言韓説以掘蠱爲太子所殺，死於國事，忠誠可閔。今興雖以巫蠱見誅，其昆弟宗族應

從坐者，可勿論之，所以追寵説（蔡琪本同，大德本、殿本句末有"也"字）。

[17]【今注】光禄大夫：職官名。掌議論，秩比二千石。

[18]【今注】霍光：傳見本書卷六八。

[19]【今注】雲中：郡名。治雲中（今内蒙古托克托縣古城村）。

[20]【今注】期：楊樹達《漢書窺管》説期謂所期約之地。

[21]【今注】神爵：漢宣帝年號（前61—前58）。

[22]【今注】張安世：張湯之子。傳見本書卷五九。　大司馬：漢武帝時廢太尉置大司馬，以冠將軍之號。後常以授掌權的外戚。　車騎將軍：職官名。漢制金印紫綬，次於大將軍及驃騎將軍，位次上卿，或比三公。統帥戰車，掌征伐背叛，戰時乃拜官出征，事成後罷官。

[23]【今注】五鳳：漢宣帝年號（前57—前54）。

[24]【今注】案，蔡琪本顏注加"褚先生言，龍頷侯曾先晉六卿之世，有土君國子孫相承八百餘歲"，大德本、殿本無。

　　贊曰：周室既壞，至春秋末，諸侯耗盡，[1]而炎黄唐虞之苗裔尚猶頗有存者。[2]秦滅六國，而上古遺烈埽地盡矣。[3]楚漢之際，豪桀相王，唯魏豹、韓信、田儋兄弟爲舊國之後，然皆及身而絶。横之志節，賓客慕義，猶不能自立，豈非天虖！韓氏自弓高後貴顯，蓋周烈近與！[4]

[1]【顏注】師古曰：耗，減也，言漸少而盡也，音呼到反。

[2]【顏注】師古曰：謂神農、黄帝、堯、舜之後。

[3]【顏注】師古曰：烈，業也。

[4]【顏注】晉灼曰：韓先與周同姓，其後苗裔事晉，封於

韓原，姓韓氏，韓厥其後也，故曰周烈。臣瓚曰：案武王之子，方於三代，世爲最近也。師古曰：《左氏傳》云"邢、晉、應、韓，武之穆也"。據如此贊所云，則韓萬先祖，武王之裔。而杜預等以爲出自曲沃成師，未詳其説。"與"讀曰"歟"。

漢書　卷三四

韓彭英盧吳傳第四[1]

[1]【今注】案，楊樹達《漢書窺管》謂五人皆異姓有功而王者。

韓信，淮陰人也。[1]家貧無行，不得推擇爲吏，[2]又不能治生爲商賈，[3]常從人寄食。其母死無以葬，迺行營高燥地，令傍可置萬家者。[4]信從下鄉南昌亭長食，[5]亭長妻苦之，[6]迺晨炊蓐食。[7]食時信往，不爲具食。信亦知其意，自絕去。至城下釣，有一漂母哀之，飯信，[8]竟漂數十日。信謂漂母曰：“吾必重報母。”母怒曰：“大丈夫不能自食，吾哀王孫而進食，[9]豈望報乎！”淮陰少年又侮信曰：[10]“雖長大，好帶刀劍，怯耳。”衆辱信曰：“能死，刺我；不能，出跨下。”[11]於是信孰視，俛出跨下。[12]一市皆笑信，以爲怯。

[1]【今注】淮陰：縣名。治所在今江蘇淮安市淮陰區西南。

[2]【顏注】李奇曰：無善行可推舉選擇也。

[3]【顏注】師古曰：行賣曰商。坐販曰賈。

　　[4]【顏注】師古曰：言其有大志也。行音下更反。燥音先老反。【今注】案，王先謙《漢書補注》謂《史記》贊作“高敞地”。

　　[5]【顏注】張晏曰：下鄉，屬淮陰。【今注】下鄉：鄉名。屬淮陰縣。　亭長：主管亭部的小吏。亭，秦漢時具有軍事治安和郵驛館舍職能的基層單位。

　　[6]【顏注】師古曰：苦，厭也。【今注】案，王先謙《漢書補注》引王先慎，認爲“亭長”上當有“數月”二字。下文信謂亭長曰“公，小人爲德不竟”，明從食之日久矣。若無“數月”二字，則與下語不合。《史記》有；班氏删之，非也。

　　[7]【顏注】張晏曰：未起而牀蓐中食。

　　[8]【顏注】韋昭曰：以水擊絮曰漂。師古曰：哀憐而飯之。漂，音匹妙反。飯，音扶晚反。

　　[9]【顏注】蘇林曰：王孫，如言公子也。

　　[10]【今注】案，王念孫《讀書雜志・漢書第八》謂此“又”字非承上文之詞。“又”讀爲“有”。言少年中有侮信者也。《史記》卷九二《淮陰侯列傳》正作“少年有侮信者”。

　　[11]【顏注】師古曰：衆辱，於衆中辱之。跨下，兩股之間也。【今注】案，王先謙《漢書補注》謂《史記》作“袴下”，意同。

　　[12]【顏注】師古曰：俛亦俯字。

　　及項梁度淮，信乃杖劍從之，[1]居戲下，無所知名。[2]梁敗，又屬項羽，爲郎中。信數以策干項羽，羽弗用。漢王之入蜀，信亡楚歸漢，未得知名，爲連敖。[3]坐法當斬，其疇十三人皆已斬，[4]至信，信乃仰視，適見滕公，[5]曰：“上不欲就天下乎？而斬壯士！”

滕公奇其言，壯其貌，釋弗斬。[6]與語，大説之，言於
漢王。漢王以爲治粟都尉，[7]上未奇之也。

　　[1]【顔注】師古曰：言自帶一劍，更無餘資。

　　[2]【顔注】師古曰：況在旌戲之下也。戲，讀曰“麾”，又
音許宜反。

　　[3]【顔注】李奇曰：楚官名。【今注】連敖：官名。楚設此
官。一説即司馬，一説掌接待賓客。案，周壽昌《漢書注校補》謂
本書《高惠高后文功臣表》作“入漢，爲連敖票客”。《史記·高
祖功臣侯者年表》作“連敖典客”，《索隱》云“‘典客’，《漢表》
作‘粟客’”，知“票”本作“粟”。本書《高惠高后文功臣表》
如淳注：“連敖，楚官。《左傳》有連尹、莫敖，其後合爲一官也。”
時功臣内以連敖起家者，尚有柳丘侯戎賜、隆慮侯周竈、河陵侯郭
亭、朝陽侯華寄。若煮棗侯革朱，則以越連敖入漢，知當時不獨漢
有此官。

　　[4]【顔注】師古曰：疇，類也。【今注】案，楊樹達《漢書
窺管》謂此文云其疇，亦謂其同輩也。

　　[5]【顔注】師古曰：夏侯嬰。

　　[6]【顔注】師古曰：釋，放也，置也。

　　[7]【今注】治粟都尉：官名。管理糧餉的軍官。

　　數與蕭何語，何奇之。至南鄭，[1]諸將道亡者數十
人。[2]信度何等已數言[3]上，不我用，即亡。何聞信
亡，不及以聞，自追之。人有言上曰：“丞相何亡。”
上怒，如失左右手。居一二日，何來謁。上且怒且喜，
罵何曰：“若亡，何也？”[4]何曰：“臣非敢亡，追亡者
耳。”上曰：“所追者誰也？”曰：“韓信。”上復罵曰：

“諸將亡者以十數，[5] 公無所追；追信，詐也。”何曰：“諸將易得，至如信，國士無雙。[6] 王必欲長王漢中，無所事信；[7] 必欲爭天下，非信無可與計事者。顧王策安決。”[8] 王曰：“吾亦欲東耳，安能鬱鬱久居此乎？”何曰：“王計必東，能用信，信即留；不能用信，信終亡耳。”王曰：“吾爲公以爲將。”何曰：“雖爲將，信不留。”王曰：“以爲大將。”何曰：“幸甚。”於是王欲召信拜之。何曰：“王素嫚無禮，[9] 今拜大將如召小兒，此乃信所以去也。王必欲拜之，擇日齋戒，設壇場具禮，[10] 乃可。”王許之。諸將皆喜，人人各自以爲得大將。至拜，乃韓信也，一軍皆驚。

[1]【今注】南鄭：縣名。治所在今陝西漢中市。

[2]【今注】案，周壽昌《漢書注校補》指出，至南鄭，爲高祖元年夏四月，時沛公爲漢王，都南鄭，諸將士卒皆思東歸，故多道亡。

[3]【顏注】師古曰：度，計量也，音大各反。

[4]【顏注】師古曰：若，汝也。

[5]【今注】案，十數，蔡琪本同，大德本、殿本作“數十”。

[6]【顏注】師古曰：爲國家之奇士。

[7]【顏注】張晏曰：無事用信。

[8]【顏注】師古曰：顧，思念也。

[9]【顏注】師古曰：嫚與慢同。

[10]【今注】壇場：指拜將的高臺和場地。

信已拜，上坐。王曰：“丞相數言將軍，將軍何以教寡人計策？”信謝，因問王曰：“今東鄉争權天下，

豈非項王邪？"[1]上曰："然。"信曰："大王自料勇悍仁
彊孰與項王？"[2]漢王默然良久，曰："弗如也。"信再
拜賀曰："唯[3]信亦以爲大王弗如也。然臣嘗事項王，
請言項王爲人也。項王意烏猝嗟，千人皆廢，[4]然不能
任屬賢將，[5]此特匹夫之勇也。[6]項王見人恭謹，言語
姁姁，[7]人有病疾，涕泣分食飲，至使人有功，當封
爵，刻印刓，忍不能予，[8]此所謂婦人之仁也。項王雖
霸天下而臣諸侯，不居關中而都彭城；[9]又背義帝
約，[10]而以親愛王，[11]諸侯不平。諸侯之見項王逐義
帝江南，亦皆歸逐其主，自王善地。項王所過亡不殘
滅，多怨百姓，[12]百姓不附，特劫於威彊服耳。[13]名
雖爲霸，實失天下心，[14]故曰其彊易弱。[15]今大王誠
能反其道，任天下武勇，何不誅！[16]以天下城邑封功
臣，何不服！以義兵從思東歸之士，何不散！[17]且三
秦王爲秦將，[18]將秦子弟數歲，而所殺亡不可勝計，
又欺其衆降諸侯。至新安，[19]項王詐阬秦降卒二十餘
萬人，唯獨邯、欣、翳脫。[20]秦父兄怨此三人，痛於
骨髓。[21]今楚強以威王此三人，[22]秦民莫愛也。大王
之入武關，[23]秋豪亡所害，[24]除秦苛法，與民約，法
三章耳，[25]秦民亡不欲得大王王秦者。於諸侯之約，
大王當王關中，關中民户知之。[26]王失職之蜀，民亡
不恨者。[27]今王舉而東，三秦可傳檄而定也。"[28]於是
漢王大喜，自以爲得信晚。遂聽信計，部署諸將
所擊。[29]

［1］【顏注】師古曰：鄉讀曰嚮。

［2］【顏注】師古曰：料，量也。與，如也。

［3］【顏注】師古曰：唯，應辭，音弋癸反。

［4］【顏注】李奇曰：猝嗟猶咄嗟也。言羽一咄嗟，千人皆失氣也。晉灼曰：意烏，恚怒聲也。猝嗟，發動也（蔡琪本、大德本、殿本“發”前有“形”字）。廢，不收也。師古曰：意烏，晉說是也。猝嗟，暴猝嗟歎也（歎，蔡琪本、大德本同，殿本作“嘆”）。猝音千忽反。

［5］【顏注】師古曰：屬，委也，音之欲反。

［6］【顏注】師古曰：特，但也。

［7］【顏注】師古曰：姁姁，和好皃也（皃，蔡琪本、大德本同，殿本作“貌”），音許于反。

［8］【顏注】蘇林曰：刓音刓角之刓，刓與搏同。手弄角訛，不忍授也。師古曰：刓音五丸反。搏音大官反。又音專。

［9］【今注】彭城：地名。在今江蘇徐州市。楚漢之際爲項羽西楚國都城。

［10］【今注】背義帝約：違背義帝“先入關中者王之”的約定。

［11］【今注】以親愛王：將自己親信的人分封爲王。

［12］【顏注】師古曰：結怨於百姓。

［13］【顏注】師古曰：彊音其兩反。其下“強以威王”亦同（強，大德本同，蔡琪本、殿本作“彊”）。【今注】案，王先謙《漢書補注》謂《史記》“強”下奪“服”字。《新序·善謀》亦有“服”字，是也。

［14］【顏注】師古曰：羽自號西楚霸王，故云名爲霸也。

［15］【顏注】師古曰：易使弱也。

［16］【顏注】師古曰：言何所不誅也。下皆類此。

［17］【顏注】師古曰：散謂四散而立功。

［18］【顏注】師古曰：章邯、司馬欣、董翳。

［19］【今注】新安：縣名。治所在今河南澠池縣東。

［20］【顏注】師古曰：脫，免也，音土活反。

［21］【今注】案，王先謙《漢書補注》謂《史記》“於”作“人”。

［22］【今注】案，强，大德本同，蔡琪本、殿本作“彊”。

［23］【今注】武關：古關名。在今陝西商南縣西南丹江北岸。戰國秦置。

［24］【顏注】師古曰：秋豪，喻微細之物（微細，蔡琪本、大德本同，殿本作“細微”）。

［25］【今注】法三章：指劉邦所定“殺人者死，傷人及盜抵罪”之法。

［26］【顏注】師古曰：言家家皆知。

［27］【顏注】師古曰：之，往也。

［28］【顏注】師古曰：檄謂檄書也。傳檄可定，言不足用兵也。檄，解在《高紀》。

［29］【顏注】師古曰：部分而署置之。

漢王舉兵東出陳倉，[1]定三秦。二年，出關，收魏、河南，[2]韓、殷王皆降。令齊、趙共擊楚彭城，[3]漢兵敗散而還。信復發兵與漢王會滎陽，[4]復擊破楚京、索閒，[5]以故楚兵不能西。

［1］【今注】陳倉：縣名。治所在今陝西寶雞市東。

［2］【今注】魏河南：魏王魏豹、河南王申陽之地。

［3］【今注】案，王念孫《讀書雜志·漢書第八》謂“令”當依《史記》作“合”。謂漢與齊、趙合而共擊楚也。

［4］【今注】案，王先謙《漢書補注》謂《史記》“發”作

“收”，是也。本書卷一上《高紀上》亦云“收兵與漢王會”。若關中之兵，權在漢王、蕭相，非信所得專發也。　　滎陽：縣名。治所在今河南滎陽市東北。

　　[5]【顏注】師古曰：索音山客反。【今注】京：縣名。治所在今河南滎陽市東南。　　索：邑名。治所在今河南滎陽市。

　　漢之敗郤彭城，[1]塞王欣、翟王翳亡漢降楚，齊、趙、魏亦皆反，與楚和。[2]漢王使酈生往說魏王豹，[3]豹不聽，乃以信爲左丞相擊魏。[4]信問酈生：“魏得毋用周叔爲大將軍乎？”[5]曰：“栢直也。”信曰：“豎子耳。”遂進兵擊魏。魏盛兵蒲反，[6]塞臨晉。[7]信迺益爲疑兵，[8]陳舩欲度臨晉，[9]而復兵從夏陽以木罌缶度軍，[10]襲安邑。[11]魏王豹驚，引兵迎信。信遂虜豹，定河東，[12]使人請漢王：“願益兵三萬人，臣請以北舉燕、趙，東擊齊，南絕楚之糧道，西與大王會於滎陽。”漢王與兵三萬人，遣張耳與俱，進擊趙、代。破代，禽夏説閼與。[13]信之下魏、代，漢輒使人收其精兵，[14]詣滎陽以距楚。

　　[1]【顏注】師古曰：兵敗於彭城而郤退也。郤音丘略反。

　　[2]【今注】案，王先謙《漢書補注》指出，齊未嘗與楚和，此及《史記》並衍“齊”字。又《史記》作“欲反漢與楚和”，此時諸侯皆反漢而與楚，非但欲反也，此班氏删正。

　　[3]【今注】酈生：酈食其。傳見本書卷四三。

　　[4]【今注】左丞相：官名。戰國時秦武王以樗里疾、甘茂爲左右丞相，秦及漢初沿置，漢文帝時以周勃爲右丞相，陳平爲左丞相。文帝以後則僅置丞相一人。

［5］【今注】案，蔡琪本、大德本、殿本“將”後無“軍”字。

［6］【今注】蒲反：縣名。治所在今山西永濟市西蒲州鎮。反，殿本作“坂”。

［7］【今注】臨晉：縣名。治所在今陝西大荔縣東。

［8］【顏注】師古曰：多張兵形，令敵人疑也。

［9］【今注】案，舩，蔡琪本、大德本、殿本作“船”。　度，蔡琪本同，大德本、殿本作“渡”。下同不注。

［10］【今注】案，復，蔡琪本、大德本、殿本作“伏”。

［11］【顏注】服虔曰：以木柙縛罌缶以度也（度，蔡琪本、大德本同，殿本作“渡”）。韋昭曰：以木為器，如罌缶也。師古曰：服說是也。罌缶謂瓶之大腹小口者也，音一政反。臨晉在今同州朝邑縣界。夏陽在韓城縣界。【今注】夏陽：縣名。治所在今陝西韓城市南。　安邑：縣名。治所在今山西夏縣西北。

［12］【今注】河東：郡名。治安邑。

［13］【顏注】李奇曰：夏說，代相也。孟康曰：閼與是邑名也，在上黨涅縣。師古曰：說讀曰悅。閼音一曷反。與音豫。【今注】夏說：代王陳餘的丞相。　閼與：邑名。治所在今山西和順縣。

［14］【今注】案，楊樹達《漢書窺管》謂信虜豹後，請益兵三萬人，高祖亦即與之，似無收其精兵之事，“魏”字疑誤或衍。

　　信、耳以兵數萬，欲東下井陘擊趙。[1]趙王、成安君陳餘聞漢且襲之，聚兵井陘口，號稱二十萬。廣武君李左車説成安君曰：[2]“聞漢將韓信涉西河，[3]虜魏王，禽夏説，新喋血閼與。[4]今乃輔以張耳，議欲以下趙，[5]此乘勝而去國遠鬬，其鋒不可當。臣聞‘千里饋糧，士有飢色；[6]樵蘇後爨，師不宿飽。’[7]今井陘之道，車不得方軌，騎不得成列，[8]行數百里，其勢糧食必在後。願足下假臣奇兵三萬人，從閒路絕其輜重；[9]足下深溝高壘勿與戰。彼前不得鬭，退不得還，吾奇兵絕其後，野無所掠鹵，不至十日，兩將之頭可致戲下。[10]願君留意臣之計，必不爲二子所禽矣。"[11]成安君，儒者，常稱義兵不用詐謀奇計，謂曰："吾聞兵法'什則圍之，倍則戰。'[12]今韓信兵號數萬，其實不能，[13]千里襲我，亦以罷矣。[14]今如此避弗擊，後有大者，何以距之？諸侯謂吾怯，而輕來伐我。"不聽廣武君策。

[1]【今注】井陘口：在今河北井陘縣西北。

[2]【今注】陳餘：傳見本書卷三二。

[3]【今注】西河：古黃河的一段。指河套以下至今風陵渡這段黃河。

[4]【顏注】師古曰：喋音牒。喋血，解在《文紀》。

[5]【顏注】師古曰：言其立計議如此。

[6]【顏注】師古曰：言難繼也。餽字與饋同。【今注】餽糧：言運糧。

[7]【顏注】師古曰：樵，取薪也。蘇，取草也。《小雅·白華》之詩云"樵彼桑薪"。樵，音在消反。

[8]【顏注】師古曰：方軌，謂併行也。列，行列。

[9]【顏注】師古曰：間路，微路也。重音直用反。

[10]【顏注】師古曰：戲，讀曰"麾"，又音許宜反。

[11]【今注】案，王念孫《讀書雜志·漢書第八》指出，"必不爲二子所禽矣"，本作"不，必爲二子所禽矣"。"不"與"否"同。言若不用臣之計，則必爲二子所擒也。《史記》作"否，必爲

二子所禽矣”，是其證。後人不知“不”字自爲一句，而以“不必”二字連讀，遂不得其解，而改“不必”爲“必不”，以陳餘用李左車之計，則必不爲二子所擒。不知上文明言“兩將之頭可致戲下”，豈特不爲所擒而已乎！弗思甚矣。

[12]【顏注】師古曰：言多十倍者可以圍敵，多一倍者戰則可勝。【今注】案，沈欽韓《漢書疏證》謂《孫子·謀攻》有：“十則圍之，五則攻之，倍則分之。”

[13]【今注】不能：言不能達到其數。

[14]【顏注】師古曰：罷，讀曰“疲”。

信使間人窺知其不用，[1]還報，則大喜，乃敢引兵遂下。未至井陘口三十里，止舍。[2]夜半傳發，選輕騎二千人，[3]人持一赤幟，[4]從間道萆山而望趙軍，[5]戒曰：“趙見我走，必空壁逐我，[6]若疾入，拔趙幟，立漢幟。”[7]令其裨將傳餐，[8]曰：“今日破趙會食。”諸將皆嘸然，陽應曰：“諾。”[9]信謂軍吏曰：“趙已先據便地壁，且彼未見大將旗鼓，未肯擊前行，[10]恐吾阻險而還。”乃使萬人先行，出，背水陳。[11]趙兵望見大笑。平旦，信建大將旗鼓，鼓行出井陘口，[12]趙開壁擊之，大戰良久。於是信、張耳棄鼓旗，走水上軍，[13]復疾戰。趙空壁爭漢鼓旗，逐信、耳。信、耳已入水上軍，軍皆殊死戰，不可敗。[14]信所出奇兵二千騎者，候趙空壁逐利，即馳入趙壁，皆拔趙旗幟，立漢赤幟二千。趙軍已不能得信、耳等，欲還歸壁，壁皆漢赤幟，大驚，以漢爲皆已破趙王將矣，遂亂，遁走。趙將雖斬之，弗能禁。於是漢兵夾擊，破虜趙軍，斬成安君泜水上，^[15]禽趙王歇。

[1]【顏注】師古曰：間人，微伺之也。

[2]【顏注】師古曰：舍，息也。

[3]【顏注】孟康曰：傳，令軍中使發也。

[4]【顏注】師古曰：幟，旌旗之屬也，音式志反。

[5]【顏注】如淳曰：萆音蔽，依山自覆蔽也。師古曰：蔽隱於山間使敵不見。

[6]【今注】空壁：全軍出動。壁，指營壘。

[7]【顏注】師古曰：若，汝也。

[8]【顏注】服虔曰：立駐傳餐食也。如淳曰：小飯曰餐，破趙後乃當共飽食也。師古曰：餐，古湌字，音千安反。

[9]【顏注】孟康曰：嘸音撫，不精明也。劉德曰：音儛（儛，大德本同，蔡琪本作“憮”，殿本作“撫”）。師古曰：劉音是也。音文府反。

[10]【顏注】師古曰：行，音胡郎反。

[11]【今注】背水陳：背靠河水列陣。此處的“水”指綿蔓水。

[12]【顏注】師古曰：聲鼓而行。

[13]【顏注】師古曰：走，趣也，音奏。【今注】走水上軍：退向背水陣地。

[14]【顏注】師古曰：殊，絕也。謂決意必死。

[15]【顏注】師古曰：泜音祗，又音丁計反。【今注】泜水：古水名。即今河北槐河。

　　信乃令軍毋斬廣武君，有生得之者，購千金。^[1]頃之，有縛而至戲下者，信解其縛，東鄉坐，西鄉對，而師事之。^[2]

[1]【今注】購：購求、懸賞。

[2]【顏注】師古曰：鄉，皆讀曰"嚮"。【今注】東鄉坐：言讓廣武君東向坐，以示尊重。周壽昌《漢書注校補》謂漢初禮以東鄉爲尊。如本書卷四〇《王陵傳》"項羽東鄉坐陵母，欲以招陵"，尊陵母也；同卷《周勃傳》"每召諸生説士，東鄉坐責之"，勃自尊也。皆此類。

諸校效首虜休，皆賀，[1]因問信曰："兵法有'右背山陵，前左水澤'，[2]今者將軍令臣等反背水陳，曰破趙會食，臣等不服。然竟以勝，此何術也？"信曰："此在兵法，顧諸君弗察耳。[3]兵法不曰'陷之死地而後生，投之亡地而後存'乎？[4]且信非得素拊循士大夫，[5]經所謂'歐市人而戰之'也，[6]其勢非置死地，人人自爲戰；今即予生地，[7]皆走，寧尚得而用之乎！"諸將皆服曰："非所及也。"

[1]【顏注】師古曰：諸校，諸部也，猶今言諸營也。效，致也。謂各致其所獲。

[2]【今注】案，沈欽韓《漢書疏證》謂杜牧注《孫子》云："太公曰：'軍必左川澤而右丘陵。'"《淮南子·兵略》："地利者，後生而前死，左牡而右牝。"注："高者爲生，下者爲死。丘陵爲牡，谿谷爲牝。"

[3]【顏注】師古曰：顧，念也。

[4]【今注】案，沈欽韓《漢書疏證》謂《管子·兵法》有："深入則危，危則士自修。"《孫子·九地》如信所引，又云"疾戰則存，不疾戰則亡者，爲死地。死地則戰"。

[5]【今注】拊循：撫慰。此爲訓練之意。

[6]【顏注】師古曰：經亦謂兵法也。歐與駈同也（歐，殿本同，蔡琪本、大德本作"歐"。本注下同）。忽入市廛而歐取其人令戰，言非素所練習。

[7]【今注】案，王先謙《漢書補注》指出，《史記》作"其勢非置之死地，使人人自爲戰；今予之生地，皆走"。"今"訓爲"即"，《史》《漢》多有。言非置死地，使自爲戰，即予生地則皆走耳。"今"下再加"即"字，則語不可通。此蓋後人旁注"即"字，以釋"今"義，傳寫者不知，而併入正文也。

於是問廣武君曰："僕欲北攻燕，[1]東伐齊，何若有功？"[2]廣武君辭曰："臣聞'亡國之大夫不可以圖存，[3]敗軍之將不可以語勇。'若臣者，何足以權大事乎！"信曰："僕聞之，百里奚居虞而虞亡，之秦而秦伯，[4]非愚於虞而智於秦也，用與不用，聽與不聽耳。向使成安君聽子計，僕亦禽矣。僕委心歸計，[5]願子勿辭。"廣武君曰："臣聞'智者千慮，必有一失；愚者千慮，亦有一得。'故曰'狂夫之言，聖人擇焉。'顧恐臣計未足用，[6]願效愚忠。故成安君有百戰百勝之計，[7]一日而失之，軍敗鄗下，[8]身死泜水上。今足下虜魏王，禽夏説，不旬朝破趙二十萬衆，[9]誅成安君。名聞海內，威震諸侯，衆庶莫不輟作怠惰，靡衣媮食，傾耳以待命者。[10]然而衆勞卒罷，[11]其實難用也。今足下舉勌獘之兵，頓之燕堅城之下，情見力屈，[12]欲戰不拔，曠日持久，糧食單竭。[13]若燕不破，齊必距境而以自彊。二國相持，則劉項之權未有所分也。臣愚，竊以爲過矣。"[14]信曰："然則何由？"[15]廣武君對曰：“當今之計，不如按甲休兵，百里之內，牛酒日至，以饗士大夫，北首燕路，[16]然後發一乘之使，奉咫尺之書，[17]以使燕，燕必不敢不聽。從燕而東臨齊，雖有智者，亦不知爲齊計矣。如是，則天下事可圖也。兵故有先聲而後實者，此之謂也。”信曰：“善。敬奉教。”於是用廣武君策，發使燕，燕從風而靡。乃遣使報漢，因請立張耳王趙以撫其國。漢王許之。

[1]【今注】僕：古時男子謙遜的自稱。　燕：燕王臧荼。

[2]【顏注】師古曰：何若，猶言何如也。

[3]【顏注】師古曰：圖，謀也。

[4]【顏注】師古曰：百里奚，本虞臣也。後仕於秦（仕，蔡琪本同，大德本、殿本作“事”），遂爲大夫，穆公用其言，以取霸。伯讀曰霸。

[5]【今注】委心歸計：猶言傾心求教。

[6]【顏注】師古曰：顧，念也。

[7]【今注】案，王先謙《漢書補注》引王先慎，謂《史記》“故”作“夫”，是。

[8]【顏注】李奇曰：鄗，音“蒿臕”之“臕”，常山縣也。光武即位於此，故改曰高邑。【今注】鄗：縣名。治所在今河北高邑縣東南。

[9]【今注】不旬朝：不足半天，即不到半天功夫。

[10]【顏注】師古曰：輟，止也。靡，輕麗也。媮與偷字同。偷，苟且也。言爲靡麗之衣，苟且而食，恐懼之甚，不爲久計也。

[11]【顏注】師古曰：罷，讀曰“疲”。

[12]【顏注】師古曰：見，顯露也。屈，盡也。見，音胡電

反。屈，音其勿反。

[13]【顏注】師古曰：單亦盡。

[14]【今注】過：失策。案，大德本、殿本“過”前有“亦”字。

[15]【顏注】師古曰：由，從也，言當從何計也。

[16]【顏注】師古曰：首謂趣向也，音式究反。【今注】北首燕路：擺出向北攻燕的態勢。

[17]【顏注】師古曰：八寸曰咫。咫尺者，言其簡牘或長咫，或長尺，喻輕率也。今俗言尺書，或言尺牘，蓋其遺語耳（蔡琪本、大德本此注位於“奉咫尺之書”後，殿本此注位於“以使燕”後）。

　　楚數使奇兵度河擊趙，王耳、信往來救趙，因行定趙城邑，發卒佐漢。楚方急圍漢王滎陽，漢王出，南之宛、葉，[1]得九江王布，入成皋，[2]楚復急圍之。四年，漢王出成皋，度河，獨與滕公從張耳軍脩武，[3]至，宿傳舍。[4]晨自稱漢使，馳入壁。張耳、韓信未起，即其臥，奪其印符，[5]麾召諸將易置之。信、耳起，乃知獨漢王來，大驚。漢王奪兩人軍印，[6]即令張耳備守趙地，拜信爲相國，[7]發趙兵未發者擊齊。[8]

[1]【顏注】師古曰：之，往也。宛、葉，二縣名。宛音於元反。葉音式涉反。【今注】宛：縣名。治所在今河南南陽市宛城區。　葉：縣名。治所在今河南葉縣西南。

[2]【今注】成皋：縣名。治所在今河南滎陽市西北。

[3]【今注】脩武：縣名。治所在今河南獲嘉縣。

[4]【今注】傳舍：古時驛站內供來往行人休息住宿的房舍。

［5］【顏注】師古曰：就其卧處。

［6］【今注】案，蔡琪本、大德本、殿本作“軍”後無“印”字。

［7］【今注】相國：官名。春秋時始設。或稱丞相、相邦，秦代以後成爲朝廷最高官職。

［8］【顏注】文穎曰：謂趙人未嘗見發者。

信引兵東，未度平原，[1]聞漢王使酈食其已説下齊。信欲止，蒯通説信令擊齊。[2]語在《通傳》。信然其計，遂渡河，[3]襲歷下軍，[4]至臨菑。[5]齊王走高密，[6]使使於楚請救。信已定臨菑，東追至高密西。楚使龍且將，號稱二十萬，[7]救齊。

［1］【今注】平原：平原津。在今山東平原縣西南。

［2］【今注】蒯通：傳見本書卷四五。

［3］【今注】案，渡，蔡琪本、大德本、殿本作“度”。

［4］【今注】歷下：邑名。治所在今山東濟南市歷城區西。

［5］【今注】臨菑：當時齊的國都。在今山東淄博市臨淄區。

［6］【今注】高密：縣名。治所在今山東高密市西。

［7］【顏注】師古曰：且，音子余反。

齊王、龍且并軍與信戰，未合。[1]或説龍且曰：“漢兵遠鬬，窮寇久戰，[2]鋒不可當也。齊、楚自居其地戰，兵易敗散。[3]不如深壁，令齊王使其信臣招所亡城，[4]城聞王在，楚來救，必反漢。漢二千里客居齊，齊城皆反之，其勢無所得食，可毋戰而降也。”龍且曰：“吾平生知韓信爲人，易與耳。[5]寄食於漂母，無資身之策；受辱於跨下，無兼人之勇，不足畏也。且救齊而降之，吾何功？今戰而勝之，齊半可得，[6]何爲而止！”遂戰，與信夾濰水陳。[7]信乃夜令人爲萬餘囊，盛沙以壅水上流，引兵半度，[8]擊龍且。且不勝，還走。且果喜曰：[9]“固知信怯。”遂追度水。信使人決壅囊，水大至。龍且軍太半不得度，即急擊，殺龍且。龍且水東軍散走，齊王廣亡去。信追北至城陽，[10]虜廣。楚卒皆降，遂平齊。

[1]【顏注】師古曰：欲戰而未交兵也。

[2]【今注】案，蔡琪本、大德本、殿本作“戰”前無“久”字。

[3]【顏注】師古曰：近其室家，懷顧望也。

[4]【顏注】師古曰：信臣，常所親信之臣。

[5]【今注】易與：容易對付。

[6]【顏注】師古曰：自謂當得封齊之半地。

[7]【顏注】師古曰：濰音維。濰水出琅邪北箕縣（箕，大德本同，蔡琪本、殿本作“經”），東北經臺昌入濟（濟，蔡琪本、大德本、殿本作“海”），即《禹貢》所云“濰淄其道”者也。【今注】濰水：水名。在今山東東部。

[8]【今注】案，度，大德本、殿本作“渡”，本段“度”字他本多作“渡”不再出注。

[9]【今注】案，蔡琪本、大德本、殿本作“且”前有“龍”字。

[10]【今注】城陽：郡名。治莒縣（今山東莒縣）。

使人言漢王曰：“齊夸詐多變，反覆之國，南邊楚，[1]不爲假王以填之，[2]其執不定。[3]今權輕，不足以安之，臣請自立爲假王。”當是時，楚方急圍漢王於滎陽，使者至，發書，[4]漢王大怒，罵曰：“吾困於此，旦暮望而來佐我，[5]乃欲自立爲王！”張良、陳平伏後躡漢王足，因附耳語曰：“漢方不利，寧能禁信之自王乎？不如因立，善遇之，使自爲守。不然，變生。”漢王亦寤，因復罵曰：“大丈夫定諸侯，即爲真王耳，何以假爲！”遣張良立信爲齊王，徵其兵使擊楚。

[1]【顏注】師古曰：邊，近也。
[2]【今注】假：暫時代理。
[3]【顏注】師古曰：填，音竹刃反。
[4]【顏注】張晏曰：發信使者所齎書也。
[5]【顏注】師古曰：而，汝也。

楚以亡龍且，項王恐，使盱台人武涉往說信曰：[1]“足下何不反漢與楚？楚王與足下有舊故。且漢王不可必，[2]身居項王掌握中數矣，[3]然得脫，背約，復擊項王，其不可親信如此。今足下雖自以爲與漢王爲金石交，[4]然終爲漢王所禽矣。足下所以得須臾至今者，[5]以項王在。項王即亡，次取足下。何不與楚連和，三分天下而王齊？今釋此時，自必於漢王以擊楚，且爲智者固若此邪！”信謝曰：“臣得事項王數年，官不過郎中，位不過執戟，[6]言不聽，畫策不用，故背楚歸漢。漢王授我上將軍印，數萬之衆，解衣衣我，推食食我，[7]言聽計用，吾得至於此。夫人深親信我，背之不祥。[8]幸爲信謝項王。”武涉已去，蒯通知天下權在於信，[9]深說以三分天下，鼎足而王。[10]語在《通

《傳》。信不忍背漢，又自以功大，漢王不奪我齊，遂不聽。

[1]【今注】盱台：縣名。治所在今江蘇盱眙縣。

[2]【顔注】師古曰：必，謂必信之。

[3]【顔注】師古曰：數，音山角反。

[4]【顔注】師古曰：稱金石者，取其堅固。

[5]【今注】須臾：王念孫《讀書雜志·史記第五》指出，此"須臾"猶從容延年之意。言所以得從容至今不死者，以項王尚存也。本書卷五一《賈山傳》"願少須臾毋死"，少須臾，即少從容，亦延年之意。故同書卷六三《武五子傳》"奉天期兮不得須臾"，張晏注"不得復延年也"。"從容""須臾"，語之轉耳。

[6]【顔注】張晏曰：郎中宿衛執戟。

[7]【顔注】師古曰：下衣音於記反。下食讀曰飤也。

[8]【今注】案，王先謙《漢書補注》謂《史記》有"雖死不易"四字。

[9]【今注】權：秤錘，比喻關鍵。

[10]【今注】案，鼎足而王，大德本同，蔡琪本、殿本作"之計"。

　　漢王之敗固陵，[1]用張良計，徵信將兵會陔下。[2]項羽死，高祖襲奪信軍，徙信爲楚王，都下邳。[3]

[1]【今注】固陵：縣名。治所今地無考。

[2]【今注】陔下：古地名。在今安徽靈璧縣東南。

[3]【今注】下邳：縣名。治所在今江蘇邳州市南。

信至國，召所從食漂母，賜千金。及下鄉亭長，錢百，[1]曰：“公，小人，爲德不竟。”[2]召辱己少年令出跨下者，以爲中尉，[3]告諸將相曰：“此壯士也。方辱我時，寧不能死？死之無名，[4]故忍而就此。”[5]

[1]【顔注】師古曰：以恥辱之。

[2]【顔注】師古曰：言晨炊蓐食。

[3]【今注】中尉：此爲王國職官名。典武職，備盜賊。

[4]【今注】案，周壽昌《漢書注校補》謂《史記》兩“死”字皆作“殺”。蓋“殺”者，專就少年言；“死”者，兼己身言也。吳恂《漢書注商》則認爲，《史》《漢》，“殺”“死”同義。唯上“死”字，下奪一“之”字。《史記》作“我寧不能殺之邪？”此言當辱我時，我豈不能殺之乎？以殺之無名，故隱忍而就此跨下之辱也。周謂死者並己身言，顔解就爲成今日之功，並未得其義。

[5]【顔注】師古曰：就，成也。成今日之功。

項王亡將鍾離眛[1]家在伊廬，[2]素與信善。項王敗，眛亡歸信。漢怨眛，聞在楚，詔楚捕之。信初之國，行縣邑，陳兵出入。[3]有變告信欲反，[4]書聞，[5]上患之。用陳平謀，僞游於雲夢者，[6]實欲襲信，信弗知。高祖且至楚，信欲發兵，自度無罪；[7]欲謁上，恐見禽。人或説信曰：“斬眛謁上，上必喜，亡患。”信見眛計事，眛曰：“漢所以不擊取楚，以眛在。公若欲捕我自媚漢，吾今死，公隨手亡矣。”乃罵信曰：“公非長者！”卒自剄。信持其首謁於陳。[8]高祖令武士縛信，載後車。信曰：“果若人言，‘狡兔死，良狗亨。'"[9]上曰："人告公反。"遂械信。至雒陽,[10]赦以爲淮陰侯。

[1]【顏注】師古曰：眛音莫葛反（葛，蔡琪本、大德本、殿本作"曷"）。

[2]【顏注】劉德曰：東海朐南有此邑。韋昭曰：今中廬縣也。師古曰：韋說非也。中廬在襄陽之南。【今注】伊盧：邑名。治所在今江蘇灌雲縣東北。

[3]【顏注】師古曰：行音下更反。

[4]【顏注】師古曰：凡言變告者，謂告非常之事。

[5]【顏注】師古曰：聞於天子。

[6]【今注】雲夢：古澤名。在今洪湖洞庭湖一帶。

[7]【顏注】師古曰：度音大各反。

[8]【今注】陳：縣名。治所在今河南淮陽縣。

[9]【顏注】張晏曰：狡猶猾也。師古曰：此《黃石公三略》之言。【今注】案，沈欽韓《漢書疏證》指出，《文子·上德》："狡兔得而獵犬烹，高鳥盡而良弓藏。"《吳越春秋》："大夫種曰：'子胥於吳，當夫差之誅也，謂臣曰"狡兔死，良犬烹，敵國滅，謀臣亡"。范蠡亦有斯言。'"《韓非子·內儲下》以爲太宰嚭遺大夫種書。蒯通曾以風韓信，故信云"果若人言"。顏師古引《黃石公三略》，非也。

[10]【今注】雒陽：縣名。治所在今河南洛陽市東北。

信知漢王畏惡其能，稱疾不朝從。[1]由此日怨望，居常鞅鞅,[2]羞與絳、灌等列。[3]嘗過樊將軍噲，噲趨拜送迎，言稱臣，曰："大王乃肯臨臣。"信出門，笑曰："生乃與噲等爲伍!"[4]

[1]【顏注】師古曰：朝，朝見也。從，從行也。

[2]【顏注】師古曰：鞅鞅，志不滿也，音於兩反。

[3]【今注】絳灌：指絳侯周勃、潁陰侯灌嬰。

[4]【顏注】師古曰：言俱爲列侯。【今注】生：一生、一輩子。

　　上嘗從容與信言諸將[1]能各有差。上問曰：“如我，能將幾何？”信曰：“陛下不過能將十萬。”上曰：“如公何如？”曰：“如臣，多多益辦耳。”[2]上笑曰：“多多益辦，何爲爲我禽？”信曰：“陛下不能將兵，而善將將，此乃信之爲陛下禽也。且陛下所謂天授，非人力也。”

[1]【顏注】師古曰：從音千容反（蔡琪本、大德本此注位於“上嘗從容與信言諸將”後，殿本此注位於“能各有差”後）。

[2]【今注】案，王先謙《漢書補注》謂《史記》“辦”作“善”。

　　後陳豨爲代相監邊，辭信，信挈其手，[1]與步於庭數匝，仰天而歎曰：“子可與言乎？吾欲與子有言。”豨因曰：“唯將軍命。”信曰：“公之所居，天下精兵處也，而公，陛下之信幸臣也。人言公反，陛下必不信；再至，陛下乃疑；三至，必怒而自將。吾爲公從中起，天下可圖也。”陳豨素知其能，信之，曰：“謹奉教！”

[1]【顏注】師古曰：挈謂執提之。

漢十年，豨果反，高帝自將而往，信稱病不從。[1]
陰使人之豨所，而與家臣謀，夜詐赦諸官徒奴，[2]欲發
兵襲呂后、太子。部署已定，待豨報。其舍人得罪信，
信囚，欲殺之。[3]舍人弟上書變告信欲反狀於呂后。[4]
呂后欲召，恐其黨不就，[5]乃與蕭相國謀，詐令人從帝
所來，稱豨已破，群臣皆賀。相國紿信曰：“雖病，強
入賀。”[6]信入，呂后使武士縛信，斬之長樂鍾室。[7]
信方斬，曰：“吾不用蒯通計，反爲女子所詐，豈非天
哉！”遂夷信三族。

[1]【今注】案，蔡琪本、殿本無“稱”字。

[2]【今注】官徒奴：官府管制的罪犯和奴隸。

[3]【顏注】晉灼曰：《楚漢春秋》云謝公也。

[4]【今注】上書變告：向朝廷告發變故之情。

[5]【顏注】師古曰：黨音他朗反。

[6]【顏注】師古曰：紿，詐也。【今注】案，强，大德本、
殿本同，蔡琪本作“彊”。

[7]【顏注】師古曰：鍾室，謂懸鍾之室。【今注】案，周壽
昌《漢書注校補》謂紀、表俱作“十一年，誅信”。此從十年豨反
後敘入，未加分析也。

高祖已破豨歸，至，聞信死，且喜且哀之，[1]問
曰：“信死亦何言？”呂后道其語。高祖曰：“此齊辯士
蒯通也。”召欲亨之。通至自說，釋弗誅。[2]語在《通
傳》。

[1]【今注】案，大德本同，蔡琪本、殿本"哀"後無"之"字。

[2]【顏注】師古曰：自説，謂自解説也。釋，放也，置也。

　　彭越字仲，昌邑人也。[1]常漁鉅野澤中，爲盜。[2]陳勝起，或謂越曰："豪桀相立畔秦，仲可效之。"越曰："兩龍方鬭，且待之。"[3]

[1]【今注】昌邑：縣名。治所在今山東金鄉縣西。

[2]【顏注】師古曰：漁，捕魚也。鉅野，即今鄆州鉅野縣。【今注】鉅野澤：在今山東巨野縣北。

[3]【顏注】師古曰：兩龍，謂秦與陳勝。

　　居歲餘，澤閒少年相聚百餘人，往從越，"請仲爲長"，越謝不願也。少年強請，[1]乃許。與期旦日日出時，後會者斬。[2]旦日日出，十餘人後，後者至日中。於是越謝曰："臣老，諸君強以爲長。今期而多後，不可盡誅，誅最後者一人。"令校長斬之。[3]皆笑曰："何至是！請後不敢。"於是越乃引一人斬之，設壇祭，令徒屬。徒屬皆驚，畏越，不敢仰視。乃行略地，收諸侯散卒，得千餘人。

[1]【今注】案，強，大德本、殿本同，蔡琪本作"彊"。

[2]【今注】後會者：遲到的人。

[3]【顏注】師古曰：一校之長也。校音下教反。

　　沛公之從碭北擊昌邑，[1]越助之。昌邑未下，沛公引兵西。越亦將其衆居鉅野澤中，收魏敗散卒。項籍入關，王諸侯，還歸，越衆萬餘人無所屬。齊王田榮叛項王，漢乃使人賜越將軍印，[2]使下濟陰以擊楚。[3]楚令蕭公角將兵擊越，越大破楚軍。漢二年春，與魏豹及諸侯東擊楚，越將其兵三萬餘人，歸漢外黃。[4]漢王曰：“彭將軍收魏地，得十餘城，欲急立魏後。今西魏王豹，魏咎從弟，真魏也。”[5]迺拜越爲魏相國，擅將兵，略定梁地。[6]

　　[1]【今注】碭：縣名。治所在今河南夏邑縣東。
　　[2]【今注】案，《漢書考正》劉氏謂田榮使越擊楚，此不合有“漢”字。
　　[3]【今注】濟陰：郡名。治定陶（今山東菏澤市定陶區北）。
　　[4]【顔注】師古曰：於外黃來歸漢。【今注】外黃：縣名。治所在今河南蘭考縣東南。
　　[5]【顔注】鄭氏曰：豹，真魏後也。
　　[6]【顔注】師古曰：擅，專也，使專爲此事。【今注】案，何焯《義門讀書記》卷一七謂“擅將兵”者，雖拜越爲魏相國，不使受魏豹節度，得自主兵也。

　　漢王之敗彭城解而西也，越皆亡其所下城，獨將其兵北居河上。漢三年，越常往來爲漢游兵擊楚，絶其糧於梁地。項王與漢王相距滎陽，越攻下睢陽、外黃十七城。[1]項王聞之，乃使曹咎守成皋，自東收越所下城邑，皆復爲楚。越將其兵北走穀城。[2]項王南走陽夏，^[3]越復下昌邑旁二十餘城，得粟十餘萬斛，以給漢食。

[1]【今注】睢陽：縣名。治所在今河南商丘市睢陽區。

[2]【今注】穀城：邑名。治所在今山東東阿縣南。

[3]【顏注】師古曰：走並音奏。夏音攻雅反。【今注】案，王先謙《漢書補注》謂此鴻溝分地後，項王西歸也。　陽夏：縣名。治所在今河南太康縣。

漢王敗，^[1]使使召越并力擊楚，越曰："魏地初定，尚畏楚，未可去。"漢王追楚，爲籍所敗固陵。乃謂留侯曰："諸侯兵不從，爲之奈何？"留侯曰："彭越本定梁地，功多，始君王以魏豹故，拜越爲相國。今豹死亡後，且越亦欲王，而君王不蚤定。^[2]今取睢陽以北至穀城，皆許以王彭越。"又言所以許韓信。語在《高紀》。於是漢王發使使越，如留侯策。使者至，越乃引兵會陔下。項籍死，立越爲梁王，都定陶。

[1]【今注】案，王先謙《漢書補注》引劉攽，謂此時漢未敗，其"敗"字疑是"數"字。

[2]【顏注】師古曰：蚤，古早字。

六年，朝陳。九年，十年，皆來朝長安。

陳豨反代地，高帝自往擊之，至邯鄲，^[1]徵兵梁。梁王稱病，使使將兵詣邯鄲。高帝怒，使人讓梁王。^[2]梁王恐，欲自往謝。其將扈輒曰："王始不往，見讓而往，往即爲禽，不如遂發兵反。"梁王不聽，稱病。梁大僕有罪，[3]亡走漢，告梁王與扈輒謀反。於是上使使掩捕梁王，囚之雒陽。有司治反形已具，[4]請論如法。上赦以爲庶人，徙蜀青衣。[5]西至鄭，[6]逢呂后從長安東，欲之雒陽，道見越。越爲呂后泣涕，自言亡罪，願處故昌邑。呂后許諾，詔與俱東。至雒陽，呂后言上曰："彭越壯士也，今徙之蜀，此自遺患，不如遂誅之。妾謹與俱來。"於是呂后令其舍人告越復謀反。廷尉奏請，[7]遂夷越宗族。

[1]【今注】邯鄲：縣名。治所在今河北邯鄲市。

[2]【顏注】師古曰：譙，責也。

[3]【今注】案，大，蔡琪本、大德本同，殿本作"太"。

[4]【顏注】張晏曰：扈輒勸越反，越不聽，而云反形已具，有司非也。臣瓚曰：扈輒勸越反，而越不誅輒，是反形已具也。師古曰：瓚說是也。

[5]【顏注】文穎曰：青衣，縣名。【今注】蜀：郡名。治成都（今四川成都市）。　青衣：縣名。治所在今四川樂山市北。

[6]【顏注】師古曰：即今華州鄭縣是也。【今注】鄭：縣名。治所在今陝西華縣。

[7]【今注】廷尉：職官名。漢承秦置。掌刑獄，爲主管司法的最高長官。九卿之一，秩中二千石。

黥布，六人也，[1]姓英氏。少時客相之，當刑而王。及壯，坐法黥，[2]布欣然笑曰："人相我當刑而王，幾是乎？"[3]人有聞者，共戲笑之。布以論輸驪山，[4]驪山之徒數十萬人，布皆與其徒長豪桀交通，乃率其曹耦，亡之江中爲群盜。[5]

  [1]【顏注】師古曰：六，縣名也。解在《高紀》。【今注】
六：縣名。治所在今安徽六安市東北。

  [2]【今注】黥：刑名。又稱墨刑。在犯人臉上刺字、塗墨的
一種刑罰。

  [3]【顏注】臣瓚曰：幾，近也。師古曰：幾音鉅依反。【今
注】幾：王念孫《讀書雜志・漢書第八》指出，"幾"，讀爲
"豈"。言人相我當刑而王，今豈是乎？《史記》卷九一《黥布傳》
亦作"幾"，《集解》引徐廣曰"'幾'，一作'豈'"，《索隱》
"《楚漢春秋》作'豈是乎'"，是其明證矣。"豈"與"幾"古同
聲而通用。

  [4]【顏注】師古曰：布雖論決（布雖，蔡琪本、大德本、
殿本作"有罪"），而輸作於驪山。

  [5]【顏注】師古曰：曹，輩也。

  陳勝之起也，布乃見番君，[1]其衆數千人。番君以
女妻之。章邯之滅陳勝，破呂臣軍，布引兵北擊秦左
右校，破之青波，[2]引兵而東。聞項梁定會稽，[3]西度
淮，[4]布以兵屬梁。梁西擊景駒、秦嘉等，布常冠
軍。[5]項梁聞陳涉死，立楚懷王，以布爲當陽君。項梁
敗死，懷王與布及諸侯將皆軍彭城。[6]當是時，秦急圍
趙，趙數使人請救懷王。懷王使宋義爲上將軍，[7]項籍
與布皆屬之，北救趙。及籍殺宋義河上，自立爲上將
軍，使布先涉河，[8]擊秦軍，數有利。籍乃悉引兵從
之，遂破秦軍，降章邯等。楚兵常勝，功冠諸侯。諸
侯兵皆服屬楚者，以布數以少敗衆也。

[1]【顏注】師古曰：番音蒲何反。【今注】番君：鄱陽縣令，指吳芮。

[2]【顏注】師古曰：地名也。【今注】青波：地名。在今河南新蔡縣西南。案，王先謙《漢書補注》謂《史記》作"清陂"，通用字。

[3]【今注】會稽：郡名。治吳縣（今江蘇蘇州市）。

[4]【今注】案，度，蔡琪本、大德本、殿本作"渡"。

[5]【顏注】師古曰：言其驍勇爲衆軍之最。

[6]【今注】案，楊樹達《漢書窺管》謂呂臣軍彭城東，項羽軍彭城西，沛公軍碭。

[7]【今注】宋義：秦末人。戰國末年曾爲楚令尹。秦末農民起義後，隨項梁起兵，曾勸梁戒驕惰，梁不聽，卒至兵敗身死。二世三年（前207）被義帝任爲上將軍，號卿子冠軍，率項羽、范增等舉兵救趙。至安陽飲酒高會，留四十六日不進，欲坐觀秦、趙相爭，從中漁利。旋被項羽斬於軍中。　案，爲上將軍，大德本同，蔡琪本、殿本"將"後無"軍"字。

[8]【顏注】師古曰：涉謂無舟檝而渡也（檝，蔡琪本、大德本、殿本作"楫"）。

　　項籍之引兵西至新安，又使布等夜擊阬章邯秦卒二十餘萬人。至關，[1]不得入，又使布等先從閒道破關下軍，[2]遂得入。至咸陽，[3]布爲前鋒。[4]項王封諸將，立布爲九江王，都六。尊懷王爲義帝，徙都長沙，[5]迺陰令布擊之。布使將追殺之郴。[6]

[1]【今注】關：函谷關。在今河南靈寶市東北。

[2]【顏注】師古曰：閒道，微道也。

[3]【今注】咸陽：秦朝國都。故城遺址在今陝西咸陽市渭城

區窰店鎮一帶。

［4］【今注】案，王先謙《漢書補注》謂《史記》作“常爲軍鋒”，《索隱》：“案，《漢書》作‘楚軍前簿’。簿者，鹵簿也。”所見與顏注本異。

［5］【今注】長沙：指長沙郡之地。

［6］【今注】郴：縣名。治所在今湖南郴縣。

齊王田榮叛楚，項王往擊齊，徵兵九江，布稱病不往，[1]遣將將數千人行。[2]漢之敗楚彭城，布又稱病不佐楚。項王由此怨布，數使使者誰讓召布，[3]布愈恐，不敢往。項王方北憂齊、趙，西患漢，所與者獨布，又多其材，[4]欲親用之，以故未擊。

［1］【今注】案，《漢書考證》齊召南認爲，叙此事於追殺義帝之後，與《史記》合，是也。乃《項羽傳》叙於追殺義帝之前，蓋誤。楊樹達《漢書窺管》認爲《項羽傳》就羽徵兵時言之，此傳就布遣將時言之，故次序先後不同，非有誤也。

［2］【今注】案，遣，大德本、殿本同，蔡琪本作“追”。

［3］【顏注】師古曰：誰讓，責之也。誰音在笑反。

［4］【顏注】師古曰：多猶重也。

漢王與楚大戰彭城，不利，出梁地，至虞，[1]謂左右曰：“如彼等者，無足與計天下事者。”謁者隨何進曰：“不審陛下所謂。”漢王曰：“孰能爲我使淮南，[2]使之發兵背楚，留項王於齊數月，我之取天下可以萬全。”隨何曰：“臣請使之。”乃與二十人俱使淮南。至，太宰主之，[3]三日不得見。隨何因説太宰曰：“王之不見何，必以楚爲彊，以漢爲弱，此臣之所爲使。[4]
使何得見，言之而是邪，是大王所欲聞也；言之而非
邪，使何等二十人伏斧質淮南市，[5]以明背漢而與楚
也。”太宰迺言之王，王見之。隨何曰：“漢王使使臣
敬進書大王御者，竊怪大王與楚何親也。”淮南王曰：
“寡人北鄉而臣事之。”[6]隨何曰：“大王與項王俱列爲
諸侯，北鄉而臣事之，必以楚爲彊，可以託國也。項
王伐齊，身負版築，[7]以爲士卒先。大王宜悉淮南之
衆，[8]身自將，爲楚軍前鋒，今乃發四千人以助楚。夫
北面而臣事人者，固若是乎？夫漢王戰於彭城，項王
未出齊也，大王宜埽淮南之衆，日夜會戰彭城下。[9]今
撫萬人之衆，無一人度淮者，[10]陰拱而觀其孰勝。[11]
夫託國於人者，固若是乎？大王提空名以鄉楚，[12]而
欲厚自託，臣竊爲大王不取也。然大王不背楚者，以
漢爲弱也。大楚兵雖彊，[13]天下負之以不義之名，[14]
以其背明約而殺義帝也。然而楚王特以戰勝自彊。[15]
漢王收諸侯，還守成皋、滎陽，下蜀、漢之粟，深溝
壁壘，分卒守徼乘塞。楚人還兵，閒以梁地，[16]深入
敵國八九百里，[17]欲戰則不得，攻城則力不能，老弱
轉糧千里之外。楚兵至滎陽、成皋，漢堅守而不動，
進則不得攻，退則不能解，故楚兵不足罷也。[18]使楚
兵勝漢，則諸侯自危懼而相救。夫楚之彊，適足以致
天下之兵耳。故楚不如漢，其勢易見也。今大王不與
萬全之漢，而自託於危亡之楚，臣竊爲大王或之。[19]
臣非以淮南之兵足以亡楚也。夫大王發兵而背楚，項

3732

王必留；留數月，漢之取天下可以萬全。臣請與大王杖劍而歸漢王，漢王必裂地而分大王，[20]又況淮南，必大王有也。故漢王敬使使臣進愚計，願大王之留意也。"淮南王曰："請奉命。"陰許叛楚與漢，未敢泄。

[1]【顏注】師古曰：即今宋州虞城縣是也。【今注】案，王先謙《漢書補注》謂此言"漢王與楚大戰彭城，不利"，乃追溯之詞，非謂兩次會戰也。 虞：縣名。治所在今河南虞城縣北。

[2]【顏注】師古曰：孰，誰也。【今注】淮南：指當時的九江王（後爲淮南王）英布。

[3]【顏注】服虔曰：淮南太宰作內主。【今注】案，吳恂《漢書注商》謂《史記》作"至，因太宰主之"。言至淮南，就太宰而以爲主也。本書奪一"因"字，其義反矣。又陳直《漢書新證》指出，據《百官公卿表》，太常屬官有太宰令丞，楚漢之際，諸王各設百官，官制亦不畫一。需要之官，則先設置，太宰主酒食，故淮南有之。儘管設太宰不設太常，不能以西漢初王國設官都如漢朝例之。

[4]【顏注】師古曰：此事正是臣所爲來欲言之。

[5]【顏注】師古曰：質，鑕也。言伏於鑕上而斧斬之。鑕音竹林反。

[6]【顏注】師古曰：鄉讀曰嚮。次下亦同（次，蔡琪本、大德本同，殿本作"以"）。【今注】案，周壽昌《漢書注校補》謂此時布受楚封爲九江王也。淮南王，史臣追稱之。

[7]【顏注】李奇曰：版，牆版也。築，杵也（蔡琪本、大德本同，殿本此注位於"以爲士卒先"後）。【今注】身負版築：指擔負重任。

[8]【顏注】師古曰：悉，盡也。

[9]【顏注】師古曰：埽者，謂盡舉之，如埽地之爲。

[10]【今注】案，度，蔡琪本、殿本同，大德本作"渡"。

[11]【顏注】師古曰：斂手曰拱。孰，誰也。言不動搖，坐觀成敗也。

[12]【顏注】師古曰：提，舉也。鄉讀曰嚮。

[13]【今注】案，大，蔡琪本、大德本、殿本作"夫"。

[14]【顏注】師古曰：負，加也。加於身上，若言被也。

[15]【今注】案，王先謙《漢書補注》謂《史記》"特"作"恃"，無"以"字。

[16]【顏注】服虔曰：梁在楚、漢之中央。師古曰：間音居莧反。

[17]【顏注】張晏曰：羽從齊還，當經梁地八九百里，乃得羽地也。

[18]【顏注】師古曰：不足者，言易也。罷讀曰疲。

[19]【今注】案，錢大昭《漢書辨疑》謂"或"，古"惑"字。或之者，疑之也。

[20]【今注】案，王先謙《漢書補注》謂《史記》"分"作"封"，是。

　　楚使者在，[1]方急責布發兵，隨何直入曰："九江王已歸漢，楚何以得發兵！"布愕然。楚使者起，何因說布曰："事已搆，[2]獨可遂殺楚使，毋使歸，而疾走漢并力。"[3]布曰："如使者教。"因起兵而攻楚。楚使項聲、龍且攻淮南，項王留而攻下邑。[4]數月，龍且攻淮南，破布軍。布欲引兵走漢，恐項王擊之，故間行與隨何俱歸漢。

[1]【顏注】文穎曰：在淮南王所也。

［2］【顏注】師古曰：構，結也。言背楚之事以結成也。

［3］【顏注】師古曰：走音奏。次下亦同（次，蔡琪本、大德本同，殿本作“以”）。

［4］【顏注】師古曰：縣名也，在梁地。【今注】下邑：縣名。治所在今安徽碭山縣。

　　至，漢王方踞牀洗，[1]而召布入見。布大怒，悔來，欲自殺。出就舍，張御食飲從官如漢王居，布又大喜過望。[2]於是乃使人之九江。楚已使項伯收九江兵，盡殺布妻子。布使者頗得故人幸臣，將眾數千人歸漢。漢益分布兵而與俱北，收兵至成皋。四年秋七月，立布爲淮南王，與擊項籍。布使人之九江，得數縣。五年，布與劉賈入九江，[3]誘大司馬周殷，[4]殷反楚。遂舉九江兵與漢擊楚，破陔下。[5]

　　［1］【顏注】師古曰：洗，濯足也，音先典反。
　　［2］【顏注】師古曰：高祖以布先久爲王（久，蔡琪本、殿本同，大德本作“立”），恐其意自尊大，故峻其禮，令布折服。已而美其帷帳，厚其飲食，多其從官，以悅其心，此權道也。張音竹亮反，若今言張設。【今注】案，楊樹達《漢書窺管》謂高祖踞兩女子洗見酈食其，豈酈生亦久王而高祖欲折之乎？顏說鑿矣。
　　［3］【今注】劉賈：漢初諸侯王。漢高祖從父兄。
　　［4］【今注】周殷：項羽的部將，爲大司馬。
　　［5］【今注】案，王先謙《漢書補注》謂《史記》作“破之陔下”，此“之”字當有。

　　項籍死，上置酒對眾折隨何曰腐儒，[1]“爲天下安用腐儒哉！"[2]隨何跪曰："夫陛下引兵攻彭城，楚王未去齊也，陛下發步卒五萬人，騎五千，能以取淮南乎？"曰："不能。"隨何曰："陛下使何與二十人使淮南，如陛下之意，是何之功賢於步卒數萬，騎五千也。然陛下謂何腐儒，'爲天下安用腐儒'，何也？"上曰："吾方圖子之功。"[3]乃以隨何爲護軍中尉。[4]布遂剖符爲淮南王，都六，九江、廬江、衡山、豫章郡皆屬焉。[5]

[1]【顏注】師古曰：腐者，爛敗。言無所堪任。

[2]【顏注】師古曰：高祖意欲襃賞隨何，恐群臣不服，故對衆折辱，令其自數功勞也。

[3]【顏注】師古曰：圖，謀也。

[4]【今注】護軍中尉：武官名。漢置。本書卷四〇《陳平傳》記漢高祖劉邦在楚漢相峙時期，以陳平爲護軍中尉，使"盡護諸將"，即協調各將領之間的關係。

[5]【今注】九江：郡名。治壽春（今安徽壽縣）。　廬江：郡名。治舒縣（今安徽廬江縣西南）。　衡山：郡名。治邾縣（今湖北黃岡市北）。　豫章：郡名。治南昌（今江西南昌市）。

六年，朝陳。七年，朝雒陽。九年，朝長安。

十一年，高后誅淮陰侯，布因心恐。夏，漢誅梁王彭越，[1]盛其醢以徧賜諸侯。[2]至淮南，淮南王方獵，見醢，因大恐，陰令人部聚兵，候伺旁郡警急。[3]

[1]【今注】案，王念孫《讀書雜志·漢書第八》指出，《高紀》十一年三月，梁王彭越謀反，夷三族。則不得言"夏"也。

且上下文皆不紀時，而此獨紀時，亦爲不類。《史記》作"夏"，亦誤也。"夏，漢誅梁王彭越"，當作"漢復誅梁王彭越"。"復"者，承上之詞。蓋布見淮陰侯誅而心恐，復見醢彭越之事，遂大恐也。"復"字右邊與"夏"相似，因誤而爲"夏"，又倒在"漢"字上耳。《群書治要》引作"復誅彭越"，是其證。

[2]【顏注】師古曰：反者被誅，皆以爲醢，即《刑法志》所云"菹其骨肉"是也。

[3]【顏注】師古曰：恐被收捕，即欲發兵反。

　　布有所幸姬病，就醫。醫家與中大夫賁赫對門，[1]赫乃厚餽遺，從姬飲醫家。姬侍王，從容語次，譽赫長者也。[2]王怒曰："女安從知之？"[3]具道，[4]王疑與亂。赫恐，稱病。王愈怒，欲捕赫。赫上變事，乘傳詣長安。[5]布使人追，不及。赫至，上變，言布謀反有端，可先未發誅也。[6]上以其書語蕭相國，蕭相國曰："布不宜有此，[7]恐仇怨妄誣之。[8]請繫赫，微驗淮南。"[9]布見赫以罪亡上變，已疑其言國陰事，漢使又來，頗有所驗，遂族赫家，發兵反。

[1]【顏注】師古曰：賁，音"肥"。姓賁，名赫。【今注】中大夫：此爲王國職官名。掌議論。

[2]【顏注】師古曰：從，音千容反。

[3]【顏注】師古曰：安從，何由者也。

[4]【今注】案，王先謙《漢書補注》謂《史記》作"具說狀"。

[5]【顏注】師古曰：傳，音張戀反。

[6]【顏注】師古曰：及其未發兵，先謀伐之（謀，蔡琪本、

大德本、殿本作"誅")。

　　[7]【顏注】師古曰：不應有反謀。

　　[8]【顏注】師古曰：怨，音於元反。

　　[9]【顏注】師古曰：微驗，不顯言其事。【今注】案，微驗淮南，蔡琪本、大德本、殿本作"使人微驗淮南王"。

　　反書聞，上方赦赫，[1]以爲將軍。召諸侯問："布反，爲之奈何？"皆曰："發兵阬豎子耳，何能爲！"汝陰侯滕公以問其客薛公，薛公曰："是固當反。"滕公曰："上裂地而封之，疏爵而貴之，[2]南面而立萬乘之主，其反何也？"薛公曰："前年殺彭越，往年殺韓信，[3]三人皆同功一體之人也。[4]自疑禍及身，故反耳。"滕公言之上曰："臣客故楚令尹薛公，其人有籌策，可問。"上乃見問薛公，對曰："布反不足怪也。使布出於上計，山東非漢之有也；出於中計，勝負之數未可知也；出於下計，陛下安枕而臥矣。"上曰："何謂上計？"薛公對曰："東取吳，西取楚，并齊取魯，傳檄燕、趙，固守其所，山東非漢之有也。""何謂中計？""東取吳，西取楚，并韓取魏，據敖倉之粟，[5]塞成皋之險，勝敗之數未可知也。""何謂下計？""東取吳，西取下蔡，歸重於越，身歸長沙，[6]陛下安枕而臥，漢無事矣。"上曰："是計將安出？"[7]薛公曰："出下計。"上曰："胡爲廢上計而出下計？"[8]薛公曰："布故驪山之徒也，致萬乘之主，此皆爲身，不顧後爲百姓萬世慮者也，故出下計。"上曰："善。"封薛公千户。遂發兵自將東擊布。

　　[1]【今注】案，方，蔡琪本、大德本、殿本作“乃”。

　　[2]【顏注】張晏曰：疏，分也。

　　[3]【顏注】張晏曰：往年與前年同耳，文相避也。

　　[4]【今注】一體：言身份相同。

　　[5]【今注】敖倉：秦漢重要糧倉，兵家必爭之地。在今河南
滎陽市東北敖山。秦和兩漢在此設倉，積聚關東漕糧，經黃河轉輸
關中和西北邊塞。

　　[6]【顏注】師古曰：重，輜重也，音直用反。

　　[7]【顏注】師古曰：是者，謂布也。

　　[8]【顏注】師古曰：胡，何也。【今注】案，王先謙《漢書
補注》謂《史記》“上”下有“中”字，是。

　　　布之初反，謂其將曰：“上老矣，厭兵，必不能
來。使諸將，諸將獨患淮陰、彭越，今已死，餘不足
畏。”故遂反。果如薛公揣之，[1]東擊荊，荊王劉賈走
死富陵。[2]盡劫其兵，度淮擊楚。[3]楚發兵與戰徐、僮
閒，[4]爲三軍，欲以相救爲奇。[5]或説楚將曰：“布善用
兵，民素畏之。且兵法，諸侯自戰其地爲散地。[6]今別
爲三，彼敗吾一，餘皆走，安能相救！”不聽。布果破
其一軍，二軍散走。

　　[1]【顏注】文穎曰：揣，度也，音初委反。【今注】案，王
先謙《漢書補注》引劉攽，認爲薛公所言英布出下計，不盡如薛
言。布取荊，又敗楚，遂與上遇，何嘗“歸重於越，身歸長沙”
乎？又史云“果如薛公所揣”，今未見揣者，疑薛公本亦揣知布意
“上厭兵，不來”，先言之，故曰“果如”也。或曰，此亦辯士寓
言，非實事。見布後死長沙，故云“歸重”耳。

[2]【顏注】師古曰：縣名，屬臨淮郡。【今注】富陵：縣名。治所在今江蘇洪澤縣西北。

[3]【今注】案，度，蔡琪本同，大德本、殿本作"渡"。

[4]【顏注】師古曰：二縣之間也。【今注】徐：縣名。治所在今江蘇泗洪縣南。　僮：縣名。治所在今江蘇泗洪縣西北。

[5]【顏注】師古曰：不聚一處，分而爲三，欲互相救，出奇譎。

[6]【顏注】師古曰：謂在其本地戀土懷安，故易逃散。

遂西，與上兵遇蘄西，會甀。[1]布兵精甚，上乃壁庸城，[2]望布軍置陳如項籍軍。上惡之，與布相望見，隃謂布"何苦而反？"[3]布曰："欲爲帝耳。"上怒罵之，遂戰，破布軍。布走度淮，[4]數止戰，不利，與百餘人走江南。布舊與番君婚，故長沙哀王使人誘布，[5]僞與俱亡，走越，[6]布信而隨至番陽。[7]番陽人殺布兹鄉，[8]遂滅之。封賁赫爲列侯，將率封者六人。[9]

[1]【顏注】師古曰：會，音古外反（古，蔡琪本、大德本、殿本作"工"）。甀，音丈瑞反，解在《高紀》。【今注】蘄：縣名。治所在今安徽宿州市東南。　甀：鄉名。治所在今安徽宿州市南。

[2]【顏注】鄧展曰：地名也。【今注】庸城：在甀鄉北，在今安徽宿州市南。

[3]【顏注】師古曰：隃讀曰遙。【今注】案，錢大昭《漢書辨疑》謂"隃"即"遙"也，《說文》無"遙"字。本書卷四八《賈誼傳》"貴賤有等，而下不隃"，顏師古注："'隃'與'踰'同。"卷七〇《陳湯傳》"橫厲烏孫，踰集都賴"，顏師古注：

"'踰',讀曰'遥'。"是"喻""踰""遥"字並通用。

[4]【今注】案,度,蔡琪本同,大德本、殿本作"渡"。

[5]【顏注】晉灼曰:芮之孫回也。師古曰:據表云惠帝二年哀王回始立,今此是芮之子成王臣耳(王,大德本、殿本同,蔡琪本作"主")。傳既不同,晉説亦誤也。

[6]【顏注】師古曰:僞謂詐爲此計。

[7]【今注】番陽:即鄱陽,縣名。治所在今江西波陽縣東北。

[8]【顏注】師古曰:鄡陽縣之鄉也。鄡,音口堯反。【今注】兹鄉:鄉名。屬鄡陽縣。治所在今江西波陽縣西北。

[9]【今注】案,《漢書考證》齊召南據《功臣表》,謂中牟侯單右車、邵侯黄極忠、博陽侯周聚、陽羨侯靈常、下相侯泠耳、高陵侯王虞人並以擊布功封,與期思侯賁赫,凡七侯也。

盧綰,豐人也,[1]與高祖同里。綰親與高祖太上皇相愛,[2]及生男,高祖、綰同日生,里中持羊酒賀兩家。及高祖、綰壯,學書,又相愛也。里中嘉兩家親相愛,生子同日,壯又相愛,復賀羊酒。高祖爲布衣時,有吏事避宅,綰常隨上下。[3]及高祖初起沛,綰以客從,入漢爲將軍,常侍中。從東擊項籍,以太尉常從,[4]出入卧内,衣被食飲賞賜,群臣莫敢望。雖蕭、曹等,特以事見禮,至其親幸,莫及綰者。封爲長安侯。故咸陽也。[5]

[1]【今注】豐:邑名。治所在今江蘇豐縣。

[2]【顏注】晉灼曰:親,父也。綰之父與高祖父太上皇相愛。

[3]【顏注】師古曰：避宅，謂不居其家，潛匿東西。【今注】案，王先謙《漢書補注》謂《史記》“避宅”作“避匿”，“上下”上有“出入”二字。

[4]【今注】太尉：職官名。始置於秦，西漢沿置，與丞相、御史大夫並稱“三公”，主掌武事，秩萬石。

[5]【今注】案，大德本同，蔡琪本、殿本“故”前有“長安”二字。

項籍死，使綰別將，與劉賈擊臨江王共尉，[1]還，從擊燕王臧荼，皆破平。時諸侯非劉氏而王者七人。上欲王綰，爲群臣觖望。[2]及虜臧荼，乃下詔，詔諸將相列侯擇群臣有功者以爲燕王。群臣知上欲王綰，皆曰：“太尉長安侯盧綰常從平定天下，功最多，可王。”上乃立綰爲燕王。諸侯得幸莫如燕王者。綰立六年，以陳豨事見疑而敗。

[1]【顏注】李奇曰：共敖子也。師古曰：共，讀曰“冀”。
[2]【顏注】師古曰：觖謂相觖也。望，怨望也。觖，音“決”。

豨者，宛句人也，[1]不知始所以得從。及韓王信反入匈奴，上至平城還，[2]豨以郎中封爲列侯，以趙相國將監趙、代邊，邊兵皆屬焉。豨少時，常稱慕魏公子，[3]及將守邊，招致賓客。常告過趙，[4]賓客隨之者千餘乘，邯鄲官舍皆滿。豨所以待客，如布衣交，皆出客下。[5]趙相周昌乃求入見上，[6]具言豨賓客盛，擅

兵於外，恐有變。上令人覆案豨客居代者諸爲不法事，
多連引豨。豨恐，陰令客通使王黃、曼丘臣所。[7]漢十
年秋，太上皇崩，上因是召豨。豨稱病，遂與王黃等
反，自立爲代王，劫略趙、代。上聞，乃赦吏民爲豨
所詿誤劫略者。上自擊豨，破之。語在《高紀》。

[1]【顏注】師古曰：宛句，縣名也，《地理志》屬濟陰。宛
音於元反。句音劬。【今注】宛句：縣名。治所在今山東菏澤市
西南。

[2]【今注】平城：縣名。治所在今山西大同市東北。

[3]【顏注】師古曰：謂信陵君無忌。

[4]【顏注】師古曰：因休告之假而過趙。

[5]【顏注】師古曰：言屈己禮之，不以富貴自尊大。

[6]【今注】周昌：傳見本書卷四二。

[7]【顏注】師古曰：二人皆韓王信將。

　　初，上如邯鄲擊豨，[1]燕王綰亦擊其東北。豨使王
黃求救匈奴，綰亦使其臣張勝使匈奴，言豨等軍破。
勝與胡，[2]故燕王臧荼子衍亡在胡，見勝曰：“公所以
重於燕者，以習胡事也。燕所以久存者，以諸侯數反，
兵連不決也。今公爲燕欲急滅豨等，豨等已盡，次亦
至燕，公等亦且爲虜矣。公何不令燕且緩豨，而至胡
連和？[3]事寬，[4]得長王燕，即有漢急，可以安國。”
勝以爲然，迺私令匈奴兵擊燕。綰疑勝與胡反，上書
請族勝。勝還報，具道所以爲者。綰寤，乃詐論他人，
以脱勝家屬，使得爲匈奴閒。[5]而陰使范齊之豨所，欲

令久連兵毋決。[6]

[1]【顏注】師古曰：如，往也。

[2]【今注】胡：縣名。治所在今河南靈寶市西北。　案，與，蔡琪本、大德本、殿本作“至”。

[3]【今注】案，至，蔡琪本、大德本、殿本作“與”。

[4]【今注】寬：鬆緩。

[5]【顏注】師古曰：閒，音居莧反。

[6]【顏注】晉灼曰：使豨久亡畔。【今注】案，王先謙《漢書補注》謂《史記》“久”字下有“亡”字。

漢既斬豨，其裨將降，言燕王綰使范齊通計謀豨所。上使使召綰，綰稱病。又使辟陽侯審食其、御史大夫趙堯往迎綰，[1]因驗問其左右。綰愈恐，閟匿，[2]謂其幸臣曰：“非劉氏而王者，獨我與長沙耳。往年漢族淮陰，誅彭越，皆呂后計。今上病，屬任呂后。[3]呂后婦人，專欲以事誅異姓王者及大功臣。”迺稱病不行。其左右皆亡匿。語頗泄，辟陽侯聞之，歸具報，上益怒。又得匈奴降者，言張勝在匈奴，[4]爲燕使。於是上曰：“綰果反！”[5]使樊噲擊綰。綰悉將其宮人家屬，騎數千，居長城下候伺，幸上病瘉，自入謝。[6]高祖崩，綰遂將其衆亡入匈奴，匈奴以爲東胡盧王。爲蠻夷所侵奪，常思復歸。居歲餘，死胡中。

[1]【今注】審食其：漢初大臣。沛縣（今江蘇沛縣）人。初任漢高祖舍人，爲呂后親信。從劉邦破項羽，封辟陽侯。呂后時，

任左丞相。吕后死，陳平、周勃等殺諸吕，立文帝，他被免去相位。後爲淮南王劉長所殺。　御史大夫：官名。漢承秦置。三公之一。

[2]【顏注】師古曰：閟，閉也，閉其蹤跡，藏匿其人也。閟音秘（秘，蔡琪本、大德本、殿本作"祕"）。【今注】案，閟，王先謙《漢書補注》謂《史記》作"閉"。

[3]【顏注】師古曰：屬，音之欲反。

[4]【今注】案，大德本同，蔡琪本、殿本"在匈奴"前有"亡"字。

[5]【今注】案，大德本、蔡琪本、殿本作"縮果反"後有"矣"字。

[6]【顏注】師古曰：瘉與愈同。

高后時，縮妻與其子亡降，會高后病，不能見，舍燕邸，[1]爲欲置酒見之。高后竟崩，縮妻亦病死。

[1]【顏注】師古曰：舍，止也。諸侯王及諸郡朝宿之館，在京師者謂之邸。

孝景帝時，縮孫它人以東胡王降，[1]封爲惡谷侯。傳至曾孫，有罪，國除。

[1]【顏注】如淳曰：爲東胡王而來降也。東胡，烏丸也。【今注】案，《漢書考證》齊召南指出，"它人"，《史記》及本書表作"它之"，則"人"字誤也。又此及《史記》並云"縮孫"，而本書及《史表》並云"縮子"，必有一誤。

吳芮，秦時番陽令也，[1]甚得江湖閒心，[2]號曰番君。天下之初叛秦也，黥布歸芮，芮妻之，[3]因率越人舉兵以應諸侯。沛公攻南陽，迺遇芮之將梅鋗，[4]與偕攻析、酈，[5]降之。及項羽相王，[6]以芮率百越佐諸侯，從入關，故立芮爲衡山王，都邾。[7]其將梅鋗功多，封十萬戶，爲列侯。項籍死，上以鋗有功，從入武關，故德芮，徙爲長沙王，都臨湘，[8]一年薨，謚曰文王，子成王臣嗣。薨，子哀王回嗣。薨，子共王右嗣。[9]薨，子靖王差嗣。[10]孝文後七年薨，無子，國除。初，文王芮，高祖賢之，制詔御史：“長沙王忠，其定著令。”[11]至孝惠、高后時，封芮庶子二人爲列侯，傳國數世絕。

[1]【顏注】師古曰：番，音蒲何反。

[2]【今注】案，蔡琪本、大德本、殿本“心”前有“民”字。

[3]【顏注】師古曰：嫁女與之也。妻，音千計反。他皆類此。

[4]【顏注】師古曰：鋗音呼玄反（玄，蔡琪本、大德本同，殿本作“懸”）。【今注】南陽：郡名。治宛縣（今河南南陽市宛城區）。案，楊樹達《漢書窺管》謂《高紀》云：“攻胡陽。”胡陽縣屬南陽郡，故此文云攻南陽，文異而事同也。

[5]【顏注】師古曰：二縣也，並屬南陽。酈音郎益反。【今注】析：縣名。治所在今河南西峽縣。　酈：縣名。治所在今河南南陽市西北。

[6]【顏注】李奇曰：自相尊王也。

[7]【顏注】師古曰：邾音朱，又音株（株，蔡琪本同，大德本作“妹”，殿本作“洙”）。【今注】邾：縣名。治所在今湖北黃岡市北。

[8]【今注】臨湘：縣名。治所在今湖南長沙市。

[9]【顏注】師古曰：共讀曰恭。

[10]【今注】案，差，大德本同，蔡琪本、殿本作"羌"。

[11]【顏注】鄧展曰：漢約非劉氏不王，而芮王，故著令中，使特王也。或曰，以芮至忠，故著令也。師古曰：尋後贊文，或說是也。【今注】案，王先謙《漢書補注》指出，芮徙王後一年薨，此自高祖賢芮而著令耳。本書卷九九《王莽傳》張竦爲陳崇奏云"高祖之約，非劉氏不王，然而番君得王長沙，定著於令，明有大信，不拘於制也"，蓋盧綰反後，高祖刑白馬而盟，此令當在其時，以賢芮故，使其後人得嗣王也。

　　贊曰：昔高祖定天下，功臣異姓而王者八國。張耳、吳芮、彭越、黥布、臧荼、盧綰與兩韓信，皆徼一時之權變，以詐力成功，[1]咸得裂土，南面稱孤。見疑強大，[2]懷不自安，事窮勢迫，卒謀叛逆，終於滅亡。張耳以智全，至子亦失國。唯吳芮之起，不失正道，故能傳號五世，以無嗣絕，慶流支庶。有以矣夫，[3]著于甲令而稱忠也！[4]

[1]【顏注】師古曰：徼，要也，音工堯反。【今注】詐力：欺詐和暴力。

[2]【今注】案，強，大德本、殿本同，蔡琪本作"彊"。

[3]【顏注】師古曰：以其不用詐力也。

[4]【顏注】師古曰：甲者，令篇之次也。【今注】甲令：泛指法令。

漢書　卷三五

荊燕吳傳第五

　　荊王劉賈，[1]高帝從父兄也，[2]不知其初起時。漢元年，還定三秦，[3]賈爲將軍，定塞地，[4]從東擊項籍。[5]

　　[1]【今注】案，錢大昕《廿二史考異·漢書三》認爲宗室王例不書姓，劉賈、劉澤獨書姓，係衍文。

　　[2]【顏注】師古曰：父之兄弟之子，爲從父兄弟也。言本同祖，從父而別。【今注】案，《漢書考證》齊召南謂《史記》“劉賈，諸劉者，不知其何屬”，此云“從父兄”；又《史記》“劉澤，諸劉遠屬”，此云“從祖昆弟”；皆班氏補《史記》之缺略。

　　[3]【今注】三秦：秦亡後，項羽三分秦關中故地，封秦降將章邯爲雍王，領有今陝西中部咸陽以西和甘肅東部之地；司馬欣爲塞王，領有今陝西咸陽以東地區；董翳爲翟王，領有今陝西北部地區。合稱三秦。

　　[4]【顏注】師古曰：司馬欣之國也。塞，音先代反。

　　[5]【今注】項籍：傳見本書卷三一。

　　漢王敗成皋，[1]北度河，得張耳、韓信軍，[2]軍脩武，[3]深溝高壘，使賈將二萬人，騎數百，擊楚，度白馬津[4]入楚地，燒其積聚，[5]以破其業，無以給項王軍食。已而楚兵擊之，賈輒避不肯與戰，[6]而與彭越相保。[7]

[1]【今注】成皋：縣名。治所在今河南滎陽市西北。

[2]【今注】張耳：傳見本書卷三二。　韓信：傳見本書卷三四。

[3]【今注】脩武：縣名。治所在今河南獲嘉縣。

[4]【顏注】師古曰：即今滑州白馬縣河津也。【今注】白馬津：古津渡名。在今河南滑縣東北。

[5]【顏注】師古曰：倉廩芻稾之屬。

[6]【今注】避：王念孫《讀書雜志·漢書第八》認爲“避”本作“壁”。“壁不肯與戰”，謂築壘壁而守之，不肯與戰也。本卷《吳王劉濞傳》“條侯壁，不肯戰”，即其證。

[7]【顏注】師古曰：保謂依恃，以自安固。【今注】彭越：傳見本書卷三四。

漢王追項籍至固陵，[1]使賈南度淮圍壽春。[2]還至，使人閒招楚大司馬周殷。[3]周殷反楚，佐賈舉九江，[4]迎英布兵，[5]皆會陔下，[6]誅項籍。漢王因使賈將九江兵，與太尉盧綰西南擊臨江王共尉，[7]尉死，以臨江爲南郡。[8]

[1]【今注】固陵：縣名。治所在今河南太康縣南。

[2]【今注】壽春：縣名。治所在今安徽壽縣。

[3]【顏注】師古曰：閒謂私求間隙而招之。【今注】案，底本“使”字漫漶，據蔡琪本、大德本、殿本補。

　　[4]【今注】九江：九江王國。都六縣（今安徽六安市東北）

　　[5]【今注】英布：傳見本書卷三四。

　　[6]【今注】陔下：古地名。在今安徽靈璧東南沱河北岸。案，陔，蔡琪本、大德本同，殿本作“垓”。

　　[7]【顏注】師古曰：共敖之子也。“共”讀曰“龔”。【今注】太尉：職官名。始置於秦，西漢沿置，與丞相、御史大夫並稱“三公”，主掌武事，秩萬石。　盧綰：傳見本書卷三四。案，太，蔡琪本、大德本同，殿本作“大”。

　　[8]【今注】南郡：治江陵（今湖北江陵縣）。

　　賈既有功，而高祖子弱，昆弟少，又不賢，欲王同姓以填天下，[1]乃下詔曰：“將軍劉賈有功，及擇子弟可以爲王者。”群臣皆曰：“立劉賈爲荆王，[2]王淮東。”[3]立六年而淮南王黥布反，東擊荆。賈與戰，弗勝，走富陵，[4]爲布軍所殺。

　　[1]【顏注】師古曰：填，音竹刃反。

　　[2]【今注】案，本書卷一下《高紀下》云：“以東陽郡、鄣郡、吳郡五十三縣立劉賈爲荆王。”

　　[3]【今注】淮東：淮河今安徽段以東以南之地。

　　[4]【顏注】師古曰：縣名，《地理志》屬臨淮郡。【今注】富陵：縣名。治所在今江蘇淮安市洪澤區西北。

　　燕王劉澤，高祖從昆弟也。[1]高祖三年，澤爲郎中。[2]十一年，以將軍擊陳豨將王黃，[3]封爲營陵侯。

　　[1]【顏注】師古曰：言同曾祖，從祖而別也。【今注】案，

從昆弟，蔡琪本、大德本、殿本作“從祖昆弟”。

[2]【今注】郎中：職官名。郎中令（光禄勳）屬官，掌宿衛殿門。

[3]【今注】將王黄：周壽昌《漢書注校補》以爲當從《史記》作“得王黄”。他認爲本書《樊噲傳》云虜大將王黄，《史記》卷九三《韓信盧綰列傳》附《陳豨傳》稱王黄以賞購得之，又本書《高惠高后文功臣表》亦載“（營陵侯劉澤）以將軍擊陳豨，得王黄，侯”，皆可證。

高后時，齊人田生[1]游乏資，以畫奸澤。[2]澤大説之，[3]用金二百斤爲田生壽。[4]田生已得金，即歸齊。二歲，澤使人謂田生曰：“弗與矣。”[5]田生如長安，不見澤，而假大宅，令其子求事吕后所幸大謁者張卿。[6]居數月，田生子請張卿臨，親脩具。[7]張卿往，見田生帷張具置如列侯。[8]張卿驚。酒酣，迺屏人説張卿曰：“臣觀諸侯邸第百餘，皆高帝一切功臣。今吕氏雅故本推轂高帝就天下，[9]功至大，又有親戚太后之重。太后春秋長，[10]諸吕弱，太后欲立吕産爲吕王，[11]王代。吕后又重發之，[12]恐大臣不聽。今卿最幸，大臣所敬，何不風大臣以聞太后，[13]太后必喜。諸吕以王，萬户侯亦卿之有。太后心欲之，而卿爲内臣，不急發，恐禍及身矣。”張卿大然之，乃風大臣語太后。太后朝，因問大臣。大臣請立吕産爲吕王。太后賜張卿千金，[14]張卿以其半進田生。田生弗受，因説之曰：“吕産王也，諸大臣未大服。今營陵侯澤，諸劉長，爲大將軍，[15]獨此尚觖望。[16]今卿言太后，裂十餘縣王之，彼得王喜，於諸吕王益固矣。"張卿入言之。又太后女弟吕須女亦爲營陵侯妻，[17]故遂立營陵侯澤爲琅邪王。琅邪王與田生之國，急行毋留。[18]出關，太后果使人追之。已出，即還。

[1]【顔注】晉灼曰：《楚漢春秋》云字子春（蔡琪本、大德本同，殿本此注位於"游乏資"後）。

[2]【顔注】服虔曰：以計畫干之。文穎曰：以工畫得寵也。師古曰：共爲計策，欲以求王。服説是也。"畫"音"獲"。

[3]【顔注】師古曰："説"讀曰"悦"。

[4]【顔注】師古曰：因飲酒獻壽而與之金。

[5]【顔注】孟康曰：與，黨與也。言不復與我爲與也（與，蔡琪本同，大德本、殿本作"友"）。文穎曰：不復與汝相知也。師古曰：孟説是（是，蔡琪本、大德本同，殿本作"是也"）。

[6]【顔注】如淳曰：奄人也。【今注】大謁者：職官名。郎中令（光禄勳）屬官，掌賓讚受事。大謁者係謁者中地位較高者。

[7]【顔注】師古曰：親，父也。具，供具也。【今注】案，周壽昌《漢書注校補》説"親脩具"者，不假手厮僕，若魏其迎田蚡夫妻治具是也。

[8]【今注】案，張，大德本同，蔡琪本、殿本作"帳"。

[9]【顔注】如淳曰：吕公知高祖貴，以女妻之，推轂使爲長者也。師古曰：謂翼戴崇奬（戴，大德本、殿本同，蔡琪本作"載"），以成帝業，若車之行，助推其轂，故得引重而致遠也。

[10]【顔注】師古曰：言年老。

[11]【今注】吕産：西漢諸侯王。吕后長兄周吕侯吕澤次子。

[12]【顔注】鄧展曰：重，難發其事。【今注】案，吕，蔡琪本、大德本同，殿本作"太"。

[13]【顔注】師古曰："風"讀曰"諷"。其下亦同。

［14］【顏注】師古曰：千斤之金。

［15］【今注】案，王先謙《漢書補注》謂《史記》“諸劉”下少“長”字，當依此訂。大將軍者，侈言之，非澤本立此號也。

［16］【顏注】師古曰：“觖”音“決”。【今注】觖望：怨望。

［17］【今注】案，須，大德本同，蔡琪本、殿本作“嬃”。

［18］【顏注】師古曰：田生勸之。【今注】案，《史記》卷五一《荊燕世家》作“田生勸澤急行，毋留”。

　　澤王琅邪二年，而太后崩，澤乃曰：“帝少，諸呂用事，諸劉孤弱。”引兵與齊王合謀西，[1]欲誅諸呂。至梁，[2]聞漢灌將軍屯滎陽，[3]澤還兵備西界，遂跳驅至長安。[4]代王亦從代至。[5]諸將相與琅邪王共立代王，是爲孝文帝。文帝元年，徙澤爲燕王，而復以琅邪歸齊。[6]

　　［1］【今注】齊王：齊哀王劉襄，齊悼惠王劉肥之長子。

　　［2］【今注】梁：諸侯王國名。都睢陽（今河南商丘市睢陽區）。

　　［3］【今注】灌將軍：灌嬰。傳見本書卷四一。　滎陽：縣名。治所在今河南滎陽市東北。

　　［4］【顏注】師古曰：《齊王傳》云使祝午紿琅邪王，琅邪王馳見齊王，齊王因留琅邪王，而使祝午盡發琅邪國而并將其兵。琅邪王既見欺，不得反國，乃說齊王求入關計事，齊王以爲然，乃益具車送琅邪王，與此傳不同，疑此傳誤也。

　　［5］【今注】代王：漢文帝劉恒。

　　［6］【顏注】李奇曰：本齊地，前分以王澤，今復與齊也。

澤王燕二年，薨，謚曰敬王。子康王嘉嗣，九年薨。[1]子定國嗣。定國與父康王姬姦，生子男一人。奪弟妻爲姬。與子女三人姦。定國有所欲誅殺臣肥如令郢人，[2]郢人等告定國。[3]定國使謁者以它法劾捕格殺郢人滅口。至元朔中，[4]郢人昆弟復上書具言定國事。下公卿，皆議曰："定國禽獸行，亂人倫，逆天道，當誅。"上許之。定國自殺，立四十二年，[5]國除。哀帝時繼絶世，乃封敬王澤玄孫之孫無終公士歸生爲營陵侯，[6]更始中爲兵所殺。[7]

[1]【今注】案，本書《諸侯王表》作"康王嘉嗣，二十六年薨"。

[2]【今注】肥如：縣名。治所在今河北遷安市。

[3]【顏注】如淳曰：定國自欲有所殺餘臣，肥如知，令郢人以告也。師古曰：此説非也。肥如，燕之屬縣也。郢人者，縣令之名也。定國別欲誅其臣，又欲誅肥如令郢人，郢人等所以告之（郢人等所以告之，蔡琪本作"而爲郢人等所告之"，大德本、殿本作"而爲郢人等所告也"）。

[4]【今注】元朔：漢武帝年號（前128—前123）。

[5]【今注】案，本書《諸侯王表》作"孝景六年，王定國嗣，二十四年，坐禽獸行，自殺"。

[6]【顏注】師古曰：無終，其所屬縣也。公士，第一爵。歸生，名也。【今注】無終：縣名。治所在今天津市薊州區。　公士：秦漢二十等爵制的最低一級。

[7]【顏注】師古曰：更始，劉聖公之年號也（年號，蔡琪本、大德本同，殿本作"號"）。【今注】更始：劉玄稱帝所用年號（23—25）。

　　吳王濞，高帝兄仲之子也。高帝立仲爲代王。匈
奴攻代，仲不能堅守，棄國間行，[1] 走雒陽，[2] 自歸，
天子不忍致法，廢爲合陽侯。[3] 子濞，封爲沛侯。黥布
反，高祖自將往誅之。濞年二十，以騎將從破布軍。
荆王劉賈爲布殺，[4] 無後。上患吳會稽輕悍，[5] 無壯王
填之，[6] 諸子少，[7] 乃立濞於沛，爲吳王，[8] 王三郡五
十三城。已拜受印，高祖召濞相之，曰：“若狀有反
相。”[9] 獨悔，業已拜，[10] 因拊其背，[11] 曰：“漢後五十
年東南有亂，[12] 豈若邪？然天下同姓一家，慎無反！”
濞頓首曰：“不敢。”

　　[1]【今注】間行：從小路逃跑。

　　[2]【今注】雒陽：縣名。治所在今河南洛陽市東北。

　　[3]【今注】合陽：侯國名。其地未詳。漢高祖八年（前199）
始封，惠帝二年（前193）仲薨而國除。

　　[4]【今注】案，爲布殺，蔡琪本、殿本同，大德本作“爲布
所殺”。

　　[5]【今注】吳：吳地。今江蘇、上海大部和安徽、浙江部分
地。　會稽：郡名。治吳縣（今江蘇蘇州市）。

　　[6]【顔注】師古曰：悍，勇也。填，音竹刃反。

　　[7]【顔注】師古曰：少，幼也。

　　[8]【顔注】師古曰：行至沛而封拜濞也。

　　[9]【顔注】師古曰：若，汝也。此下亦同。

　　[10]【顔注】師古曰：獨悔者，心自懷悔，不以語人也。既
以封拜爲事，臣下皆知之，故不改。

　　[11]【顔注】師古曰：拊，摩循之也。一曰拊，輕擊之，音
芳羽反。

[12]【今注】案，關於東南與西北地區間的對立，以及東南地區政治格局的演生，可參見冷鵬飛《釋"東南有天子氣"——秦漢區域社會文化研究》（載《北大史學》第 4 輯，北京大學出版社 1997 年版，第 16—32 頁）、張燦輝《"東南有天子氣"之演生與江南區域政治格局的形成》（《株洲工學院學報》2006 年第 1 期）、張夢晗《"東南有天子氣"與秦始皇東游》（《江蘇師範大學學報》2015 年第 5 期）。

會孝惠、高后時天下初定，郡國諸侯各務自拊循其民。吳有豫章郡銅山，[1]即招致天下亡命者盜鑄錢，東煑海水爲鹽，以故無賦，國用饒足。[2]

[1]【顏注】章昭曰：此有豫字，誤也。但當言章郡，今故章也。【今注】豫章郡：此"豫章"當作"鄣"，即鄣郡，治故鄣（今浙江安吉縣西北）。

[2]【顏注】如淳曰：鑄錢煑海，收其利以足國用，故無賦於民也。【今注】案，陳直《漢書新證》認爲，吳王劉濞鑄錢，其錢文應與漢廷相適應。吳王在位四十餘年，當高祖之末，可能鑄莢錢；呂后時，可能鑄八銖及五分錢；文帝時，可能鑄四銖錢。

孝文時，吳太子入見，[1]得侍皇太子飲博。[2]吳太子師傅皆楚人，[3]輕悍，又素驕。博爭道，[4]不恭，皇太子引博局提吳太子，殺之。[5]於是遣其喪歸葬吳。[6]吳王慍[7]曰："天下一宗，[8]死長安即葬長安，何必來葬!"復遣喪之長安葬。吳王由是怨望，稍失藩臣禮，稱疾不朝。京師知其以子故，驗問實不病，諸吳使來，輒繫責治之。吳王恐，所謀滋甚。[9]及後使人爲秋請，[10]上復責問吳使者。使者曰："察見淵中魚，不祥。[11]今吳王始詐疾，及覺，見責急，愈益閉，恐上誅之，計乃無聊。唯上與更始。"[12]於是天子皆赦吳使者歸之，而賜吳王几杖，[13]老，不朝。[14]吳得釋，其謀亦益解。然其居國以銅鹽故，百姓無賦。卒踐更，輒予平賈。[15]歲時存問茂材，賞賜閭里。[16]它郡國吏欲來捕亡人者，頌共禁不與。[17]如此者三十餘年，[18]以故能使其衆。

[1]【今注】吳太子：《史記》卷一〇六《吳王濞列傳》《索隱》引姚氏案《楚漢春秋》云："吳太子名賢，字德明。"

[2]【今注】皇太子：劉啓，後爲景帝。　博：又稱"六博"。古代一種游戲。用六箸十二棋，博局分十二道。兩人對博，博時先擲采，後行棋，棋到終點一次得兩籌，以得籌多者爲胜。

[3]【今注】楚人：即吳人。錢大昕《三史拾遺》卷一謂戰國時吳、越皆被楚國兼併，故楚人、吳人，名異而實同。

[4]【今注】博爭道：博盤上縱橫之綫曰"道"，博時搶先或強占之，即"爭道"。

[5]【顏注】師古曰：提，擲也，音徒計反。

[6]【今注】案，楊樹達《漢書窺管》言觀此知漢時習俗，旅喪歸葬。

[7]【顏注】師古曰：慍，怒也，音於問反。

[8]【顏注】師古曰：猶言同姓共爲一家。

[9]【顏注】師古曰：滋，益也。

[10]【顏注】孟康曰：律，春曰朝，秋曰請，如古諸侯朝聘也。如淳曰：濞不自行也，使人代己致請禮。師古曰：二説皆是也。請，音材姓反。

[11]【顏注】服虔曰：言天子察見下之私（言天子，大德本同，蔡琪本、殿本作“天子”），則不祥也。【今注】案，《列子‧説符》：“周諺有言：‘察見淵魚者不祥，智料隱匿者有殃。’”《韓非子‧説林上》：“古者有諺曰：‘知淵中之魚者不祥。’”

[12]【顏注】師古曰：言赦其已往之事。

[13]【今注】几杖：几案和拐杖。供老者使用。賜几杖有敬老之意。相關研究可參閱王曉軒《近十年來漢代王杖制研究綜述》（《洛陽師範學院學報》2011 年第 1 期）。

[14]【今注】案，本書卷四五《伍被傳》云：“吳王賜號爲劉氏祭酒，受几杖而不朝。”

[15]【顏注】服虔曰：以當更卒，出錢三百，謂之過更。自行爲卒，謂之踐更。吳王欲得民心，爲卒者顧其庸，隨時月與平賈也。晉灼曰：謂借人自代爲卒者，官爲出錢，顧其時庸平賈也。師古曰：晉説是也。賈，讀曰“價”，謂庸直也。【今注】踐更：漢代一種徭役和代役錢的名稱。漢制，男年二十三至五十六，每人一生中除服兩年兵役外，每年還要在本郡縣爲官府輪流更替服役一個月，叫作“更卒”或“卒更”；不服役者，出錢二千雇人代役，叫作“踐更”。實際上，不論自行服役或雇人代役，都可以稱之爲踐更。踐更即履行更役之意。

[16]【顏注】師古曰：茂，美也。茂材者，有美材之人也。

[17]【顏注】如淳曰：頌猶公也。師古曰：“頌”讀曰“容”。【今注】頌：通“容”。收容、庇護。

[18]【今注】案，《史記》卷一〇六《吳王濞列傳》作“四十餘年”。

　　朝錯爲太子家令，[1]得幸皇太子，數從容言吳過可削。[2]數上書説之，文帝寬，不忍罰，以此吳王日益橫。[3]及景帝即位，錯爲御史大夫，[4]説上曰：“昔高帝初定天下，昆弟少，諸子弱，大封同姓，故孽子悼惠王王齊七十二城，[5]庶弟元王王楚四十城，[6]兄子王吳五十餘城。封三庶孽，分天下半。今吳王前有太子之隙，[7]詐稱病不朝，於古法當誅。文帝不忍，因賜几杖，德至厚也。不改過自新，迺益驕恣，公即山鑄錢，煮海爲鹽，[8]誘天下亡人謀作亂逆。今削之亦反，不削亦反。削之，其反亟，禍小；不削之，其反遲，禍大。"[9]三年冬，[10]楚王來朝，錯因言楚王戊往年爲薄太后服，[11]私姦服舍，[12]請誅之。詔赦，削東海郡。[13]及前二年，趙王有罪，削其常山郡。[14]膠西王卬以賣爵事有姦，[15]削其六縣。

[1]【今注】朝錯：鼂錯。傳見本書卷四九。案，朝，蔡琪本、大德本同，殿本作"鼂"。

[2]【顏注】師古曰：從，音千容反（千，蔡琪本、大德本同，殿本作"子"）。

[3]【顏注】師古曰：横，音胡孟反。

[4]【今注】御史大夫：職官名。秦始置，西漢沿置，與丞相、太尉並稱"三公"。佐丞相理國政，兼司監察。秩中二千石。

[5]【顏注】師古曰：孽亦庶也。【今注】悼惠王：齊悼惠王劉肥。案，錢大昕《廿二史考異‧漢書三》謂《高紀》"封齊王七十三縣"，此云"七十二"，或彼文誤也。王先謙《漢書補注》指出《史記‧吳王濞列傳》作"七十餘城"，《齊王世家》作"七十城"，蓋舉大數。

[6]【今注】元王：楚元王劉交。傳見本書卷三六。　四十城：錢大昕《廿二史考異‧漢書三》謂《楚元王傳》及《高紀》皆作"王三十六縣"，此云"四十城"，恐誤。

[7]【今注】太子之隙：吳太子與皇太子爭博事件。

[8]【顔注】師古曰：公謂顯然爲之也。即，就也。

[9]【顔注】師古曰：亟，急也，音居力反。

[10]【今注】三年：漢景帝前元三年（前 154）。

[11]【今注】楚王戊：楚王劉交孫劉戊。 薄太后：漢文帝劉恒生母。

[12]【顔注】服虔曰：服在喪次，而私姦宮中也。師古曰：言於服舍爲姦，非宮中也。服舍，居喪之次，堊室之屬也（堊，蔡琪本、大德本同，殿本作“望”）。

[13]【今注】案，本書卷三六《楚元王傳》作“東海薛郡”，此脱“薛”字。王先謙《漢書補注》謂《史記》此下有“削吳之豫章郡、會稽郡”句。

[14]【今注】常山郡：治元氏（今河北元氏縣西北）。案，王先謙《漢書補注》謂《史記》作“河間郡”。

[15]【今注】膠西王卬：齊悼惠王子劉卬。

　　漢廷臣方議削吳，吳王恐削地無已，因欲發謀舉事。念諸侯無足與計者，聞膠西王勇，好兵，諸侯皆畏憚之，[1]於是迺使中大夫應高口説膠西王曰：[2]“吳王不肖，有夙夜之憂，[3]不敢自外，使使臣諭其愚心。”王曰：“何以教之？”高曰：“今者主上任用邪臣，聽信讒賊，變更律令，[4]侵削諸侯，徵求滋多，誅罰良重，[5]日以益甚。語有之曰：‘猰穀及米。’[6]吳與膠西，知名諸侯也，一時見察，不得安肆矣。[7]吳王身有內疾，不能朝請二十餘年，[8]常患見疑，無以自白，[9]脅肩絫足，猶懼不見釋。[10]竊聞大王以爵事有過，所聞諸侯削地，罪不至此，[11]此恐不止地而已。”[12]王曰：“有之，子將奈何？”高曰：“同惡相助，同好相留，同情相求，同欲相趨，同利相死。今吳王自以與大王同憂，願因時循理，棄軀以除患於天下，[13]意亦可乎？”膠西王瞿然駭曰：[14]“寡人何敢如是？主上雖急，固有死耳，安得不事？”[15]高曰：“御史大夫朝錯營或天子，侵奪諸侯，[16]蔽忠塞賢，朝廷疾怨，諸侯皆有背叛之意，人事極矣。彗星出，蝗蟲起，此萬世一時，而愁勞，聖人所以起也。吳王內以朝錯爲誅，外從大王後車，方洋天下，[17]所向者降，所指者下，莫敢不服。大王誠幸而許之一言，則吳王率楚王略函谷關，[18]守滎陽敖倉之粟，[19]距漢兵，治次舍，須大王。[20]大王幸而臨之，則天下可并，兩主分割，不亦可乎？”王曰：“善。”歸報吳王，猶恐其不果，迺身自爲使者，[21]至膠西面約之。

[1]【今注】案，王先謙《漢書補注》謂“諸侯”，《史記》作“諸齊”，謂膠東、濟北之屬。

[2]【今注】中大夫：此爲王國職官名。掌議論。案，王先謙《漢書補注》謂口説者，《史記》言“無文書”。

[3]【顏注】師古曰：凡言不肖者，謂其鄙陋無所象似也。解在《刑法志》（蔡琪本、大德本同，殿本“謂”後無“其”字）。

[4]【顏注】師古曰：更，改也。【今注】案，本書卷四九《鼂錯傳》云：“錯又言削宜削諸侯事，及法令可更定者，書凡三十篇。”

[5]【顏注】師古曰：滋亦益也。良，實也，信也。【今注】案，王先謙《漢書補注》謂《史記》“重”作“善”，義異。

［6］【顏注】師古曰：猞，古舐字。舐用舌食也，蓋以犬爲喻也。言初舐糠遂至食米也（穈，蔡琪本、大德本、殿本作"糠"）。舐，音食爾反。　【今注】案，穈，蔡琪本、大德本同，殿本作"糠"。

［7］【顏注】師古曰：肆，縱也。

［8］【顏注】師古曰：内疾，謂在身中，不顯於外。請，音材姓反。

［9］【顏注】師古曰：白，明也。

［10］【顏注】師古曰：脅，翕也，謂斂之也。絫，古累字也。絫足，重足也。並謂懼耳。釋，解也，放也。

［11］【顏注】師古曰：言其本罪皆不合削地也。

［12］【今注】案，蔡琪本、大德本、殿本"地"前有"削"字。

［13］【顏注】師古曰：循，順也。

［14］【顏注】師古曰：瞿然，無守之兒（兒，大德本同，蔡琪本、殿本作"貌"），音居具反。

［15］【顏注】師古曰：安，焉也。

［16］【顏注】師古曰：營謂回繞之也。【今注】營或：錢大昕《廿二史考異·漢書三》謂"營"與"熒"通。非回繞之義。沈欽韓《漢書疏證》據《史記》卷四七《孔子世家》"匹夫而營惑諸侯者罪當誅"，也稱"營或"即"熒惑"。案，殿本"朝"作"暈"。下同不注。

［17］【顏注】師古曰：方洋猶翺翔也。方，音"房"，又音"旁"。洋，音"羊"。【今注】案，王先謙《漢書補注》謂《史記》"方洋"作"彷徉"，同。

［18］【今注】函谷關：關名。在今河南靈寶市境。戰國秦置。漢武帝元鼎三年（前114）徙關至今河南新安東，是爲新關，西去故關三百里。三國魏正始元年（240）廢。

[19]【今注】敖倉：秦漢重要糧倉，兵家必争之地。在今河南滎陽市東北敖山。秦和兩漢在此設倉，積聚關東漕糧，經黃河轉輸關中和西北邊塞。

[20]【顏注】師古曰：次舍，息止之處也。須，待也。

[21]【顏注】師古曰：潛行而去也。

　　膠西群臣或聞王謀，諫曰："諸侯地不能爲漢十二，[1]爲叛逆以憂太后，非計也。[2]今承一帝，[3]尚云不易，假令事成，兩主分争，患迺益生。"王不聽，遂發使約齊、菑川、膠東、濟南，[4]皆許諾。

[1]【顏注】師古曰：不當漢十分之二。

[2]【顏注】文穎曰：王之太后也。

[3]【今注】承：侍奉。

[4]【今注】案，王先謙《漢書補注》謂《史記》"濟南"下有"濟北"二字。

　　諸侯既新削罰，震恐，多怨錯。乃削吴會稽、豫章郡書至，則吴王先起兵，誅漢吏二千石以下。膠西、膠東、菑川、濟南、楚、趙亦皆反，發兵西。齊王後悔，[1]背約城守。濟北王城壞未完，其郎中令劫守王，[2]不得發兵。膠西王、膠東王爲渠率，[3]與菑川、濟南共攻圍臨菑。[4]趙王遂亦陰使匈奴與連兵。

[1]【今注】案，王先謙《漢書補注》謂《史記》有"飲藥自殺"四字。又指出此時齊但城守，聞欒布破三國兵後欲移兵伐之，乃懼而自殺。此《史》駁文，班删正之。

[2]【今注】郎中令：此爲王國職官名。掌宮殿警衛。

[3]【顔注】師古曰：渠，大也。

[4]【今注】臨淄：縣名。治所在今山東淄博市東北臨淄區。

　　七國之發也，吳王悉其士卒，[1]下令國中曰："寡人年六十二，身自將。少子年十四，亦爲士卒先。諸年上與寡人同，下與少子等，皆發。"二十餘萬人。南使閩、東越，[2]閩、東越亦發兵從。[3]

[1]【顔注】師古曰：悉，盡也，盡發使行。

[2]【今注】閩東越：閩指閩越。閩越、東越都是古代越族的支系。分布在今浙江南部、福建北部一帶。

[3]【今注】案，王先謙《漢書補注》據《史記》卷一一四《東越列傳》"南使閩越、東越，東越亦發兵從"和下文吳王"保東越"，認爲閩越並未發兵。"閩"字誤衍。

　　孝景前三年正月甲子，[1]初起兵於廣陵。[2]西涉淮，因并楚兵。發使遺諸侯書曰："吳王劉濞敬問膠西王、膠東王、淄川王、濟南王、趙王、楚王、淮南王、衡山王、盧江王、故長沙王子：[3]幸教！[4]以漢有賊臣錯，無功天下，侵奪諸侯之地，使吏劾繫訊治，以侵辱之爲故，[5]不以諸侯人君禮遇劉氏骨肉，[6]絶先帝功臣，進任姦人，誑亂天下，[7]欲危社稷。陛下多病志逸，不能省察。[8]欲舉兵誅之，謹聞教。敝國雖狹，地方三千里；[9]人民雖少，精兵可具五十萬。寡人素事南越三十餘年，其王諸君皆不辭分其兵以隨寡人，[10]又可得三十萬。寡人雖不肖，願以身從諸王。南越直長沙者，因王子定長沙以北，[11] 西走蜀、漢中。告越、[12] 楚王、淮南三王，與寡人西面；[13] 齊諸王與趙王定河間、河內，[14] 或入臨晉關，或與寡人會雒陽；[15] 燕王、趙王故與胡王有約，燕王北定代、雲中，[16] 轉胡衆入蕭關，[17] 走長安，[18] 匡正天下，以安高廟。[19] 願王勉之。楚元王子、淮南三王或不沐洗十餘年，怨入骨髓，[20] 欲壹有所出久矣，[21] 寡人未得諸王之意，未敢聽。今諸王苟能存亡繼絕，振弱伐暴，以安劉氏，社稷所願也。吳國雖貧，寡人節衣食用，[22] 積金錢，脩兵革，聚糧食，夜以繼日，三十餘年矣。凡皆爲此，[23] 願諸王勉之。能斬捕大將者，賜金五千斤，封萬户；列將，三千斤，封五千户；裨將，二千斤，封二千户；二千石，千斤，封千户：皆爲列侯。其以軍若城邑降者，卒萬人，邑萬户，如得大將；[24] 人户五千，如得列將；人户三千，如得裨將；人户千，如得二千石；其小吏皆以差次受爵金。它封賜皆倍軍法。[25] 其有故爵邑者，更益勿因。[26] 願諸王明以令士大夫，不敢欺也。寡人金錢在天下者往往而有，非必取於吳，[27] 諸王日夜用之不能盡。有當賜者告寡人，寡人且往遺之。敬以聞。"

[1]【今注】案，《史記》卷一一《孝景本紀》載吳王劉濞於漢景帝前元三年（前 154）正月乙巳起兵。

[2]【今注】廣陵：縣名。治所在今江蘇揚州市西北。

[3]【顔注】如淳曰：吳芮後四世無嗣，國除，庶子二人爲列侯，不得嗣王，志將不滿，故誘與之反也。【今注】淮南王衡山

王廬江王：漢文帝分淮南王國爲三，以原淮南王劉長三子爲王，劉安爲淮南王，劉勃爲衡山王，劉賜爲廬江王。　故長沙王子：長沙王吳芮的兩個四世孫。長沙靖王著以文帝後七年（前157）薨，無嗣，國除，此二人因庶子身份不得封王，祇爲列侯，心懷不滿，故吳王劉濞誘之使反。

[4]【今注】案，《史記》卷一〇六《吳王濞列傳》"幸教"下有"寡人"二字。

[5]【顏注】孟康曰：故，事也。師古曰：言專以侵辱諸侯爲事業。

[6]【顏注】師古曰：人君者，言諸王各自君其國。

[7]【今注】案，《史記·吳王濞列傳》"詿"作"詿"。

[8]【顏注】師古曰：逸，放也。【今注】案，王先謙《漢書補注》謂《史記》作"志失"。"失"即"佚"之省字，與"逸"義同。

[9]【顏注】師古曰：狹，音胡夾反。

[10]【顏注】師古曰：諸君謂其酋豪。

[11]【顏注】如淳曰：南越直長沙者，因王子定之。師古曰：直，當也。言越地之北，當長沙者也。

[12]【顏注】如淳曰：告東越，使越定之也。師古曰：此説非也。言王子定長沙已北，而西趣蜀及漢中，平定以詿，使報南越也。"走"音"奏"。

[13]【顏注】師古曰：淮南三王，謂属王三子爲王者，淮南、衡山、濟北也。【今注】案，楊樹達《漢書窺管》指出，吳楚反時濟北王尚爲廬江王，吳楚破後漢始徙廬江王於濟北。

[14]【今注】河間：郡、國名。治樂成（今河北獻縣東南）。河內：郡名。治懷縣（今河南武陟縣西南）。

[15]【顏注】師古曰：臨晉關即今之蒲津關。【今注】臨晉關：關名。在今陝西大荔縣東，黃河西岸。

[16]【今注】代：代王國。都晉陽（今山西太原市西南）。雲中：郡名。治雲中（今内蒙古托克托縣古城村）。

[17]【今注】蕭關：關名。在今寧夏固原縣東南。

[18]【顏注】師古曰："走"音"奏"（殿本無此注）。

[19]【今注】高廟：宗廟名。祭祀漢高祖劉邦。

[20]【顏注】師古曰：言心有所懷，志不在洗沐也。

[21]【顏注】師古曰：謂發兵。

[22]【今注】案，王先謙《漢書補注》謂《史記》"用"上有"之"字。

[23]【顏注】師古曰：爲此謂欲反也。爲，音于僞反。

[24]【顏注】師古曰：以卒萬人或邑萬户來降附者，其封賞則與大將同。下皆類此。

[25]【顏注】服虔曰：封賜倍漢之常法。

[26]【顏注】師古曰：於舊爵之外，特更與之。

[27]【顏注】師古曰：言處處郡國皆有之。【今注】案，本書《食貨志》云："吴、鄧錢布天下。"

　　七國反書聞，天子迺遣太尉條侯周亞夫將三十六將軍徃擊吴楚;[1]遣曲周侯酈寄擊趙,[2]將軍欒布擊齊,[3]大將軍竇嬰屯滎陽監齊趙兵。[4]

[1]【今注】周亞夫：傳見本書卷四〇。　三十六將軍：楊樹達《漢書窺管》謂其中可考見者除下文酈寄、欒布外，尚有衞綰、直不疑、江都易王非，各見本傳。又有謁者僕射鄧公，見《鼂錯傳》。又潁陰侯灌何，見《灌夫傳》。靳昭見《高惠功臣表》，公孫昆邪見《公孫賀傳》，似皆在此三十六人之中。

[2]【今注】酈寄：曲周侯酈商之子。

[3]【今注】欒布：傳見本書卷三七。　擊齊：錢大昕《三史

拾遺》卷三稱七國起兵，齊固未嘗反也。然濟南、甾川、膠東、膠西皆故齊地，史言“擊齊”，擊齊地之反者耳。

[4]【今注】竇嬰：傳見本書卷五二。

初，吳楚反書聞，兵未發，竇嬰言故吳相爰盎。[1]召入見，上問以吳楚之計，盎對曰：“吳楚相遺書，曰‘賊臣朝錯擅適諸侯，[2]削奪之地’，以故反，名爲西共誅錯，復故地而罷。[3]方今計獨斬錯，發使赦七國，復其故地，則兵可毋血刃而俱罷。”[4]上從其議，遂斬錯。語具在《盎傳》。以盎爲泰常，[5]奉宗廟，使吳王，[6]吳王弟子德爲宗正，[7]輔親戚。使至吳，[8]吳楚兵已攻梁壁矣。宗正以親故，先入見，諭吳王拜受詔。吳王聞盎來，亦知其欲説，笑而應曰：“我已爲東帝，尚誰拜？”不肯見盎而留軍中，欲劫使將。盎不肯，使人圍守，且殺之。盎得夜亡走梁，[9]遂歸報。

[1]【今注】爰盎：傳見本書卷四九。

[2]【顏注】師古曰：“適”讀曰“謫”。【今注】案，朝，蔡琪本、大德本同，殿本作“鼂”，下同不注。

[3]【顏注】師古曰：復，音扶目反。次下亦同（次，蔡琪本、大德本同，殿本作“以”）。

[4]【顏注】師古曰：血刃，謂殺傷人而刃著血也。

[5]【今注】泰常：楊樹達《漢書窺管》謂“泰”字當正作“奉”。奉常，秦始置，漢景帝中六年（前144）改稱太常。掌禮儀祭祀，兼管文化教育。九卿之一，秩中二千石。

[6]【顏注】師古曰：奉宗廟之指意也。

[7]【顏注】師古曰：德哀侯廣之子也，名通。【今注】宗

正：職官名。漢承秦置。管理皇族和外戚事務。九卿之一，秩中二千石。案，德，蔡琪本、大德本、殿本作“德侯”。

　　[8]【顏注】師古曰：以親戚之意諭説也。

　　[9]【顏注】服虔曰：梁王與吴戰，盎得奔梁。

　　條侯將乘六乘傳，[1]會兵滎陽。[2]至雒陽，見劇孟，[3]喜曰：“七國反，吾乘傳至此，不自意全。[4]又以爲諸侯已得劇孟。孟今無動，吾據滎陽，[5]滎陽以東無足憂者。”至雒陽，[6]問故父絳侯客鄧都尉曰：[7]“策安出？”客曰：“吴楚兵鋭甚，[8]難與爭鋒。楚兵輕，不能久。方今爲將軍計，莫若引兵東北壁昌邑，[9]以梁委吴，吴必盡鋭攻之。將軍深溝高壘，使輕兵絶淮泗口，[10]塞吴饟道。[11]使吴、梁相敝而糧食竭，乃以全制其極，[12]破吴必矣。”條侯曰：“善。”從其策，遂堅壁昌邑南，輕兵絶吴饟道。

　　[1]【今注】六乘傳：六匹馬拉的傳車。周壽昌《漢書注校補》指出，漢制，非有急務不能乘馳傳，惟昌邑王入嗣大位乘七乘傳外，此乘六乘傳者，惟文帝由代入即帝位及條侯此役耳。

　　[2]【顏注】師古曰：會兵謂集大兵。傳，音張戀反。

　　[3]【今注】劇孟：傳見本書卷九二。

　　[4]【顏注】師古曰：意不自言得安全至雒陽也。

　　[5]【顏注】師古曰：言劇孟既不動摇，吾又得據滎陽也。

　　[6]【今注】案，雒，蔡琪本、殿本同，大德本作“淮”。

　　[7]【今注】絳侯：周勃。傳見本書卷四〇。　案，鄧都尉，蔡琪本、大德本同，殿本作“鄧尉”。

　　[8]【今注】案，王先謙《漢書補注》引王先慎謂“楚”字衍

文。此言吳兵，下言楚兵，不得以吳統楚也。《史記》無“楚”字，即其證。

[9]【今注】昌邑：縣名。治所在今山東金鄉縣西北。

[10]【今注】淮泗口：泗水入淮河處。在今江蘇淮安市袁集。

[11]【顏注】師古曰：餉，古餉字。

[12]【今注】案，王先謙《漢書補注》謂《史記》作“以全彊制其罷極”，語較晰。

吳王之初發也，吳臣田禄伯爲大將軍。田禄伯曰：“兵屯聚而西，無它奇道，[1]難以立功。臣願得五萬人，別循江淮而上，收淮南、長沙，入武關，[2]與大王會，此亦一奇也。”吳王太子諫曰：“王以反爲名，此兵難以藉人，[3]人亦且反王，奈何？且擅兵而別，多它利害，[4]徒自損耳。”吳王即不許田禄伯。

[1]【今注】案，它，蔡琪本、大德本同，殿本作“他”。

[2]【今注】武關：關名。在今陝西商南縣西南丹江北岸。

[3]【顏注】師古曰：藉，假也。

[4]【顏注】蘇林曰：禄伯儻將兵降漢，自爲己利，於吳爲生患害。師古曰：蘇説非也。上言“難以藉人，人亦且反王”，是則已疑禄伯矣。下乃云“多他利害”（他，蔡琪本、大德本同，殿本作“它”），謂分兵而去，前事不測，或有利害，難可決機耳，非重云畏其降漢者。【今注】案，他，殿本作“它”。

吳少將桓將軍説王曰：“吳多步兵，步兵利險；漢多車騎，車騎利平地。願大王所過城不下，直去，疾西據雒陽武庫，食敖倉粟，阻山河之險以令諸侯，雖無入關，天下固已定矣。大王徐行，留下城邑，漢軍車騎至，馳入梁楚之郊，事敗矣。"吳王問吳老將，老將曰："此年少推鋒可耳，安知大慮！"於是王不用桓將軍計。

王專并將其兵，未度淮，諸賓客皆得爲將、校尉、行間候、司馬，[1]獨周丘不用。周丘者，下邳人，[2]亡命吳，酤酒無行，王薄之，不任。周丘乃上謁，說王曰："臣以無能，不得待罪行間。臣非敢求有所將也，願請王一漢節，必有以報。"王迺予之。周丘得節，夜馳入下邳。下邳時聞吳反，皆城守。至傳舍，[3]召令入戶，使從者以罪斬令。遂召昆弟所善豪吏告曰："吳反兵且至，屠下邳不過食頃。今先下，家室必完，能者封侯至矣。"[4]出乃相告，下邳皆下。周丘一夜得三萬人，使人報吳王，遂將其兵北略城邑。比至城陽，兵十餘萬，[5]破城陽中尉軍。[6]聞吳王敗走，自度無與共成功，[7]即引兵歸下邳。未至，癰發背死。[8]

[1]【顏注】孟康曰：行伍間候也。師古曰：在行伍間，或爲候，或爲司馬也。

[2]【今注】下邳：縣名。治所在今江蘇邳州市南。

[3]【今注】傳舍：古時供來往行人休息住宿的館舍。

[4]【今注】案，王先謙《漢書補注》謂《史記》無"至"字。

[5]【顏注】師古曰：比，音必寐反。【今注】城陽：縣名。治所在今山東鄄城縣東南。

[6]【今注】中尉：此爲王國職官名。典武職，備盜賊。

[7]【顏注】師古曰：度，音大各反。

[8]【今注】癰：病名。一種毒瘡。案，癰，蔡琪本、大德本、殿本作"癱"。

　　二月，吳王兵既破，敗走，於是天子制詔將軍：[1] "蓋聞爲善者天報以福，爲非者天報以殃。高皇帝親垂功德，建立諸侯，幽王、悼惠王絶無後，孝文皇帝哀憐加惠，[2]王幽王子遂，悼惠王子卬等，令奉其先王宗廟，爲漢藩國，德配天地，明並日月。而吳王濞背德反義，誘受天下亡命罪人，亂天下幣，[3]稱疾不朝二十餘年。有司數請濞罪，孝文皇帝寬之，欲其改行爲善。今乃與楚王戊、趙王遂、膠西王卬、濟南王辟光、甾川王賢、膠東王雄渠約從謀反，[4]爲逆無道，起兵以危宗廟，賊殺大臣及漢使者，迫劫萬民，伐殺無罪，[5]燒殘民家，掘其丘壟，[6]甚爲虐暴。而卬等又重逆無道，[7]燒宗廟，鹵御物，[8]朕甚痛之。朕素服避正殿，將軍其勸士大夫擊反虜。擊反虜者，深入多殺爲功，斬首捕虜比三百石以上皆殺，無有所置。[9]敢有議詔及不如詔者，皆要斬。"

[1]【今注】制詔：皇帝的命令。蔡邕《獨斷》卷上："漢天子正號曰皇帝，自稱曰朕，臣下稱之曰陛下，其言曰制詔。"

[2]【顏注】師古曰：憐其國絶，故加恩惠而更封。

[3]【顏注】如淳曰：幣，錢也。以私錢殽亂天下錢。

[4]【顏注】師古曰：從，音子容反。

[5]【今注】案，王先謙《漢書補注》謂《史記》"伐"作

"夭"。

[6]【今注】丘壟：墳墓。

[7]【顏注】師古曰：重，音直用反。

[8]【顏注】如淳曰：鹵，抄掠也。師古曰：御物，供宗廟之服器也。

[9]【顏注】師古曰：置，放釋也。

初，吳王之度淮，與楚王遂西敗棘壁，[1]乘勝而前，銳甚。梁孝王恐，[2]遣將軍擊之，又敗梁兩軍，[3]士卒皆還走。梁數使使條侯求救，條侯不許。又使使惡條侯於上，上使告條侯救梁，又守便宜不行。梁使韓安國及楚死事相弟張羽爲將軍，[4]乃得頗敗吳兵。吳兵欲西，梁城守，[5]不敢西，即走條侯軍，[6]會下邑。欲戰，[7]條侯壁，不肯戰。吳糧絕，卒飢，數挑戰，遂夜奔條侯壁，驚東南。條侯使備西北，果從西北。不得入，吳大敗，士卒多飢死叛散。於是吳王迺與其戲下壯士千人夜亡去，[8]度淮走丹徒，[9]保東越。東越兵可萬餘人，使人收聚亡卒。漢使人以利啗東越，[10]東越即紿吳王，[11]吳王出勞軍，使人鏦殺吳王，[12]盛其頭，馳傳以聞。[13]吳王太子駒亡走閩越。[14]吳王之棄軍亡也，軍遂潰，往往稍降太尉條侯及梁軍。楚王戊軍敗，自殺。

[1]【今注】棘壁：邑名。治所在今河南柘城縣西北。

[2]【今注】梁孝王：傳見本書卷四七。

[3]【今注】案，《史記》卷一〇六《吳王濞列傳》云"遣六

將軍"，"兩軍"作"兩將"。

[4]【顏注】李奇曰：相，即張尚也。【今注】韓安國：傳見本書卷五二。

[5]【今注】案，王先謙《漢書補注》謂《史記》"守"下有"堅"字。

[6]【顏注】師古曰："走"音"奏"。

[7]【顏注】師古曰：下邑，梁之縣。【今注】下邑：縣名。治所在今安徽碭山縣。

[8]【顏注】師古曰：戲，讀曰"麾"，又音許宜反。【今注】案，王先謙《漢書補注》指出《史記》作"數千人"；《通鑑》同。此脫"數"字。

[9]【今注】度淮：王念孫《讀書雜志·漢書第八》謂"淮"當爲"江"。丹徒即在江南，故曰"度江走丹徒"。若度淮，則去丹徒尚遠。　丹徒：縣名。治所在今江蘇鎮江市丹徒區。

[10]【顏注】師古曰：啗，音徒濫反。解在《高紀》。

[11]【顏注】師古曰：紿，誑也。

[12]【顏注】孟康曰：方言戟謂之鏦。蘇林曰：鏦，音從容之從。師古曰：鏦謂以矛戟撞之，音楚江反。

[13]【顏注】師古曰：傳，音張戀反。

[14]【今注】案，王先謙《漢書補注》謂《史記》作"吳王子子華、子駒"，此止駒一人。

　　三王之圍齊臨菑也，三月不能下。漢兵至，膠西、膠東、菑川王各引兵歸國。膠西王徒跣，席藁，飲水，謝太后。[1]王太子德曰："漢兵還，臣觀之已罷，[2]可襲，願收王餘兵擊之，不勝而逃入海，未晚也。"王曰："吾士卒皆已壞，不可用之。"不聽。漢將弓高侯穨當遺王書[3]曰："奉詔誅不義，降者赦，除其罪，復

故；不降者滅之。王何處？須以從事。"[4]王肉袒叩頭
漢軍壁，[5]謁曰："臣卬奉法不謹，驚駭百姓，迺苦將
軍遠道至于窮國，敢請菹醢之罪。"[6]弓高侯執金鼓見
之，[7]曰："王苦軍事，願聞王發兵狀。"王頓首都行對
曰：[8]"今者，朝錯天子用事臣，變更高皇帝法令，
侵奪諸侯地。卬等以爲不義，恐其敗亂天下，七國發
兵，且誅錯。今聞錯已誅，卬等謹已罷兵歸。"將軍
曰："王苟以錯爲不善，何不以聞？及未有詔虎符，擅
發兵擊義國。[9]以此觀之，意非徒欲誅錯也。"乃出詔
書爲王讀之，曰："王其自圖。"[10]王曰："如卬等死有
餘罪。"遂自殺。太后、太子皆死。膠東、甾川、濟南
王皆伏誅。酈將軍攻趙，十月而下之，[11]趙王自殺。
濟北王以劫故，[12]不誅。[13]

[1]【今注】太后：膠西王劉卬之母。

[2]【顏注】師古曰："罷"讀曰"疲"。【今注】案，王念孫
《讀書雜志・漢書第八》指出，此時漢兵尚未還，"還"，當依《史
記》作"遠"。行遠則兵罷，故曰"已罷，可襲"。　已，大德本
同，蔡琪本、殿本作"以"。

[3]【顏注】師古曰：韓頹當。【今注】案，頹，殿本同，蔡
琪本、大德本作"穨"。

[4]【顏注】師古曰：言王欲以何理自安處，吾待以行事也。
處，音昌汝反。

[5]【今注】案，祖，大德本、蔡琪本、殿本作"袒"。

[6]【今注】菹醢：將人剁成肉醬的酷刑。

[7]【今注】執金鼓：金鼓係古代軍中所用兩種樂器名。金，
金鉦，用以止衆；鼓，用以進衆。執金鼓可以號令三軍，以示

討罪。

[8]【今注】案，郄，蔡琪本、大德本同，殿本作"膝"。

[9]【今注】義國：王先謙《漢書補注》說，謂齊國。言守義不從反也。

[10]【顏注】師古曰：圖，謀也。【今注】案，蔡琪本、大德本、殿本"圖"後有"之"字。

[11]【今注】案，本書卷三八《高五王傳》云："漢使曲周侯酈寄擊之，趙王城守邯鄲，相距七月。"又卷四一《酈商傳》云："上以寄爲將軍，圍趙城，七月不能下。"可證"十月"當作"七月"。

[12]【今注】以劫故：指濟北王劉志被其郎中令攔阻而未發兵之事。

[13]【今注】案，王先謙《漢書補注》謂《史記》云"徙王菑川"。詳見《高五王傳》。

初，吳王首反，并將楚兵，連齊、趙。正月起，三月皆破滅。

贊曰：荆王王也，由漢初定，天下未集，[1]故雖疏屬，[2]以策爲王，鎮江淮之間。劉澤發於田生，權激呂氏，[3]然卒南面稱孤者三世。事發相重，豈不危哉！[4]吳王擅山海之利，能薄斂以使其衆，逆亂之萌，自其子興。[5]古者諸侯不過百里，山海不以封，蓋防此矣。朝錯爲國遠慮，禍反及身。"毋爲權首，將受其咎"，豈謂錯哉！[6]

[1]【顏注】師古曰：集，和也。

[2]【今注】疏屬：血緣疏遠的同姓宗族成員。

[3]【顏注】晉灼曰：田生欲王劉澤，先使張卿説封呂産，恐其大臣觖望，澤卒得王，故云以權激呂氏也。

[4]【顏注】晉灼曰：劉澤以金與田生，以事張卿，言之呂后，而劉澤得王，故曰事發相重也。師古曰：重猶累也。言澤得王，本由田生行説，若其事發覺（發覺，大德本、殿本同，蔡琪本作“覺發”），則相隨入罪，事相累誤。累，音力瑞反。

[5]【顏注】師古曰：萌謂始生也。

[6]【顏注】師古曰：此《逸周書》之言，贊引之者，謂錯適當此言耳。【今注】權首：變動的開端。

漢書　卷三六

楚元王傳第六

楚元王交，字游，[1]高祖同父少弟也。[2]好書，多材藝。[3]少時嘗與魯穆生、白生、申公俱受詩於浮丘伯。[4]伯者，孫卿門人也。[5]及秦焚書，各別去。高祖兄弟四人，長兄伯，次仲，伯蚤卒。[6]高祖既爲沛公，景駒自立爲楚王。[7]高祖使仲與審食其留侍太上皇，[8]交與蕭、曹等俱從高祖見景駒，[9]遇項梁共立楚懷王。[10]因西攻南陽，[11]入武關，[12]與秦戰於藍田。[13]至霸上，[14]封交爲文信君，從入蜀漢，[15]還定三秦，[16]誅項籍。即帝位，交與盧綰常侍上，[17]出入臥內，傳言語諸內事隱謀，[18]而上從父兄劉賈數別將。[19]漢六年，[20]既廢楚王信，[21]分其地爲二國，立賈爲荊王，交爲楚王，王薛郡、東海彭城三十六縣，[22]先有功也。後封次兄仲爲代王，長子肥爲齊王。[23]

[1]【今注】字游：楊樹達《漢書窺管》："漢諸王傳未有記字者，此獨記字。蓋向、歆父子皆嘗續撰《史記》，於其先世必有記述，疑班此傳即承用其文也。"

[2]【顏注】師古曰：言同父，知其異母。【今注】同父少

弟：本書卷三五《吳王濞傳》載鼂錯對景帝語稱高祖"庶弟元王王楚四十城"，亦可知是異母。王先謙《漢書補注》以爲《史記》作"同母少弟"，徐廣云："一作'父'。"證之本書，則"同母"爲誤文。

[3]【今注】蓺：同"藝"。

[4]【顔注】服虔曰：白生，魯國奄里人。浮丘伯，秦時儒生。【今注】申公：即申培。傳見本書卷八八。 浮丘伯：複姓浮丘，又作"包丘""鮑丘"等，名伯。荀子弟子，戰國秦漢之際儒生。沈欽韓《漢書疏證》引《鹽鐵論·毀學》："李斯與包丘子俱事荀卿，包丘子不免於甕牖蒿廬。"引陸賈《新語·資質》："鮑丘之德行，非不高於李斯、趙高也，然伏隱於蒿廬之下而不錄於世，利口之臣害之也。"以爲"包""浮"聲同，即一人。陳直《漢書新證》："《隋書·經籍志》子部，梁有《浮丘公相鶴書》，亦見《文選·舞鶴賦》注，託言於八公所傳。又按：《瘞鶴銘》云：'相此胎禽，浮丘著經。'蓋即指浮丘子著《相鶴經》而言，據此則漢魏時尚有此姓。"

[5]【顔注】師古曰：孫卿姓荀名况，爲楚蘭陵令，漢以避宣帝諱，改之曰孫。【今注】孫卿：即荀卿。顧炎武《日知録》卷二七認爲，漢代人不避諱音聲相近的字，"荀"寫作"孫"當是音轉通假。

[6]【顔注】師古曰：蚤，古"早"字也。

[7]【今注】景駒：秦人，楚國貴族後裔。陳勝敗亡後，被秦嘉立爲楚王。後項梁擊殺秦嘉，景駒逃死於梁地。 自立：本書卷一《高紀上》："東陽甯君、秦嘉立景駒爲楚王"；卷三一《陳勝傳》："秦嘉等聞勝軍敗，乃立景駒爲楚王"；卷三一《項籍傳》："秦嘉已立景駒爲楚王"，皆謂秦嘉立景駒。卷四〇《張良傳》："景駒自立爲楚假王"，則稱"自立"。

[8]【顔注】師古曰："食"音"異"。"其"音"基"。【今

注】審食其：沛縣（今江蘇沛縣）人。初爲劉邦舍人，曾與吕后一同被項羽俘獲，爲吕后寵信。漢高祖時封辟陽侯，高后時爲左丞相。漢文帝即位，罷相，後爲淮南王劉長所殺。

[9]【今注】蕭曹：即蕭何、曹參。傳見本書卷三九。

[10]【今注】項梁：下相縣（今江蘇宿遷市西南）人，戰國末楚將項燕子，項羽叔父。事見本書《項籍傳》。　楚懷王：戰國時楚懷王之孫，名熊心。項梁擁立其爲王，仍稱楚懷王。秦亡被項羽尊爲義帝，遷往長沙郴縣（今湖南郴州市），於途中被殺。

[11]【今注】南陽：郡名。治宛縣（今河南南陽市宛城區）。陽，殿本作“隣”。

[12]【今注】武關：關隘名。在今陝西商南縣西南。

[13]【今注】藍田：縣名。治所在今陝西藍田縣西。

[14]【今注】霸上：地名。又作“灞上”“霸頭”，在今陝西西安市東。

[15]【今注】蜀漢：指項羽封予劉邦的漢國，都南鄭（今陝西漢中市東）。

[16]【今注】三秦：秦亡後，項羽三分秦故地關中，封秦降將章邯爲雍王，領有今陝西中部咸陽市以西和甘肅東部之地；司馬欣爲塞王，領有今陝西咸陽市以東地區；董翳爲翟王，領有今陝西北部地區。合稱三秦。

[17]【今注】盧綰：傳見本書卷三四。

[18]【今注】傳言：分別發言。　語：多人相互答述。

[19]【今注】劉賈：沛縣人，劉邦堂兄。初從劉邦東擊項羽，劉邦稱帝，封爲荆王。後爲淮南王英布所殺。　別將：指不跟從劉邦而分別領兵。

[20]【今注】漢六年：公元前 201 年。

[21]【今注】楚王信：即韓信。傳見本書卷三四。

[22]【今注】薛郡東海彭城三十六縣：指薛、東海等郡，包括楚國治所彭城縣（今江蘇徐州市）在内的三十六個縣。案，東海

彭城，今本《史記》作"都彭城"，班固改書"薛郡東海"云云，蓋爲與下文劉戊時削去二郡相應。薛郡，治魯縣（今山東曲阜市東北）。東海，即東海郡，治郯縣（今山東郯城縣）。

[23]【今注】長子肥：即齊悼惠王劉肥，劉邦庶子。

初，高祖微時，常避事，[1]時時與賓客過其丘嫂食。[2]嫂厭叔與客來，陽爲羹盡，轑釜，[3]客以故去。已而視釜中有羹，縣是怨嫂。[4]及立齊、代王，而伯子獨不得侯。太上皇以爲言，高祖曰："某非敢忘封之也，[5]爲其母不長者。"七年十月，封其子信爲羹頡侯。[6]

[1]【今注】避事：楊樹達《漢書窺管》："此即《盧綰傳》所云高祖微時有吏事避宅者也。"

[2]【顏注】應劭曰：丘，姓也。孟康曰：西方謂亡女壻爲丘壻。丘，空也，兄亡空有嫂也。張晏曰：丘，大也，長嫂稱也。晉灼曰：禮謂大婦爲冡婦。師古曰：《史記》丘字作巨。丘、巨皆大也。張、晉二說，其義得之。【今注】丘嫂：本書卷四《文紀》載陳平、周勃等請代王即位議"臣謹請陰安侯"云云，顏注引蘇林曰："高帝兄伯妻，羹頡侯母，丘嫂也。"引晉灼曰："若蕭何夫人封爲酇侯也。"陳直《漢書新證》："杭州鄒氏藏有'丘齊子里之匋'陶器，又丘齊殘陶片五種，丘齊蓋大齊之稱，本文張晏注丘字訓大是也。又《八瓊室金石補正》卷四、六頁，文叔陽食堂畫像題字云'有丘子三人'，與丘嫂同義。"

[3]【顏注】服虔曰：音"勞"。轑，轢也。師古曰：以勺轢釜，令爲聲也。"轢"音"洛"，又音"歷"。【今注】陽：假裝。轑（láo）：刮。一說通"撈"。

[4]【顏注】師古曰：縣與由同。

[5]【今注】某：下對上的謙稱。錢大昭《漢書辨疑》以爲稱"某"是史家避諱，本或爲劉邦自稱。

[6]【顔注】師古曰："頡"音"戞"。言其母戞羹釜也。【今注】羹頡侯：《漢書考正》宋祁以爲當作"頡羹"。司馬貞《史記索隱》認爲"羹頡"僅爲封號，非邑名。張守節《史記正義》引《括地志》云："羹頡山在嬀州懷戎縣東南。"以爲漢高祖取其山名爲侯號者，表明其怨。王先謙《漢書補注》以爲《括地志》所謂唐懷戎縣，即清宣化府懷來縣治。又《大清一統志》："頡羹城在廬州府舒城縣西北三十里，信墓在縣西北三十五里，俗呼爲舒王冢"，兩説不同。以爲侯國一般以縣名，劉邦因山而名，又隱寓對其大嫂的怨恨，當以張守節説爲是。司馬貞謂是爵號，非縣名。但侯國無非縣者例，誤。宋氏以爲當作"頡羹"，荀悦《漢紀》竟改爲"刮羹"，則尤爲刻薄。高帝大度雅懷，或不應如此淺陋。

元王既至楚，以穆生、白生、申公爲中大夫。[1]高后時，浮丘伯在長安，元王遣子郢客與申公俱卒業。[2]文帝時，聞申公爲《詩》最精，以爲博士。[3]元王好《詩》，諸子皆讀《詩》，申公始爲《詩》傳，號《魯詩》。[4]元王亦次之《詩》傳，號曰《元王詩》，[5]世或有之。[6]高后時，以元王子郢客爲宗正，[7]封上邳侯。[8]元王立二十三年薨，太子辟非先卒，[9]文帝乃以宗正上邳侯郢客嗣，是爲夷王。申公爲博士，失官，隨郢客歸，復以爲中大夫。立四年薨，子戊嗣。文帝尊寵元王，子生，爵比皇子。[10]景帝即位，以親親封元王寵子五人，[11]子禮爲平陸侯，[12]富爲休侯，歲爲沈猶侯，[13]執爲宛朐侯，[14]調爲棘樂侯。

[1]【今注】中大夫：漢諸侯王國官，多以文學之士充任，掌奉使京城及諸國之事。

[2]【顏注】師古曰：卒，終也。【今注】郢客：王先謙《漢書補注》指出《史記》作“郢”，本書《諸侯王表》《王子侯表》《百官公卿表下》作“郢客”，卷八八《儒林傳》又作“郢”。

[3]【今注】博士：戰國末齊、魏、秦等國置，漢初爲皇帝顧問，諸子、儒經、術數、方伎等皆立，參與議政、制禮，典守書籍，隸太常。

[4]【顏注】師古曰：凡言傳者，謂爲之解説，若今《詩》毛氏傳也。

[5]【顏注】師古曰：次謂綴集之。【今注】次之：《漢書考正》劉攽以爲“之”字衍。王先謙《漢書補注》曰：“之，訓其，非衍字。”

[6]【今注】世或有之：王先謙《漢書補注》引王先慎以爲本書《藝文志》不載《元王詩傳》，《志》本《七略》，劉歆不應數典忘祖，當是未成書，故班固傳疑云“或有”，以示未見之意。

[7]【今注】宗正：秦置，一説西周至戰國皆置，管理皇族外戚事務。例由宗室擔任，位列九卿，秩中二千石。

[8]【今注】上邳：地名。即古邳邑。在今山東滕州市南。《漢書考正》宋祁以爲當作“下邳”。王先謙《漢書補注》指出本書《建元以來王子侯者年表》亦作“上邳”，即魯國薛縣。本書《地理志》顏師古注引臣瓚曰：“有上邳，故曰下邳也。”宋説非。

[9]【顏注】師古曰：辟非者，猶辟邪、辟兵之類也。先卒者，元王未薨之時已卒也。“辟”音“壁”。【今注】辟非：陳直《漢書新證》據《漢印文字徵》第九、五頁，有“趙辟非印”，以爲取名與本書同。又六頁，有“辟非射魃”印，當與辟邪義同。

[10]【顏注】師古曰：元王生子，封爵皆與皇子同，所以尊寵元王也。【今注】爵比皇子：《漢書考正》劉奉世以爲文帝時元

王子未封爵，下文云景帝封侯，疑“爵”字衍。“生比皇子”，是說禄賜禮秩皆與皇子同也。李慈銘《越縵堂讀史札記·漢書四》以爲“爵”猶秩也，是説禮秩比皇子耳，非封爵。

[11]【今注】親親：親睦親族。

[12]【今注】禮：楊樹達《漢書窺管》：“按禮於文帝後六年以宗正爲將軍，軍霸上，備匈奴，見《文紀》及《周亞夫傳》。”

[13]【顏注】晉灼曰：“沈”音“審”。《王子侯表》屬千乘高宛（王，蔡琪本誤作“五”）。

[14]【顏注】師古曰：埶，古藝字。

初，元王敬禮申公等，穆生不耆酒，[1]元王每置酒，常爲穆生設醴。[2]及王戊即位，常設，後忘設焉。穆生退曰：“可以逝矣！醴酒不設，王之意怠，不去，楚人將鉗我於市。”[3]稱疾卧。申公、白生强起之曰：“獨不念先王之德與？[4]今王一旦失小禮，何足至此！”穆生曰：“《易》稱‘知幾其神乎！[5]幾者動之微，吉凶之先見者也。[6]君子見幾而作，不俟終日。’先王之所以禮吾三人者，爲道之存故也；今而忽之，是忘道也。[7]忘道之人，胡可與久處！豈爲區區之禮哉？”[8]遂謝病去。申公、白生獨留。

[1]【顏注】師古曰：“耆”讀曰“嗜”。

[2]【顏注】師古曰：醴，甘酒也。少鞠多米（鞠，蔡琪本、殿本作“麴”，同），一宿而孰（一，蔡琪本作“二”），不齊之。【今注】醴（lǐ）：錢大昭《漢書辨疑》據《呂氏春秋》高誘注及《山海經》郭璞注認爲醴以蘖，不以麴。

[3]【顏注】師古曰：鉗，以鐵束頸也，音其炎反。

　　[4]【顔注】師古曰："與"讀曰"歟"。【今注】德：恩惠。

　　[5]【顔注】師古曰：下《繫》之辭也（辭，蔡琪本、殿本作"辭"，同）。【今注】知幾：謂有預見，看出事物發生變化的隱微徵兆。

　　[6]【顔注】師古曰：見，音胡電反（殿本無此注）。

　　[7]【顔注】師古曰：忽，急也。

　　[8]【顔注】師古曰：區區，謂小也。

　　王戊稍淫暴，二十年，爲薄太后服私姦，[1]削東海、薛郡。乃與吳通謀。二人諫，不聽，胥靡之，[2]衣之赭衣，[3]使杵臼雅春於市。[4]休侯使人諫王，王曰："季父不吾與，我起，先取季父矣。"[5]休侯懼，乃與母太夫人奔京師。[6]二十一年春，[7]景帝之三年也，削書到，遂應吳王反。[8]其相張尚、太傅趙夷吾諫，不聽。遂殺尚、夷吾，起兵會吳西攻梁，[9]破棘壁，[10]至昌邑南，[11]與漢將周亞夫戰。[12]漢絕吳楚糧道，士飢，吳王走，戊自殺，軍遂降漢。

　　[1]【今注】薄太后：事見本書卷九七上《外戚傳上》。　服：服喪。　私姦：私自搞不正當的男女關係。

　　[2]【顔注】應劭曰：《詩》云："若此無罪，淪胥以鋪"。胥靡，刑名也。晉灼曰：胥，相也。靡，隨也。古者相隨坐輕刑之名。師古曰：聯繫使相隨而服役之，故謂之胥靡，猶今之役囚徒以鎖聯綴耳。晉說近之，而云隨坐輕刑，非也。【今注】胥靡：一種刑罰，將罪人繫在一起，使服勞役。《漢書考正》劉敞以爲《説文》作"縃縻"，謂拘縛之。陳直《漢書新證》指出《史記》卷一二一《儒林列傳·申公》徐廣解"胥靡"爲腐刑。而《隸釋》卷

一〇《朱龜碑》云："脊靡於家。"足證不作腐刑解，晉灼注解爲古者相隨坐輕刑之名，是。

[3]【今注】赭衣：囚服，以赤土染成赭色。

[4]【顏注】晉灼曰：高肱舉杵，正身而舂之。師古曰：爲木杵而手舂（木杵，蔡琪本作"木白杵"），即今所謂步白者耳，非碓舂也。【今注】杵臼：杵與臼，舂搗糧食或藥物等的工具。此指以杵搗臼。 雅舂：雅，蔡琪本、大德本、殿本作"碓"。《漢書考正》宋祁以爲一作"椎"，一本改"碓"字作"雅"。古語"相""雅"皆助樂者。此"雅"，謂舂而雅歌以相舂。周壽昌《漢書注校補》以爲"雅"訓爲"常"，言使之常舂不得休息。"晉注'正身而舂之'，說近迂。宋說'舂者相杵'，情事亦不合，以相舂非王所得使也。"

[5]【顏注】師古曰：不吾與，言不與我同心。【今注】不吾與：意即不助我。楊樹達《漢書窺管》："《秦策》云：不如與魏以勁之。《高注》云：與，助也。顏説非。"

[6]【顏注】臣瓚曰：侯母號太夫人。

[7]【今注】二十一年：楚王戊二十一年。楊樹達《漢書窺管》："漢諸侯王在其國自有年號，此其一事也。"

[8]【今注】吳王：即吳王劉濞。傳見本書卷三五。

[9]【今注】梁：諸侯王國名。都睢陽縣（今河南商丘市睢陽區），時梁王爲漢景帝同母弟孝王劉武。

[10]【今注】棘壁：地名。又名大棘，在今河南睢縣南。

[11]【今注】昌邑：縣名。治所在今山東巨野縣南。

[12]【今注】周亞夫：傳見本書卷四〇。

漢已平吳楚，景帝乃立宗正平陸侯禮爲楚王，奉元王後，是爲文王。三年薨，[1]子安王道嗣。二十二年薨，[2]子襄王注嗣。[3]十四年薨，[4]子節王純嗣。十六年薨，子延壽嗣。宣帝即位，延壽以爲廣陵王胥武帝子，[5]天下有變必得立，陰欲附倚輔助之，[6]故爲其後母弟趙何齊取廣陵王女爲妻。與何齊謀曰：“我與廣陵王相結，天下不安，發兵助之，使廣陵王立，何齊尚公主，列侯可得也。”[7]因使何齊奉書遺廣陵王曰：“願長耳目，[8]毋後人有天下。”[9]何齊父長年上書告之。事下有司，考驗辭服，[10]延壽自殺。立三十二年，國除。初，休侯富既奔京師，而王戊反，富等皆坐免侯，削屬籍。後聞其數諫戊，乃更封爲紅侯。太夫人與竇太后有親，懲山東之寇，[11]求留京師，詔許之。富子辟彊等四人，[12]共養仕於朝。[13]太夫人薨，賜塋，[14]葬靈户。[15]富傳國至曾孫，無子，絶。

[1]【今注】案，三年，蔡琪本、大德本、殿本作“四年”。王先謙《漢書補注》指出本書《諸侯王表》及《史記》卷五〇《楚元王世家》作“三年”。

[2]【今注】案，二十二年，蔡琪本、殿本作“二十五年”。《漢書考正》宋祁云：“越本作‘二年’，別本作‘三年’。”王先謙《漢書補注》指出二十二年與本書《諸侯王表》相應，計年亦合。越本是。

[3]【今注】注：王先謙《漢書補注》指出《史記·楚元王世家》作“經”。

[4]【今注】十四年：王先謙《漢書補注》指出本書《諸侯王表》作“十二年”。依表計之，十二年是。“四”字誤。

[5]【今注】廣陵王胥：即劉胥。傳見本書卷六三。

[6]【顏注】師古曰：倚，依也。音於綺反。

[7]【今注】案，楊樹達《漢書窺管》引《史記》卷六〇

《三王世家》補證云：“楚王宣言曰：我先元王，高帝少弟也，封三十二城。今地邑益少，我欲與廣陵王共發兵，廣陵王爲上，我復王楚三十二城，如元王時事。”

[8]【顏注】師古曰：言常伺聽，勿失機也。

[9]【顏注】師古曰：方争天下，勿使在人後。

[10]【今注】辭服：服罪。

[11]【顏注】師古曰：懲，創也。【今注】懲：王先謙《漢書補注》以爲“懲”意爲戒，以前事爲戒。　山東：秦漢時指華山或崤山以東的地區。

[12]【顏注】師古曰：辟，音必亦反。彊，音居良反。又“辟”讀曰“闢”，“彊”讀曰“疆”。解在《文紀》(殿本此注與下“師古曰四子以在京師供養其祖母故仕於漢朝也”合爲一則)。

[13]【顏注】師古曰：四子以在京師供養其祖母(以，蔡琪本作“亦”)，故仕於漢朝也。

[14]【顏注】師古曰：塋，冢地，謂爲界域。　“塋”音“營”。

[15]【顏注】師古曰：地名也。【今注】靈户：沈欽韓《漢書疏證》以爲非地名，當時守冢户，《宋史·禮志》謂之“柏子户”。王先謙《漢書補注》以爲若如沈説，當連上文讀。吳恂《漢書注商》以爲本書卷五九《張安世傳》：“賜塋杜東”，本書卷七五《夏侯勝傳》：“賜冢塋，葬平陵。”據此可知靈户爲鄉聚亭部之名。

辟彊字少卿，亦好讀《詩》，能屬文。[1]武帝時，以宗室子隨二千石論議，冠諸宗室。[2]清静少欲，常以書自娛，不肯仕。昭帝即位，或説大將軍霍光曰：“將軍不見諸吕之事乎？[3]處伊尹、周公之位，攝政擅權，而背宗室，不與共職，是以天下不信，卒至於滅亡。今將軍當盛位，帝春秋富，宜納宗室，又多與大臣共事,[4]反諸吕道，如是則可以免患。"[5]光然之，迺擇宗室可用者。辟彊子德待詔丞相府,[6]年三十餘，欲用之。或言父見在，亦先帝之所寵也。遂拜辟彊爲光禄大夫,[7]守長樂衞尉,[8]時年已八十矣。徙爲宗正，數月卒。

[1]【顏注】師古曰：屬文，謂會綴文辭也，音之欲反。後皆類此。

[2]【顏注】師古曰：論議每出宗室之上也。【今注】二千石：因漢代所得俸禄以米穀爲準，故官秩等級以"石"名。漢朝二千石爲中央政府機構的九卿等列卿，及地方州牧郡守、諸侯王國相等。此處泛指漢朝廷的高級官員。

[3]【今注】霍光：傳見本書卷六八。　諸吕：指吕后兄弟子侄吕台、吕産、吕禄等人。

[4]【顏注】服虔曰：共議事也。師古曰：每事皆與參共知之。

[5]【顏注】師古曰：言諸吕專權，所以滅亡，今納宗室，是反其道，乃可免患也。

[6]【顏注】師古曰：於丞相府聽詔命也。

[7]【今注】光禄大夫：漢武帝時改中大夫置，掌論議，屬光禄勳。秩比二千石。

[8]【今注】長樂衞尉：太后屬官，不常置，掌長樂宮衞士守衞宮門和宮中巡邏。秩二千石。長樂，即長樂宮。本秦興樂宮，漢高祖時擴建，改名長樂宮，在此視朝。漢惠帝以後爲太后寢宮。遺址在今陝西西安市西北漢長安故城東南隅。

德，字路少,[1]修黄老術,[2]有智略。少時數言事，召見甘泉宮，[3]武帝謂之“千里駒”。[4]昭帝初，爲宗正丞，雜治劉澤詔獄。[5]父爲宗正，徙大鴻臚丞，[6]遷太中大夫，[7]後復爲宗正，雜案上官氏、蓋主事。[8]德常持老子知足之計。[9]妻死，大將軍光欲以女妻之，德不敢取，畏盛滿也。蓋長公主孫譚遮德自言，[10]德數責以公主起居無狀。[11]侍御史以爲光望不受女，[12]承指劾德誹謗詔獄，[13]免爲庶人，屛居山田。光聞而恨之，[14]復白召德守青州刺史。[15]歲餘，復爲宗正，與立宣帝，[16]以定策賜爵關內侯。[17]地節中，[18]以親親行謹厚封爲陽城侯。子安民爲郎中右曹，[19]宗家以德得官宿衞者二十餘人。[20]

[1]【今注】路少：《漢書考正》宋祁曰：“‘路’字下疑有‘叔’字，‘修’當作‘脩’。”王念孫《讀書雜志・漢書第八》以爲“路少”當作“路叔”，隸書“叔”字左側部分形似“少”，參見《漢北海相景君碑陰》《泰山都尉孔宙碑陰》字形，因訛爲“少”。宋祁疑“路”下有“叔”字，而不言“少”字之誤，則是以“少”爲幼少之少，屬下句讀。案，此言“少修黃老術”，下又言“少時數言事”，則詞意重複。是此“少”字乃“叔”字之訛，非謂幼少。《文選・兩都賦》序李善注，《初學記・職官部下》，《白帖》卷七四、七五、七七，《太平御覽・職官部二十八》引此，並作“字路叔，修黃老術”。

[2]【今注】黃老：戰國秦漢時道家學派的一支，主張德刑兼用，清靜治國。黃，指黃帝。老，指老子。

[3]【今注】甘泉宮：一名雲陽宮。原爲秦林光宮，在甘泉山上。漢武帝時擴建，改名甘泉宮。在今陝西淳化縣西北。

[4]【顏注】師古曰：言若駿馬可致千里也。年齒幼少，故

謂之駒。【今注】千里駒：周壽昌《漢書注校補》曰：“《史記》注引《魯連子》云‘有徐劫者，其弟子曰魯仲連，年十二，號千里駒’，引此以爲稱也。”

[5]【顏注】師古曰：雜謂以他官共治之也。劉澤，齊孝王之孫，謀反欲殺青州刺史者。【今注】劉澤詔獄：事見本書卷七一《雋不疑傳》。顧炎武《日知錄》卷二六云：“《德傳》如此，而《子向傳》則云‘更生父德，武帝時治淮南獄’，一傳之中自爲乖異，此兩收而未對勘者也。”文云劉德“武帝時治淮南獄”，《漢書考證》齊召南以爲：“德之仕宦在昭帝初，霍光選擇宗室，則當武帝治淮南獄時，德尚未爲吏也。此傳言‘治劉澤詔獄’，爲得其實。《向傳》因得淮南祕書而附會耳。”

[6]【今注】大鴻臚丞：大鴻臚屬官。協助大鴻臚職掌諸侯及周邊少數民族等事務。秩比千石。大鴻臚，秦稱典客。漢景帝改名大行令，武帝始改大鴻臚。九卿之一。掌少數民族事務及諸侯王喪事，又掌引導百官朝會，兼管京師郡國邸舍及郡國上計吏之接待。成帝時省典屬國併入，又兼管少數民族朝貢使節、侍子。秩中二千石。

[7]【今注】太中大夫：秦始置，居諸大夫之首，武帝時次於光禄大夫，屬郎中令（光禄勳），無員額。侍從皇帝左右，掌顧問應對，參謀議政，奉詔出使。多以寵臣貴戚充任。秩比千石。

[8]【今注】上官氏蓋主事：指上官桀等人謀反事，詳見本書卷六八《霍光傳》。上官氏，即上官桀，隴西上邽（今甘肅天水市麥積區）人。武帝時，初爲羽林期門郎，後任未央廄令、侍中、騎都尉，遷太僕。武帝病篤，任爲左將軍，與霍光同受遺詔輔少主，封安陽侯。昭帝即位，其孫女被立爲皇后。後與大將軍霍光爭權，遂與御史大夫桑弘羊、帝姊鄂邑長公主及燕王旦合謀除光，並另立帝。事發覺，被族誅。蓋主，漢武帝女，漢昭帝姊。因嫁蓋侯爲妻，故稱蓋主或鄂邑蓋主。昭帝即位，供養帝於宮中，多次被加封

爵邑。内行不修，驕縱不法。與上官桀等合謀誅除霍光，事發覺，被迫自殺。

[9]【顏注】師古曰：《老子·德經》云"知足不辱"（殿本無"師古曰"三字）。

[10]【顏注】師古曰：公主之孫名譚，自言者，申理公主所坐。【今注】遮：攔住。

[11]【顏注】師古曰：無狀，無善狀也。數，音所具反。【今注】數責：斥責；責備。周壽昌《漢書注校補》曰："數責，數其罪而責之。起居無狀，指公主爲丁外人求封等事。"

[12]【顏注】師古曰：望，怨望也。【今注】侍御史：御史大夫屬官，由御史中丞統領，入侍禁中蘭臺，給事殿中，故名。掌受公卿奏事，舉劾按章，監察文武官員，或供臨時差遣，出監郡國，持節典護大臣喪事，收捕、審訊有罪官吏等。員十五人，秩六百石。案，侍，大德本誤作"待"。

[13]【顏注】師古曰：承指，謂取霍光之意指，德實責數公主，而御史乃以爲受譚冤訴，故云誹謗詔獄。

[14]【顏注】師古曰：以御史不知己意。

[15]【今注】青州：漢武帝所置十三刺史部之一。轄境約當今山東平原縣、高唐縣以東，河北吳橋縣及山東馬頰河以南，濟南等市以北地區。 刺史：漢武帝時始置，分全國爲十三部，部置刺史一人。奉詔巡行諸郡，以六條問事，省察治政，黜陟能否，斷理冤獄。所察對象主要是二千石長吏，其次爲强宗豪右，諸侯王亦在督察之列。秩六百石。

[16]【顏注】師古曰：與，讀曰"豫"。豫其謀議也。

[17]【今注】關内侯：秦漢二十等爵的第十九級，僅有侯號，居京師，無封土。因秦、漢都城都在關内，故名。

[18]【今注】地節：漢宣帝年號（前69—前66）。

[19]【今注】郎中：秦置，漢因之，屬郎中令，有車、户、

騎三將，内充侍衛，外從作戰。秩比三百石。　右曹：漢武帝時置，爲加官，與左曹合稱諸曹，掌平尚書奏事。秩二千石。

　[20]【今注】宗家：同族，本家。本書卷七三《韋玄成傳》："室家問賢當爲後者，賢恚恨不肯言。於是賢門下生博士義倩等與宗家計議，共矯賢令，使家丞上書言大行，以大河都尉玄成爲後。"顔師古注："宗家，賢之同族也。"　宿衛：指内朝郎官。

　　德寬厚，好施生，[1]每行京兆尹事，[2]多所平反罪人。[3]家產過百萬，則以振昆弟[4]賓客食飲，[5]曰："富，民之怨也。"立十一年，子向坐鑄偽黄金，當伏法，[6]德上書訟罪。會薨，大鴻臚奏德訟子罪，失大臣體，不宜賜謚置嗣。制曰："賜謚繆侯，[7]爲置嗣。"傳至孫慶忌，復爲宗正太常。薨，子岑嗣，爲諸曹中郎將，[8]列校尉，[9]至太常。薨，傳子，至王莽敗，乃絶。[10]

　[1]【顔注】師古曰：言好施恩惠於人，而生全之。
　[2]【今注】行：指代行職責。有以低級官吏攝行高一級職務者，有以平級而兼攝行者，亦有以文官行武官事者，也有以武官行文官事者。　京兆尹：西漢京畿地方行政長官之一。武帝時改右内史置，職掌如郡太守。其地屬京畿，爲"三輔"之一，故不稱郡。因治京師，又得參與朝政，故又有中央官性質。秩中二千石，地位高於郡守，位列諸卿。
　[3]【顔注】蘇材曰："反"音"幡"（材，蔡琪本、大德本、殿本作"林"，是），幡罪人辭使從輕也。
　[4]【顔注】師古曰：振，舉救之。【今注】昆：兄。
　[5]【顔注】師古曰：既以救貧昆弟，又散供食飲之費。

［6］【顏注】如淳曰：律，鑄僞黃金棄市也。

［7］【顏注】師古曰：繆，惡謚也，以其妄訟子（妄，蔡琪本、殿本作"安"）。

［8］【今注】中郎將：秦、漢中郎長官，職掌宮禁宿衛，隨行護駕，協助郎中令（光祿勳）考核選拔郎官及從官，亦常奉詔出使。秩比二千石。

［9］【今注】校尉：秦漢爲統兵武官，地位略次於將軍，高於都尉。

［10］【今注】案，王先謙《漢書補注》引李慈銘以爲本書《外戚恩澤侯表》載"德薨。子安民嗣，十八年薨。子慶忌嗣，二十一年薨。居攝元年，侯颯嗣"，與此傳不同。以年考之，德以地節四年（前66）封，歷十一年，加子十八年，孫二十一年，共四十九年。而宣帝地節四年至居攝元年（6）中隔七十年，則慶忌後自當更有一代。或爲本書《百官公卿表》所載"太常劉岑"。

　　向，字子政，[1]本名更生。年十二，以父德任爲輦郎。[2]既冠，以行修飭擢爲諫大夫。[3]是時，宣帝循武帝故事，[4]招選名儒俊材置左右。更生以通達能屬文辭，與王褒、張子僑等並進對，[5]獻賦頌凡數十篇。

　　［1］【顏注】師古曰：名向，字子政。義則相配，而近代學者讀向音餉，既無別釋，靡所據憑，當依本字爲勝（蔡琪本、大德本、殿本"爲勝"下有"也"字）。

　　［2］【顏注】服虔曰：父保任其子爲郎也。輦郎，如今引御輦郎也。【今注】任：周壽昌《漢書注校補》據本書卷七二《王吉傳》"今使俗吏得任子弟"，張晏注："子弟以父兄任爲郎。"卷一一《哀紀》"除任子令"，應劭注："《漢儀注》：'吏二千石以上視事滿三年，得任同產若子一人爲郎。'"以爲是劉德爲宗正等官，遂用

其子劉向爲郎。服注誤。　輦郎：沈欽韓《漢書疏證》據《唐六典》引周遷《輿服雜事》曰：“羊車，一名輦車。小兒衣青布綺褶、紫碧襈、青耳屬、五辮鬢，數人引之，今代名爲羊車小史。”以爲此則漢以郎挽輦爲輦郎。

[3]【顏注】師古曰：飭，整也，讀與敕同，其字從力。【今注】諫大夫：漢武帝置，掌諫爭、顧問應對，議論朝政。無定員，秩比八百石。

[4]【今注】循：沿襲。　故事：先例，舊日的典章制度。

[5]【顏注】師古曰：子僑官至光祿大夫，見《藝文志》。進對，謂進見而對詔命也。僑字或作“蟜”，或作“喬”，皆音鉅驕反。【今注】王襃：字子淵，西漢蜀（今四川成都市）人。以辭賦著稱。傳見本書卷六四下。　張子僑：陳直《漢書新證》指出本書卷七八《蕭望之傳》作張子蟜。又《漢印文字類纂》卷九、十三頁，有“張子蟜印”，正作子蟜。

　　上復興神僊方術之事，而淮南有枕中《鴻寶》《苑祕書》。[1]書言神僊使鬼物爲金之術，及鄒衍重道延命方，[2]世人莫見，而更生父德武帝時治淮南獄得其書。[3]更生幼而讀誦，以爲奇，獻之，言黃金可成。上令典尚方鑄作事，[4]費甚多，方不驗。上乃下更生吏，吏劾更生鑄僞黃金，[5]繫當死。更生兄陽城侯安民上書，入國戶半，贖更生罪。上亦奇其材，得踰冬減死論。[6]會初立《穀梁春秋》，徵更生受《穀梁》，講論五經於石渠。[7]復拜爲郎中給事黃門，[8]遷散騎諫大夫給事中。[9]

　　[1]【顏注】師古曰：《鴻寶》《苑秘書》（秘，蔡琪本、大

德本、殿本作"祕"，下同不注），並道術篇名。臧在枕中，言常存録之不漏泄也。【今注】淮南：淮南王劉安。傳見本書卷四四。王先謙《漢書補注》引葉德輝據葛洪《神仙傳》補證曰："淮南王作内書二十二篇，又中篇八章，言神僊黄白之事，名爲《鴻寶》、《萬畢》三章，論變化之道，凡十萬言。"

[2]【今注】鄒衍：一作"騶衍"。戰國時齊國人。居稷下，曾歷游魏、燕、趙等國。燕昭王爲築碣石宫，以爲師。好談天文，時稱"談天衍"，提出五德轉移説、大九州説。著有《鄒子》《鄒子終始》，已佚。

[3]【今注】案，《漢書考正》劉奉世以爲劉德待詔丞相府，年三十餘，是始元二年（前85）事。淮南王謀反事在元朔六年（前123），是時德纔數歲，本傳當是誤記。是年劉德父劉辟彊爲光禄大夫，時德待詔丞相府，欲用之，或言父見在，故拜辟彊。王先謙《漢書補注》以爲上文言"治劉澤詔獄"是。此因向得淮南書而附會。

[4]【顔注】師古曰：尚方，主巧作金銀之所。若今之中尚署。【今注】典：主持。　尚方：官署名。秦漢皆置，隸少府。掌使役工徒，器物製造等。

[5]【今注】鑄僞黄金：周壽昌《漢書注校補》認爲，當時劉向鑄作黄金不成，並没有法條定罪。漢律唯有"鑄黄金棄市"之語，故吏引以爲比。本書《刑法志》云"所欲活則傅生議，所欲陷則予死比"，此即"予死比"。

[6]【顔注】服虔曰：踰冬，至春行寬大而減死罪。如淳曰：獄冬盡當決竟，而得踰冬，復至後冬，故或逢赦，或得減死也。師古曰：服説是也。

[7]【顔注】師古曰：《三輔舊事》云石渠閣在未央大殿北，以藏祕書。【今注】講論：論議。　石渠：在未央宫殿北（今陝西西安市西北未央鄉小劉寨村西南），爲西漢皇家收藏典籍之所。陳

直《漢書新證》："石渠閣遺址今在西安未央鄉、劉家寨未央宮大殿遺址西北（天禄閣遺址則在直北），現存有漢代石渠兩具，一完一殘，在天禄閣小學内。清代光緒初年曾出'石渠千秋'瓦一片，爲王蓮生所藏，各書皆未著録，據云原物現藏天津博物館。又按：石渠閣遺址曾由余採集大泉五十錢背範三十餘方，知王莽時石渠閣已改爲刻錢範場所，詳見拙著《石渠閣王莽大泉五十錢背範的發現》文中。"

［8］【今注】給事黄門：供職黄門官署。黄門，漢置黄門官署，因在黄門之内而得名。

［9］【今注】散騎：秦朝置。隨皇帝出行，騎而散從，故名。西漢因之，爲加官，武帝時以其掌顧問應對，屬中朝官。　給事中：秦始置。西漢因之，爲加官。掌侍皇帝左右，備顧問應對，每日上朝謁見，分平尚書奏事，負責實際政務。無定員。

元帝初即位，太傅蕭望之爲前將軍，[1]少傅周堪爲諸吏光禄大夫，[2]皆領尚書事，[3]甚見尊任。[4]更生年少於望之、堪，然二人重之，薦更生宗室忠直，明經有行，擢爲散騎宗正給事中，與侍中金敞拾遺於左右。[5]四人同心輔政，患苦外戚許、史在位放縱，[6]而中書宦官弘恭、石顯弄權。[7]望之、堪、更生議，欲白罷退之。未白而語泄，遂爲許、史及恭、顯所譖愬，[8]堪、更生下獄，及望之皆免官。語在《望之傳》。其春地震，夏，客星見昴、卷舌間。[9]上感悟，下詔賜望之爵關内侯，奉朝請。[10]秋，徵堪、向，[11]欲以爲諫大夫，恭、顯白皆爲中郎。

［1］【今注】太傅：指太子太傅。西漢初掌保養、輔翼太子，

昭宣後兼掌教論訓導。秩二千石。　蕭望之：傳見本書卷七八。
前將軍：漢朝爲重號將軍之一，與後、左、右將軍並位上卿，位次
大將軍及驃騎、車騎、衛將軍。有兵事則典掌禁兵，戍衛京師，或
任征伐。設長史、司馬等僚屬。平時無具體職務，一般兼任他官，
常加諸吏、散騎、給事中等號，成爲中朝官，宿衛皇帝左右，參與
朝議。

　　[2]【顏注】師古曰：加官也。《百官公卿表》云諸吏所加或
列侯、將軍、卿大夫，得舉不法也。【今注】少傅：指太子少傅。
　　周堪：傳見本書卷八八。　諸吏：西漢置，爲加官。本書《百官
公卿表上》曰："諸吏得舉法。"

　　[3]【今注】領尚書事：即以他官兼領尚書政事。尚書，秦
置，西漢因之。設令、僕射、丞、尚書吏，掌收發文書，傳達記錄
詔命章奏，隸少府。漢武帝時，職權漸重，參與國家機密，議政決
策，宣示詔命，裁決百官奏事，百官選舉任用考察詰責彈劾之責亦
歸之。

　　[4]【今注】尊任：尊崇信任；重用。

　　[5]【今注】侍中：秦置，原爲丞相史，往來殿中奏事，故
名。西漢爲加官，加此即可入侍宮禁。掌侍從皇帝左右，侍奉生活
起居，分掌御用乘輿服物，無員。武帝以後常授重臣儒者，與聞朝
政，贊導衆事，顧問應對，與公卿大臣論辯，平議尚書奏事。武帝
末年令出居宮禁外，有事召入，事畢即出。　金敞：金安上子。元
帝爲太子時，任中庶子。元帝即位，爲騎都尉光祿大夫、中郎將侍
中。爲人正直，敢犯顏直諫。成帝即位，以世稱忠孝，留侍宮中，
任奉車水衡都尉，至衛尉。　拾遺：猶言補正皇帝缺點過失。

　　[6]【今注】患苦：憎恨，厭惡。　許：指漢宣帝皇后許氏家
族。　史：指戾太子妃史氏家族。

　　[7]【今注】中書：即中書謁者令。漢武帝時置，由宦官充
任。掌收納尚書奏事，草擬傳達皇帝詔命，交尚書頒下。屬少府。

弘恭石顯：二人傳見本書卷九三。

[8]【今注】譖愬（sù）：讒毀攻訐。

[9]【顏注】師古曰：見於昴與卷舌之閒也。卷，音俱免反。【今注】客星見昴卷舌間：沈欽韓《漢書疏證》引《晉書·天文志》：“卷舌六星，在昴北，主口語，以知讒佞也。曲，吉；直而動，天下有口舌之害。”楊樹達《漢書窺管》：“據《元紀》及《天文志》，地震與客星見並在初元二年。此文承上文元帝初即位而言，當正云初元二年春，不當但云其春也。”

[10]【今注】奉朝請：春季朝會稱“朝”，秋季朝見稱“請”。奉朝請爲兩漢朝廷給予退休大臣、列侯、宗室、外戚等的一種政治優待，授此者特許參加朝會。

[11]【今注】向：顧炎武《日知錄》卷二六云：“更名向在成帝即位之後，此在元帝初年即云‘向’，非也。”案，此後來史家追述，非誤。

冬，地復震。時恭、顯、許、史子弟侍中諸曹，[1]皆側目於望之等，[2]更生懼焉，乃使其外親上變事，[3]言：竊聞故前將軍蕭望之等，皆忠正無私，欲致大治，忤於貴戚尚書。[4]今道路人聞望之等復進，以爲且復見毀讒，必曰嘗有過之臣不宜復用，是大不然。[5]臣聞《春秋》地震，爲在位執政太盛也，不爲三獨夫動，亦已明矣。[6]且往者高皇帝時，季布有罪，[7]至於夷滅，後赦以爲將軍，高后、孝文之間卒爲名臣。[8]孝武帝時兒寬有重罪繫，[9]按道侯韓説諫曰：[10]“前吾丘壽王死，[11]陛下至今恨之。[12]今殺寬，後將復大恨矣！”上感其言，遂貰寬，[13]復用之，位至御史大夫，御史大夫未有及寬者也。又董仲舒坐私爲災異書，主父偃取奏之，[14]下吏，罪至不道，幸蒙不誅，復爲太中大夫、膠西相，[15]以老病免歸。漢有所欲興，常有詔問。[16]仲舒爲世儒宗，定議有益天下。孝宣皇帝時，夏侯勝坐誹謗繫獄三年，[17]免爲庶人。宣帝復用勝，至長信少府，[18]太子太傅，名敢直言，天下美之。若乃群臣，多此比類，難一二記。[19]有過之臣，無負國家，有益天下，此四臣者，足以觀矣。前弘恭奏望之等獄決，三月，地大震。恭移病出，[20]後復視事，天陰雨雪。[21]由是言之，地動殆爲恭等。[22]臣愚以爲宜退恭、顯以章蔽善之罰，[23]進望之等以通賢者之路。如此，太平之門開，災異之原塞矣。

[1]【今注】許史子弟：楊樹達《漢書窺管》：“此言許史子弟，不詳何人。《五行志》云：望之爲佞臣石顯、許章等所譖。許章不見《外戚傳》，然《諸葛豐傳》言章以外屬侍中，則此所云許氏子弟即許章也。”

[2]【今注】側目：斜目而視，形容忿恨。

[3]【顏注】師古曰：非常之事，故謂之變也。【今注】外親：指母家。

[4]【顏注】師古曰：忤猶逆也（逆，殿本作“過”），音五故反。他皆類此。

[5]【顏注】師古曰：言不宜用有過之臣者，此議非也。

[6]【顏注】應劭曰：謂蕭望之、周堪及向。師古曰：獨夫猶言匹夫也。

[7]【今注】季布：傳見本書卷三七。

[8]【顏注】師古曰：卒，終也。

[9]【今注】兒（ní）寬：傳見本書卷五八。

[10]【顏注】師古曰："説"讀曰"悦"。【今注】韓説：事見本書卷三三《韓王信傳》。

[11]【今注】吾丘壽王：傳見本書卷六四上。

[12]【顏注】師古曰：恨，悔也（殿本"恨"後有"猶"字）。

[13]【顏注】師古曰：貰謂緩恕其罪也。【今注】案，錢大昕《廿二史考異·漢書三》曰："此事《寬傳》不載。韓説名在《佞幸傳》，而能爲寬强諫，亦自可取，當表而出之。"王先謙《漢書補注》糾正錢大昕曰："説，附《韓王信傳》，不列《佞幸》，其兄嫣爲佞幸，史不過於《嫣傳》帶叙其名耳。"

[14]【今注】主父偃：傳見本書卷六四上。

[15]【今注】膠西相：即膠西王國相。膠西國，治高密縣（今山東高密市西南）。轄境約當今山東膠河以西，高密市以北地區。相，掌輔導、匡正、監督諸侯王，遇不濁事有諫諍舉奏之責。秩二千石。

[16]【顏注】師古曰：興謂改作憲章（殿本此注在"漢有所欲興"後）。

[17]【今注】夏侯勝：傳見本書卷七五。

[18]【今注】長信少府：漢景帝時更名長信詹事置，掌皇太后宮中事務。秩二千石。

[19]【顏注】師古曰：比，音必寐反（殿本此注在"多此比類"後）。【今注】比類：猶同類。 一二記：猶言逐一記述。

[20]【顏注】師古曰：移病者，移書言病也，一曰言以病移出，不居官府。【今注】案，本書卷五八《公孫弘傳》顏注："移病，謂移書言病也。一曰，以病移居。"王先謙《漢書補注》以爲一説非。陳直《漢書新證》以爲凡言"移病"者，如本書卷七八《蕭望之傳》及卷五九《張安世傳》，顏師古皆如此注文。證之《居延漢簡釋文》九十六頁，有殘簡文云："日移府者狼孺病並數元

年以來□。"此爲移病之書，師古之前説是也，居延木簡移文之例，平行上下行均適用之。吳恂《漢書注商》以爲顔注"以病移居"是，即謂疾篤自署盧移居第舍。因壬辰及下屬上書，不得稱移。

［21］【顔注】師古曰：雨，音于具反。

［22］【顔注】師古曰：殆，近也。

［23］【顔注】師古曰：章，明也。

　　書奏，恭、顯疑其更生所爲，白請考姦詐。辭果服，[1]遂逮更生繫獄，下太傅韋玄成、諫大夫貢禹，[2]與廷尉雜考。[3]劾更生前爲九卿，坐與望之、堪謀排車騎將軍高、許、史氏侍中者，[4]毁離親戚，欲退去之，而獨專權。爲臣不忠，幸不伏誅，復蒙恩徵用，不悔前過，而教令人言變事，[5]誣罔不道。更生坐免爲庶人。而望之亦坐使子上書自冤前事，[6]恭、顯白令詣獄置對。[7]望之自殺。天子甚悼恨之，乃擢周堪爲光禄勳，堪弟子張猛光禄大夫給事中，[8]大見信任。恭、顯憚之，[9]數譖毁焉。更生見堪、猛在位，幾已得復進，[10]懼其傾危，乃上封事諫曰：[11]

　　［1］【今注】辭果服：服罪；認罪屈服。

　　［2］【今注】太傅：指太子太傅。錢大昕《廿二史考異·漢書三》以爲韋玄成爲太子太傅，不當删"太子"字，蓋轉寫失之。太，大德本作"大"　　韋玄成：事見本書卷七三《韋賢傳》。　貢禹：傳見本書卷七二。

　　［3］【今注】廷尉：即廷尉署。長官爲廷尉，戰國時秦始置，秦、西漢沿置。西漢時也稱大理，掌司法審判。位列九卿，秩中二千石。　雜考：猶會審。

[4]【今注】車騎將軍：漢代高級武官，地位僅次於大將軍、驃騎將軍，秩次與三公同，多由重臣擔任。

[5]【今注】變事：即災異事。

[6]【今注】自冤：周壽昌《漢書注校補》曰："自冤者，自白前事之冤。"

[7]【顏注】師古曰：置對者，立其罪辭（其罪辭，蔡琪本、大德本、殿本作"對辭"）。

[8]【今注】光祿勳：漢武帝時改郎中令置。掌宮殿門户宿衛，兼侍從皇帝左右。位列九卿，秩中二千石。　張猛：事見本書卷六一《張騫傳》。

[9]【今注】恭顯憚之：周壽昌《漢書注校補》以爲下封事上於元帝永光元年（前43），宏恭此時死，此文當云"石顯憚之"，"恭"字爲衍文。《資治通鑑》改作"石顯"，是。

[10]【顏注】師古曰："幾"讀曰"冀"。【今注】幾：楊樹達《漢書窺管》："《說文》八篇下《見部》云：'覬，𪎒幸也。從見，豈聲。幾利切。'又《欠部》云：'𪎒，幸也，從欠，乞聲。居氣切。'此皆幾、冀本字。"

[11]【今注】封事：密封的奏章。

　　臣前幸得以骨肉備九卿，奉法不謹，乃復蒙恩。竊見灾異並起，天地失常，徵表爲國。[1]欲終不言，念忠臣雖在畎畝，猶不忘君，惓惓之義也。[2]況重以骨肉之親，[3]又加以舊恩未報乎！欲竭愚誠，又恐越職，然惟二恩未報，[4]忠臣之義，一抒愚意，退就農畝，死無所恨。[5]

[1]【顏注】師古曰：徵，證也。【今注】徵表爲國：猶言災異爲國家的表徵。

[2]【顏注】師古曰：甽者，田中之溝也。田溝之法，耜廣五寸，二耜爲耦，一耦之伐，廣尺深尺，謂之甽，六甽而爲一畝。甽，音工犬反（工，蔡琪本、殿本作“古”），字或作“畎”，其音同耳。惓惓，忠謹之意。惓讀與拳同，音其專反。《禮記》曰：“得一善則拳拳服膺，弗失之矣”。【今注】惓惓：懇切忠誠貌。楊樹達《漢書窺管》：“惓假爲欵。《説文》八篇下《欠部》云：‘欵，意有所欲也。’《司馬遷傳》云：‘誠欲效其款款之愚。’款與欵同。惓惓之義也，乃申釋上文之詞，五字別斷爲句。”

[3]【顏注】師古曰：重，音直用反。

[4]【顏注】師古曰：惟，思也。

[5]【顏注】師古曰：抒謂引而泄之也（抒，蔡琪本、大德本、殿本作“杼”，正文同）。音食汝反。

　　臣聞舜命九官，[1]濟濟相讓，[2]和之至也。眾賢和於朝，則萬物和於野。[3]故簫韶九成，而鳳皇來儀，[4]擊石拊石，百獸率舞。四海之內，靡不和寧。及至周文，開基西郊，[5]雜遝眾賢，罔不肅和，[6]崇推讓之風，以銷分爭之訟。文王既没，周公思慕，歌詠文王之德，其《詩》曰：“於穆清廟，肅雍顯相；濟濟多士，秉文之德。”[7]當此之時，武王、周公繼政，朝臣和於內，萬國驩於外，[8]故盡得其驩心，以事其先祖。其《詩》曰：“有來雍雍，至止肅肅，相維辟公，天子穆穆。”[9]言四方皆以和來也。諸侯和於下，天應報於上，故《周頌》曰“降福穰穰”，[10]又曰“飴我釐麰”。[11]釐麰，麥也，[12]始自天降。[13]此皆以和致和，獲天助也。

　　[1]【顏注】師古曰：《尚書》：禹作司空，棄后稷，契司徒，咎繇作士，垂共工，益朕虞，伯夷秩宗，夔典樂，龍納言，凡九官也。【今注】案，事見今本《尚書·舜典》。

　　[2]【今注】濟濟：莊敬貌。濟，通“齊”。

　　[3]【今注】案，和於野，蔡琪本作“和野”。

　　[4]【顏注】師古曰：韶，舜樂名。舉簫管之屬，示其備也。於韶樂九奏則鳳皇見其容儀（皇，蔡琪本作“凰”），擊鍾鳴磬而百獸相率來舞（鳴，蔡琪本誤作“鳥”），言感至和也。【今注】鳳皇來儀：鳳凰來舞，儀表非凡。爲吉祥之兆。《尚書·益稷》：“《蕭韶》九成，鳳皇來儀。”僞孔傳：“儀，有容儀。備樂九奏而致鳳皇，則餘鳥獸不待九而率舞。”案，皇，蔡琪本作“凰”。

　　[5]【顏注】師古曰：言文王始受命作周也。【今注】西郊：指西岐。

　　[6]【顏注】師古曰：雜遝，聚積之皃（皃，蔡琪本、殿本作“貌”，同），遝，音大合反。

　　[7]【顏注】師古曰：此《周頌》祀文王《清廟》之詩也。於，歎辭也。穆，美也。肅，敬也。雍，和也。顯，明也。相，助也。濟濟，盛也。言文王有清净之化，敬而且和，光明著見，故濟濟之衆士皆執行文王之德也。“於”讀曰“烏”。

　　[8]【今注】驩：同“歡”。

　　[9]【顏注】師古曰：此《周頌》禘大祖之《雝》詩也（大，殿本作“太”）。相，助也。辟，百辟也。公，諸侯也。言有此賓客以和而來至也（也，殿本作“止”）。而敬者，乃助王祭之人，百辟與諸侯耳。於是時，天子則穆穆然。《禮記》曰：“天子穆穆（曰，殿本作“言”），諸侯皇皇。”“辟”音“璧”。

　　[10]【顏注】師古曰：此《執競》之篇，祀武王之詩也。穰穰，多也。音人羊反。

　　[11]【顏注】師古曰：此《思文》之篇，以后稷配天之詩

也。飴，遺也，言天遺此物也。飴讀與貽同也（殿本無“也”字）。麰，音力之反，又讀與來同。“䄺”音“牟”。【今注】飴我麰䄺：《漢書考正》宋祁指出“䄺”，浙本作“䅘”。王先謙《漢書補注》引王先慎指出今本《毛詩》作“貽我來牟”。《文選·典引》注引《韓詩》作“貽我嘉䅘”。案《韓詩》“嘉”，當爲“喜”，詳王引之《經義述聞》。《說文》“來”下引作“詒我來䄺”。“詒”“飴”通假，“貽”即“詒”之俗體字。“麰”“來”文異而聲義同。馬瑞辰《毛詩傳箋通釋》云：“《方言》：‘陳、楚之間凡人嘼乳而雙産，謂之麰孳。’《廣雅》：‘麰孳，孿也。雙孿，二也。’‘麰孳’亦作‘䵅孖’。《玉篇》：‘䵅孖，雙生也。’《詩》孔疏引《說文》‘來牟，一麥二夆’，與麰爲雙産義合。牟，大也。䄺從牟聲，故爲大麥之稱。《典引》注引《薛君章句》云‘䅘，大麥也’。‘䅘’字《說文》所無，又‘䄺’之俗體。一麥二夆者，名來䄺。故《毛傳》釋“牟”爲麥。向傳《魯詩》，釋‘麰䄺’亦爲麥也。”

[12]【今注】案，《漢書考正》宋祁以爲“麥”字上當有“大”字。

[13]【今注】自天降：錢大昭《漢書辨疑》以爲劉向用《尚書·大誓》云“武王渡孟津，白魚躍入於舟，出涘以燎。後五日，火流爲烏，五至，以穀俱來”，故云“自天降”。

下至幽、厲之際，朝廷不和，轉相非怨，[1]詩人疾而憂之曰：“民之無良，相怨一方。”[2]衆小在位而從邪議，歙歙相是而背君子，故其《詩》曰：“歙歙訿訿，亦孔之哀！謀之其臧，則具是違；謀之不臧，則具是依！”[3]君子獨處守正，不橈衆枉，[4]勉彊以從王事則反見憎毒讒愬，[5]故其《詩》曰：“密勿從事，不敢告勞，無罪無辜，讒口嗸嗸!"[6]當是之時，日月薄蝕而無光，[7]其《詩》曰："朔月辛卯，日有蝕之，亦孔之醜!"[8]又曰："彼月而微，此日而微，今此下民，亦孔之哀!"[9]又曰："日月鞠凶，不用其行；四國無政，不用其良!"[10]天變見於上，地變動於下，水泉沸騰，山谷易處。其《詩》曰："百川沸騰，山冢卒崩，高岸爲谷，深谷爲陵。哀今之人，胡憯莫懲!"[11]霜降失節，不以其時，其《詩》曰："正月繁霜，我心憂傷；民之訛言，亦孔之將!"言民以是爲非，甚衆大也。[12]此皆不和，賢不肖易位之所致也。[13]自此之後，天下大亂，篡殺殃禍並作，厲王奔彘，[14]幽王見殺。[15]

[1]【顏注】師古曰：厲王、夷王之子。厲王生宣王，宣王生幽王。【今注】幽厲：周幽王及周厲王。二人事迹見《史記》卷四《周本紀》。

[2]【顏注】師古曰：此《小雅·角弓》之篇，刺幽王之詩也。良，善也。言人各爲不善，其意乖離，而相怨也。一方，謂自守一方，所嚮異之。

[3]【顏注】師古曰：此《小雅·小旻》篇，刺幽王之詩也。言在位卿士。歙歙然患其上，訿訿然不供職，各失臣節，甚可哀痛。而謀之善者，則背違之，不善之謀，依而施用，所以爲刺也。"歙"音"翕"。"訿"音"紫"。【今注】歙歙：投合朋比爲奸貌。訿訿：詆毀；誹謗。孔：甚。臧：善。

[4]【顏注】師古曰：橈（橈，殿本作"撓"，下同），屈也，不爲衆曲而自屈也。橈，音女教反。

[5]【今注】勉彊：盡力而爲。

[6]【顏注】師古曰：此《小雅·十月之交》篇，刺幽王之詩也。密勿猶黽勉從事也。督督，衆聲也。言己黽勉行事，不敢自陳勞苦，實無罪辜，而被讒愬嗸嗸然也（愬，蔡琪本、殿本作"譖"）。"督"音"教"。【今注】密勿：錢大昕《廿二史考異·漢書三》以爲，"密勿"即"黽勉"聲之轉。古讀"勿"如"没"。《爾雅》"蠠没，勉也"，亦"密勿"之異文。沈欽韓《漢書疏證》指出今本《毛詩·谷風》"黽免同心"，《文選》注引《韓詩》作"密勿同心"，《傳》云："密勿，僶勉也。蠠没與密勿聲同。"劉向治《魯詩》，是魯、韓《詩》並以"黽勉"爲"密勿"。

[7]【顏注】師古曰：薄，迫也。謂被掩迫也。

[8]【顏注】師古曰：自此已下至"百川沸騰"，皆《十月之交》詩也。孔，甚也。醜，惡也。周之十月，夏之八月，朔日有辛卯，日月交會，而日見蝕，陰侵於陽。辛，金日也。卯，木辰也。以卯侵金，則臣侵君，故甚惡之。【今注】朔月：殿本作"朔日"。

[9]【顏注】師古曰：微，虧微也。言彼月者，當有虧耳，而今此日（蔡琪本無"而"字），乃復微也。言君臣失道，是爲災異，故令人甚哀也。

[10]【顏注】師古曰：鞠，告也。言日月不用其常行之道以告凶災者，由四方之國無政理，不能用善人也。

[11]【顏注】師古曰：沸，涌出也。騰，乘也。冢，山頂也。卒，盡也。胡，何也。憯，曾也。懲，乂也（乂，殿本作"艾"，下同）。言百川沸涌而相乘陵，山頂隆高而盡崩壞（隆，蔡琪本、殿本作"降"），陵谷易處，尊卑失序，咎異大矣，誠可畏懼。哀哉今人，何爲曾莫創乂也！憯，音千感反。【今注】卒：錢大昭《漢書辨疑》指出今本《毛詩》"卒"作"崒"。《經典釋文》："本亦作'卒'。"

[12]【顏注】張晏曰：正月，夏之四月也，純陽用事，而反

多霜，急恒寒若之災也。師古曰：此《小雅·正月》之篇刺幽王之詩也。四月正陽之月，故謂之正月。繁，多也。訛，僞也。孔，甚也。將，大也。此言王政乖舛，陽月多霜，害於生物，故己心爲憂傷，而眾庶之人，共爲僞言，以是爲非，排斥賢偽，禍甚大也。

　　[13]【顏注】師古曰：賢人在下，不肖居上，故云易位（云，殿本作"曰"）。

　　[14]【顏注】師古曰：屬王無道，下不堪命，乃相與畔襲屬王。屬王出奔彘。彘，晉地，今晉州北永安縣是也。【今注】彘：地名。在今山西霍州市。

　　[15]【顏注】師古曰：爲犬戎所攻，殺幽王于驪山下，虜褒姒，盡取周賂而去。

　　至乎平王末年，魯隱之始即位也，[1]周大夫祭伯乖離不和，出奔於魯，[2]而《春秋》爲諱，不言來奔，傷其禍殃自此始也。是後尹氏世卿而專恣，[3]諸侯背畔而不朝，周室卑微。二百四十二年之間，[4]日食三十六，[5]地震五，[6]山陵崩阤二，[7]彗星三見，[8]夜常星不見，夜中星隕如雨一，[9]火災十四。[10]長狄入三國，[11]五石隕墜，六鶂退飛，多鷹，有蜮、蜚，鸜鵒來巢者，皆一見。[12]晝冥晦。[13]雨木冰。[14]李梅冬實。七月霜降，草木不死。[15]八月殺菽。[16]大雨雹。[17]雨雪靁霆失序相乘。[18]水、旱、饑，蝝、螽、螟、螽午並起。[19]當是時，禍亂輒應，弒君三十六，[20]亡國五十二，[21]諸侯奔走，不得保其社稷者，不可勝數也。[22]

[1]【顏注】師古曰：平王，幽王之子。【今注】平王：事見《史記》卷四《周本紀》。　魯隱：魯隱公。春秋時魯國國君。名息姑，一作“息”。惠公長庶子。因惠公嫡子允（魯桓公）年少，息姑攝政行君事。隱公十一年（前712），爲魯桓公及公子翬所殺。

[2]【顏注】張晏曰：隱元年“祭伯來”，《穀梁傳》曰“奔也”。師古曰：“祭音側介反。”【今注】祭（zhài）伯：周天子王畿内諸侯。祭，封國名。在今河南滎陽市東北。　乖離：背離。出奔於魯：今本《穀梁傳》以爲“來朝”，《公羊傳》以爲“出奔”。《漢書考正》劉攽曰：“《穀梁》不謂祭伯爲奔也。”《漢書考證》齊召南曰：“祭伯來，《穀梁傳》以爲來朝。《公羊傳》以爲出奔。向正用《公羊》説耳。張注誤，劉糾之是也。”楊樹達《漢書窺管》：“《公羊傳》謂王者無外，故不言奔，此説與彼義異。”

[3]【顏注】師古曰：《春秋公羊》經隱公三年：“夏四月，尹氏卒。”《傳》曰：“尹氏者何？天子之大夫也。其稱尹氏何？貶也。曷爲貶？譏繼卿。繼卿，非禮也。”又《詩·小雅·節南山》云：“尹氏大師（大，殿本作“太”），赫赫師尹，不平謂何！”刺之也。【今注】世卿：世代承襲爲卿掌權。

[4]【顏注】師古曰：謂從隱公元年至哀公十四年獲麟也。隱公十一年，桓公十八年，莊公三十二年，閔公二年，僖公三十三年，文公十八年，宣公十八年，成公十八年，襄公三十一年，昭公三十二年，定公十五年，哀公十四年，凡二百四十二年也。

[5]【顏注】師古曰：謂隱三年二月己巳；桓三年七月壬辰朔，十七年十月朔；莊十八年三月，二十五年六月辛未朔，二十六年十二月癸亥朔，三十年九月庚午朔；僖五年九月戊申朔，十二年三月庚午，十五年五月；文元年二月癸亥朔，十五年六月辛丑朔；宣八年七月甲子，十年四月丙辰，十七年六月癸卯；成十六年六月丙寅朔，十七年十二月丁巳朔；襄十四年二月乙未朔，十五年秋八月丁巳，二十年冬十月丙辰朔，二十一年九月庚戌朔，

冬十月庚辰朔，二十三年二月癸酉朔，二十四年秋七月甲子朔，八月癸巳朔，二十七年冬十二月乙亥朔；昭七年夏四月甲辰朔，十五年六月丁巳朔，十七年夏六月甲戌朔，二十一年秋七月壬午朔，二十二年十二月癸酉朔，二十四年夏五月乙未朔，三十一年十二月辛亥朔；定五年正月辛亥朔，十二年十一月丙寅朔，十五年八月庚辰朔：凡二十六也（二十六，蔡琪本、大德本、殿本作"三十六"，是）。【今注】日食三十六：楊樹達《漢書窺管》："顏注詳記三十六事，《左氏傳》於此外尚有哀公十四年五月庚申朔一事。蓋向據《穀梁春秋》，故與《左氏》不同也。"

[6]【顏注】師古曰：謂文九年九月癸酉，襄十六年五月甲子，昭十九年五月己卯，二十三年八月乙未，哀三年四月甲午，凡五也。

[7]【顏注】師古曰：謂僖十四年八月辛卯沙鹿崩，成五年夏梁山崩，凡二也。阤，下頹也。音丈爾反。【今注】阤（zhì）：崩塌，毀壞。

[8]【顏注】師古曰：謂文十四年秋七月有星孛入于北斗，昭十七年冬有星孛于大辰，哀十三年冬十一月有星孛于東方。

[9]【顏注】師古曰：事在莊七年夏四月辛卯。

[10]【顏注】師古曰：桓十四年秋八月壬申御廩災，莊二十年夏齊大災，僖二十年五月乙巳西宮災，成三年二月甲子新宮災，襄九年春宋火（火，蔡琪本作"災"），三十年五月甲午宋災，昭九年夏四月陳火（火，蔡琪本、殿本作"災"），十八年夏五月壬午宋、衛、陳、鄭災，定二年夏五月壬辰雉門及兩觀災，哀三年五月辛卯桓宮、僖宮災，四年六月辛丑亳社災（亳，蔡琪本、大德本、殿本作"亳"，是），凡十四也。

[11]【顏注】師古曰：謂《春秋》文十一年經書："冬十月甲午，叔孫得臣敗狄于鹹"，《公羊傳》曰："狄者何？長狄也，兄弟三人，一者之齊，一者之魯，一者之晉。"之齊榮如，之魯喬

如，之晉焚如。長狄，鄋瞞之種。"鄋"音"搜"，"瞞"音末
安反。

[12]【顏注】師古曰：謂僖十六年"正月戊申朔，隕石于
宋，五。是月，六鶂退飛過宋都"。莊十七年"冬，多麋"。十八
年"秋，有蜮"。二十九年"秋，有蜚"。昭二十五年"夏，有鸜
鵒來巢"。蜮，短尾狐也。鶂，水鳥也。蜚，負蠜也。鶂，音五歷
反。蜮，音"域"。蜚，音扶味反。鸜，音"劬"。鵒，音"欲"。
【今注】鶂：音yì。 蜮（yù）：又名"射工""射影"，古人以爲
是水中能害人的怪物。 蜚：蟑螂類昆蟲。 鸜鵒：八哥。

[13]【顏注】師古曰：僖十五年"九月已卯晦，震夷伯之
廟。"《穀梁傳》曰："晦，冥也。"

[14]【顏注】師古曰：事在成十六年正月。雨木冰者，氣著
樹木結爲冰也，今俗呼爲間樹。雨，音于具反。

[15]【顏注】師古曰：僖三十三年經書："冬隕霜，不煞草
（煞，蔡琪本、殿本作"殺"）。"李梅實，未知在何月也。而此
言李梅冬實，又云七月霜降，草木不死，與今《春秋》不同，未
見義所出。【今注】草木不死：《漢書考證》齊召南認爲，案下文
"八月殺菽"例之，用夏時紀月，則此文"七月"疑是"十月"之
誤。周十二月是夏之十月。又應倒其文云"十月霜降，草木不死，
李梅實"，則文義爲是。

[16]【顏注】師古曰：謂定公元年："十月，隕霜殺菽。"周
之十月，夏之八月。菽謂豆也。

[17]【顏注】師古曰：事在僖二十九年秋，及昭三年冬，四
年正月。雨，音于具反。

[18]【顏注】師古曰：隱九年三月癸酉大雨震電（三，蔡琪
本誤作"二"；月，大德本作"日"），庚辰大雨雪，桓八年冬十
月雨雪（桓八年，蔡琪本、大德本、殿本作"莊六年"，是），僖
十年冬大雨雪，皆是也。䨓，古雷字也。霆，雷之急者也，音大

丁反。

[19]【顏注】如淳曰：螽午猶雜沓也。師古曰：謂桓元年秋大水，十三年夏大水，莊七年秋大水，十一年秋宋大水，二十四年秋大水，二十五年秋大水，宣十年秋大水，成五年秋大水，襄二十四年秋七月大水；僖二十一年夏大旱，宣七年秋大旱；宣十年冬饑，十五年冬蝝生饑，襄二十四年冬大饑；桓五年秋螽，僖十五年八月螽，文三年秋雨螽於宋（三，大德本、殿本作"二"），八年冬螽，宣六年八月螽，十三年秋、十五年秋螽，襄七年八月螽，哀十二年十二月螽，十三年九月螽，十二月螽；隱五年九月螟，八年九月螟，莊六年秋螟，皆是也。螽即螟也。螟，蟲之食苗心者也。"螽"音"終"，"螟"音"冥"。【今注】蝝（yuán）：蝗蟲幼蟲。　螽（zhōng）：螽斯。　螟：螟蛾幼蟲。螽午：錢大昕《三史拾遺》卷三以爲"蠭午"猶言"旁午"。古音"蠭"蒲紅切，與"旁"聲相近。本書卷六八《霍光傳》"使者旁午"，如淳曰："旁午，分布也。"爲交錯、紛繁之意。沈欽韓《漢書疏證》據《爾雅》："翼蜂一日兩出而聚鳴，號爲兩衙。"日中尤喧雜。故"蠭午"義爲雜沓。

[20]【顏注】師古曰：謂隱公四年衞州吁弒其君完；十一年羽父使賊弒公于寪氏；桓二年宋督弒其君與夷；七年曲沃伯誘晉小子侯殺之；十七年鄭高渠彌弒昭公；莊八年齊無知弒其君諸兒；十二年宋萬弒其君捷；十四年傅瑕弒其君鄭子；三十二年共仲使圉人犖賊子般；閔二年共仲使卜齮賊公于武闈；僖十年晉里克弒其君卓；二十四年晉弒懷公于高梁；文元年楚太子商臣弒其君頵；十四年齊公子商人弒其君舍；十六年宋人弒其君杵臼；十八年齊人弒其君商人；魯襄仲殺子惡；莒弒其君庶其；宣二年晉趙盾弒其君夷皋；四年鄭公子歸生弒其君夷；十年陳夏徵舒弒其君平國；成十八年晉弒其君州蒲；襄七年鄭子駟使賊夜弒僖公；二十五年齊崔杼弒其君光；二十六年衞甯喜弒其君剽；二十九年闍弒吳子

餘祭；三十年蔡太子般弑其君固；三十一年莒人弑其君密州；昭
元年楚公子圍問王疾，縊而弑之；十三年楚公子比弑其君虔于乾
谿；十九年許太子止弑其君買；二十七年吳弑其君僚；定十三年
薛弑其君比；哀四年盜殺蔡侯申（申，大德本、殿本誤作
"十"）；六年齊陳乞弑其君荼；十年齊人弑悼公，凡三十六。

[21]【顏注】師古曰：謂桓五年州公如曹；莊四年紀侯大去
其國；十年齊師滅譚；十三年齊人滅遂；十四年楚子滅息；十六
年楚滅鄧；閔元年晉滅耿，滅霍，滅魏；僖五年楚滅弦，晉滅虢，
滅虞；十二年楚人滅黃；十七年魯滅項（魯，蔡琪本、大德本、
殿本作"楚"，是）；十九年秦人取梁；二十五年衛侯燬滅邢；二
十六年楚人滅夔；三十三年秦滅滑；文四年楚滅江；五年楚人滅
六，滅蓼；十六年楚人、秦人、巴人滅庸；宣八年楚人滅舒蓼，
九年取根牟；十二年楚子滅蕭；十五年晉師滅赤狄潞氏；成六年
取鄟；十七年楚滅舒庸；襄六年莒人滅鄫，齊侯滅萊；十年諸侯
滅偪陽；十三年取邿；二十五年楚滅舒鳩；昭四年楚子滅賴；十
二年晉滅肥；十六年楚子取戎蠻氏；十七年晉滅陸渾戎；二十二
年晉滅鼓（二十二，蔡琪本、大德本、殿本作"二十一"，是）；
三十年吳滅徐；定四年蔡滅沈；五年楚滅唐；六年鄭滅許；十四
年楚人滅頓；十五年楚子滅胡；哀八年宋公滅曹；又邾滅須句，
楚滅權（權，蔡琪本誤作"謹"），晉滅焦、楊，楚滅道、房、
申，凡五十二。

[22]【顏注】師古曰：謂桓十五年鄭伯突出奔蔡，襄十四年
衛侯出奔齊，昭三年北燕伯欵出奔齊，二十三年莒子庚輿來奔之
類是也。

　　周室多禍：晉敗其師於貿戎；[1]伐其郊；[2]鄭
傷桓王；[3]戎執其使；[4]衛侯朔召不往，齊逆命而
助朔；[5]五大夫爭權，三君更立，莫能正理。[6]遂

至陵夷不能復興。^[7]由此觀之，和氣致祥，乖氣致異；祥多者其國安，異衆者其國危，天地之常經，古今之通義也。

[1]【顏注】師古曰：貿戎，地名也。《春秋公羊》經成元年秋，王師敗績于貿戎。《傳》曰"孰敗之？蓋晉敗之"也。貿，音莫侯反。

[2]【顏注】師古曰：郊，周邑也。昭二十三年正月，經書"晉人圍郊"也。

[3]【顏注】應劭曰：王以諸侯伐鄭，鄭伯禦之，射王中肩。師古曰：事在桓五年秋。【今注】桓王：周桓王。事見《史記》卷四《周本紀》。

[4]【顏注】師古曰：隱七年冬，經書"天王使凡伯來聘，戎伐凡伯于楚丘以歸"。

[5]【顏注】師古曰：春秋桓十六年，經書"衞侯朔出奔齊"，《穀梁傳》曰"天子召而不往也"。

[6]【顏注】應劭曰：周景王崩，單穆公、劉文公、鞏簡公、甘平公、召莊公，此五大夫相與爭奪，更立王子猛、子朝及敬王，是爲三君也。更，音工衡反。

[7]【顏注】師古曰：陵夷謂卑替也。解在《成紀》及《異姓諸侯王表》也。【今注】陵夷：本書卷一〇《成紀》："帝王之道日以陵夷"，顏注："陵，丘陵也。夷，平也。言其頹替若丘陵之漸平也。又曰陵遲亦言如丘陵之逶遲，稍卑下也。他皆類此。"

今陛下開三代之業，招文學之士，^[1]優游寬容，^[2]使得並進。今賢不肖渾殽，^[3]白黑不分，邪正雜糅，忠讒並進。^[4]章交公車，人滿北軍。^[5]朝

臣舛午，膠戾乘剌，^[6]更相讒愬，轉相是非。^[7]傳
授增加，文書紛糾，前後錯繆，毀譽渾亂。^[8]所以
營或耳目，感移心意，不可勝載。^[9]分曹爲黨，往
往群朋，^[10]將同心以陷正臣。正臣進者，治之表
也；正臣陷者，亂之機也。乘治亂之機，未知孰
任，而災異數見，此臣所以寒心者也。

[1]【今注】文學：即經學。

[2]【今注】優游：優容；寬待。

[3]【顏注】師古曰：言雜亂也。渾，音胡本反，其下亦同。
【今注】案，楊樹達《漢書窺管》："上文語氣未竟，今字亦與上文
複，今疑令字之誤。景祐本亦誤今。《説文》十一篇上《水部》
云：'渾，混流聲也''溷，亂也'。此假渾爲'溷'。"

[4]【顏注】師古曰：糅，和也，音汝救反（殿本此注在
"邪正雜糅"後）。

[5]【顏注】如淳曰：《漢儀注》，中壘校尉主北軍壘門内，
尉一人，主上書者獄。上章於公車，有不如法者，以付北軍尉，
北軍尉以法治之。楊惲上書，遂幽北闕。北闕，公車所在。【今
注】人滿北軍：沈欽韓《漢書疏證》據《東觀漢記》上書當到北
軍待報的記載認爲，這是指待詔廩食在北軍的人多，不可解作下
獄。案，北軍，漢代屯衛京城的禁衛軍之一。初以中尉統率，武帝
時增設八校尉，更名中尉爲執金吾。

[6]【顏注】師古曰：言志意不和，各相違背。午，音五故
反；剌，音來曷反。【今注】舛午：抵觸。又作"舛忤""舛连"。
楊樹達《漢書窺管》引《説文·午部》補證："午，牾也。牾，逆
也。"《禮記·哀公問》云："午其氣以伐有道。"午，《大戴禮記》
作"忤"。 膠戾乘剌：乖戾。

[7]【顏注】師古曰：更，音工行反（行，蔡琪本、殿本作

“衡”。又殿本此注在“更相讒愬”後)。

[8]【顏注】師古曰：言各任私情，不得其實。【今注】傳授增加：指在事情傳播接受過程中增入不實内容。

[9]【顏注】師古曰：言其誣周天子也。營謂回繞之。【今注】或：通“惑”。蔡琪本、殿本作“惑”。

[10]【顏注】師古曰：曹，輩也。

    夫乘權藉勢之人，子弟鱗集於朝，[1]羽翼陰附者衆，輻湊於前，[2]毀譽將必用，以終乖離之咎。[3]是以日月無光，雪霜夏隕，海水沸出，陵谷易處，列星失行，皆怨氣之所致也。夫遵衰周之軌迹，循詩人之所刺，而欲以成太平，致雅頌，猶卻行而求及前人也。[4]初元以來六年矣，[5]案《春秋》六年之中，災異未有稠如今者也。[6]夫有《春秋》之異，無孔子之救，猶不能解紛，[7]況甚於《春秋》乎？原其所以然者，讒邪並進也。讒邪之所以並進者，由上多疑心，既已用賢人而行善政，如或譖之，則賢人退而善政還。[8]夫執狐疑之心者，來讒賊之口；持不斷之意者，開群枉之門。[9]讒邪進則衆賢退，群枉盛則正士消。故《易》有《否》《泰》。[10]小人道長，君子道消，君子道消，則政日亂，故爲《否》。否者，閉而亂也。君子道長，小人道消，小人道消，則政日治，故爲《泰》。泰者，通而治也。《詩》又云“雨雪麃麃，見晛聿消”，[11]與《易》同義。

[1]【顏注】師古曰：言其相次如魚鱗。

[2]【顏注】師古曰：輻湊，言如車輻之歸於轂也。

[3]【顏注】師古曰：言讒佞之人毀譽得進，則忠賢被斥，日以乖離也。

[4]【顏注】師古曰：卻，音丘略反。【今注】卻行：倒退而行。

[5]【今注】初元：漢元帝劉奭年號（前48—前44）。

[6]【顏注】師古曰：稠，多也。音直流反。

[7]【顏注】師古曰：紛，亂也。

[8]【顏注】師古曰：還謂收還也。

[9]【顏注】師古曰：枉，曲也。

[10]【顏注】師古曰：否，音皮鄙反。

[11]【顏注】師古曰：此《小雅·角弓》篇，刺幽王好讒佞之詩也。麃麃，盛也。見，無雲也。晛，日氣也。聿，辭也。言雨雪之盛麃麃然，至於無雲，日氣始出，而雨雪皆消釋矣。喻小人雖多，王若欲興善政，則賢者升用，而小人誅滅矣。麃，音彼驕反。晛，音乃見反。【今注】麃麃（biāo）：今本《毛詩》作"瀌瀌"。雨雪大之貌。　見：《漢書考正》宋祁指出《韓詩》作"曣"，云"曣見日出也"。今《詩》作"見"。或向引《韓詩》，後人便改作"見"。王先謙《漢書補注》引王先慎以爲，《說文》"曣，星無雲也"。顏注"無雲也"，則所注《漢書》本作"曣"，不作"見"。疑後人用《毛詩》改"曣"爲"見"。向本《魯詩》學，"曣"字與《韓》同。宋謂劉引《韓詩》，亦非。　晛（xiàn）：日光。　聿：今本《毛詩》作"曰"。

昔者鯀、共工、驩兜與舜、禹雜處堯朝，[1]周公與管、蔡並居周位，[2]當是時，迭進相毀，[3]流言相謗，豈可勝道哉！帝堯、成王能賢舜、禹、周公而消共工、管、蔡，[4]故以大治，榮華至今。[5]孔子與季、孟偕仕於魯，[6]李斯與叔孫俱宦於秦，[7]定公、始皇賢季、孟、李斯而消孔子、叔孫，[8]故以大亂，污辱至今。故治亂榮辱之端，在所信任，信任既賢，在於堅固而不移。《詩》云："我心匪石，不可轉也"。[9]言守善篤也。《易》曰："渙汗其大號"。[10]言號令如汗，汗出而不反者也。今出善令，未能踰時而反，是反汗也;[11]用賢未能三旬而退，是轉石也。《論語》曰："見不善如探湯。"[12]今二府奏佞諂不當在位，歷年而不去。[13]故出令則如反汗，用賢則如轉石，去佞則如拔山，如此望陰陽之調，不亦難乎！

[1]【顏注】師古曰：鯀，崇伯之名，即檮杌也。共工，少皞氏之後，即窮奇也。驩兜，帝鴻氏之後，即渾敦也。鯀，音工本反。驩，音火官反。檮，音徒高反。杌，音"兀"。渾，音胡本反。敦，音徒本反。【今注】案，諸人事迹見《史記》卷一《五帝本紀》。

[2]【今注】管蔡：即管叔鮮、蔡叔度。世家見《史記》卷三五。

[3]【顏注】師古曰：迭，互也。音大結反。

[4]【今注】成王：即周成王姬誦，事見《史記》卷四《周本紀》。

[5]【今注】榮華：這裏指聲名榮耀。

[6]【顏注】師古曰：季、孟謂季孫、孟孫，皆桓公之後代，執國權而卑公室也。

[7]【顏注】師古曰：叔孫者，叔孫通也。【今注】李斯：傳

見《史記》卷八七。　叔孫：叔孫通。傳見本書卷四三。

　　[8]【今注】定公：即魯定公姬宋。事迹見《史記》卷三三《魯周公世家》。　消：排遣。

　　[9]【顏注】師古曰：此《邶·柏舟》之詩也，言石性雖堅，尚可移轉，己貞確（己貞確，蔡琪本作“己志須”，大德本、殿本作“己志貞確”），執德不傾，過於石也。【今注】匪：非。

　　[10]【顏注】師古曰：此《易·渙卦》九五爻辭也。言王者渙然大發號令，如汗之出也。

　　[11]【顏注】師古曰：一時（一，蔡琪本、殿本作“踰”），三月也。

　　[12]【顏注】師古曰：《論語》載孔子之言。探湯，言其除難無所避也。【今注】案，語見今本《論語·季氏》。

　　[13]【顏注】如淳曰：二府，丞相、御史也。師古曰：諝，古詡字。【今注】二府：丞相及御史大夫。爲漢人政治習稱。王鳴盛《十七史商榷》卷二三曰：“‘御史’者，‘御史大夫’省文。《後書·何敞傳》‘二府以爲故事’，注：‘二府，謂司徒、司空。’司徒即丞相，司空即御史大夫，亦稱兩府。《杜延年傳》‘當與兩府及廷尉分章’，如淳注：‘兩府，丞相、御史也。’《車千秋等傳》贊‘丞相、御史兩府之士，不能正議’，《趙充國傳》‘兩府白遣義渠安國行視諸羌’，《蕭望之傳》‘天子下其議兩府’，《薛宣傳》‘宣考績功課，簡在兩府’，《翟方進傳》‘司隸校尉初除謁兩府’是也。亦稱大府。《杜周傳》‘郡吏大府舉之廷尉’，師古注‘大府，丞相、御史之府’是也。二府政本，丞相固助理萬機，御史大夫即佐之，故《朱雲傳》華陰守丞嘉薦雲試守御史大夫，云‘御史之官，宰相之副，九卿之右’，又雲爲槐里令，丞相韋元成奏其亡狀，雲自訟，而御史中丞陳咸與相善，爲求下御史中丞，事下丞相，乃考其罪。可見漢時二府權重，有大事必下二府治之。御史大夫副宰相，在九卿之右，而中丞權亦幾與相埒也。《後書》多稱三

府謂太尉、司徒、司空，見《承宮》《郎顗》《賈琮》《朱浮》《陳元》《寒朗傳》。亦稱三司，見《胡廣》《鄭康成傳》。蓋古以司徒、司馬、司空爲三公，後雖改名太尉，而太尉即司馬，故云三司也。合大將軍亦稱四府，見《後書·質帝紀》《和熹鄧皇后紀》《趙典》《應奉傳》。亦有以三公并太傅稱之者，《後書·虞詡傳》注‘四府，謂太傅、太尉、司徒、司空之府’是也。或稱五府者，《後書·樊宏傳》注‘五府，謂太傅、太尉、司徒、司空、大將軍’是也。”

　　是以群小窺見間隙，[1]緣飾文字，巧言醜詆，[2]流言飛文，[3]譁於民間。[4]故《詩》云：“憂心悄悄，慍于群小。”[5]小人成群，誠足慍也。[6]昔孔子與顏淵、子貢更相稱譽，不爲朋黨；[7]禹、稷與皋陶傳相汲引，不爲比周。[8]何則？忠於爲國，無邪心也。故賢人在上位，則引其類而聚之於朝，《易》曰：“飛龍在天，大人聚也”。[9]在下位，則思與其類俱進，《易》曰：“拔茅茹以其彙，征吉”。[10]在上則引其類，在下則推其類，故湯用伊尹，不仁者遠，而衆賢至，類相致也。今佞邪與賢臣並交戟之內，[11]合黨共謀，違善依惡，歙歙訿訿，數設危險之言，欲以傾移主上。如忽然用之，[12]此天地之所以先戒，災異之所以重至者也。[13]

[1]【今注】群小：衆小人。

[2]【顏注】師古曰：詆，毀也，辱也。音丁禮反。

[3]【今注】飛文：謂毀謗人的匿名文書。王先謙《漢書補

注》引《資治通鑑》胡三省注云："放言於外以誣人曰流言。爲飛書以詆毀，若今之匿名書，曰飛文。"

[4]【顏注】師古曰：譁，讙也。譁，音火瓜反。

[5]【顏注】師古曰：此《鄘·柏舟》言仁而不遇之詩也（鄘，蔡琪本誤作"廊"，大德本、殿本作"邶"，同）。悄悄，憂貌。慍，怒也。悄，音千小反。

[6]【今注】案，王先謙《漢書補注》以爲此是《魯詩》訓。《荀子·宥坐》釋《詩》曰"小人成群，斯足憂矣"，《韓詩外傳》云"小人成群，何足禮哉"，皆與此義同，與今《毛傳》別。

[7]【顏注】師古曰：事具見《論語》。更，音工衡反。【今注】顏淵子貢：二人傳見《史記》卷六七。

[8]【顏注】師古曰：事見《尚書·舜典》。比，音頻寐反。【今注】稷：又稱后稷。名棄，舜時爲農業官，周始祖。事見《史記》卷四《周本紀》。　皋陶：又稱咎繇。舜時爲刑法官。事見《史記》卷一《五帝本紀》及卷二《夏本紀》。　傳：王先謙《漢書補注》引《資治通鑑》胡三省注云："傳，柱戀反，遞也。"　汲引：引薦；提拔。　比周：結黨營私。

[9]【顏注】師古曰：此《乾卦》九五象辭也。言聖王正位，臨馭萬方，則賢人君子皆來見也。【今注】飛龍：何焯《義門讀書記》卷一七曰："飛龍以喻賢人。顏説乃後儒釋經之詞，亦非向引《易》本意。"　聚：王先謙《漢書補注》引葉德輝，指出今本《周易·乾卦》作"大人造也"。《經典釋文》云："劉歆父子作'聚'。"與此正合。

[10]【顏注】鄭氏曰："彙"音"謂"。彙（殿本無"彙"字），類也。茹，牽引也。茅喻君有絜白之德（絜，殿本作"潔"），臣下引其類而仕之。師古曰：此《泰卦》初九爻辭。征，行也。茹，音汝據反。

[11]【顏注】師古曰：交戟，謂宿衞者。【今注】案，大德

本、殿本"並"後有"在"字。

[12]【今注】忽然：猶言因一時不察而忽略。

[13]【顏注】師古曰：重，音直用反。

　　自古明聖，未有無誅而治者也，故舜有四放之罰，[1]而孔子有兩觀之誅，[2]然後聖化可得而行也。今以陛下明知，[3]誠深思天地之心，迹察兩觀之誅，[4]覽《否》《泰》之卦，觀雨雪之詩，歷周、唐之所進以爲法，原秦、魯之所消以爲戒，[5]考祥應之福，省災異之禍，以揆當世之變，[6]放遠佞邪之黨，壞散險詖之聚，[7]杜閉群枉之門，廣開衆正之路，[8]決斷狐疑，分別猶豫，使是非炳然可知，則百異消滅，而衆祥並至，太平之基，萬世之利也。臣幸得託肺附，[9]誠見陰陽不調，不敢不通所聞。[10]竊推《春秋》災異，以救今事一二，條其所以，[11]不宜宣泄。臣謹重封昧死上。

[1]【顏注】師古曰：謂流共工于幽州，放驩兜于崇山，竄三苗於三危，殛鯀于羽山也。

[2]【顏注】應劭曰：少正卯姦人之雄，故孔子攝司寇七日（殿本無"故"字），誅之於兩觀之下。師古曰：兩觀，謂闕也。

[3]【今注】明知：明智。

[4]【顏注】師古曰：尋其餘迹而察之。

[5]【顏注】師古曰：歷謂歷觀之，原謂思其本也。【今注】案，指上文魯定公不用孔子用季、孟；秦始皇不用叔孫通而用李斯。

[6]【顏注】師古曰：省，視也。揆，度也。

[7]【顏注】師古曰：險言曰詖，音彼義反。【今注】險詖：
陰險邪僻。

[8]【顏注】師古曰：杜，塞也（殿本此注在"杜閉群枉之
門"後）。

[9]【顏注】師古曰：舊解云肺附謂肝肺相附著，猶言心膂
也。一說肺謂斫木之肺札也，自言於帝室猶肺札附於大材木也。
【今注】肺附：王念孫《讀書雜志·漢書第八》以爲顏注"一說"
近是。但既言"附"，又言"託"，則語意重出。是肺、附皆謂木
皮。《說文》"朴，木皮也"，"柿，削木札朴也"，作"肺"者，爲
假借之字。《後漢書》卷八二《方術傳上》"風吹削肺"是其證。
今本《後漢書》"肺"誤作"胇"，《顏氏家訓》已辯其誤。又
《毛詩·角弓》鄭玄箋："附，木桴也。"孔穎達《正義》："桴，謂
木表之麤皮也。""桴""附""朴"聲並相近，"肺""附"爲語音
之轉。劉向言已爲帝室微末之親，如木皮之託於木。下文云"臣幸
得託末屬"，是其證。本書卷五二《田蚡傳》"蚡以肺附爲相"，卷
五三《中山靖王傳》"得蒙肺附"，卷五五《衛青傳》"青幸得以肺
附待罪行間"，卷八〇《宣元六王傳》"博幸得肺附"，卷八六《師
丹傳》"肺附何患不富貴"，卷九九上《王莽傳上》"伏自惟念得託
肺附"，《史記·惠景間侯者表》序"諸侯子弟若肺附"，案，今本
"附"多作"胕"，因"肺"字而誤。凡"肺附"字作"肺胕"者
皆誤。古書"藏府"字亦無作"胕"者。《後漢書》卷一二《盧芳
傳》"以肺胕之故"，《太玄·親》"次八曰肺胕附乾鏃，其榦已
良"，義並同。若以肺爲肺肝之肺，則義不可通。王繼如以爲是漢
代習語，實以木札、木皮喻疏末之親，擴大言之，非嫡親之戚屬亦
稱（參見《"肺胕""録囚"通說：漢代語詞考釋之六》，《南京師
大學報》1991 年第 2 期）。

[10]【今注】通：王念孫《讀書雜志·漢書第八》以爲"通"
猶"道"也。謂道其所聞。本書卷七五《夏侯勝傳》謂勝曰："先

生通正言，無懲前事”，顏師古注“通，謂陳道之也”。

[11]【顏注】師古曰：以，由也。

　　恭、顯見其書，愈與許、史比而怨更生等。[1]堪性公方，自見孤立，遂直道而不曲。[2]是歲夏寒，日青無光，恭、顯及許、史皆言堪、猛用事之咎。上內重堪，又患衆口之寖潤，[3]無所取信。時長安令楊興以材能幸，[4]常稱譽堪。上欲以爲助，乃見問興：“朝臣斷斷不可光祿勳，何邪？”[5]興者傾巧士，謂上疑堪，因順指曰：“堪非獨不可於朝廷，自州里亦不可也。[6]臣見衆人聞堪前與劉更生等謀毀骨肉，以爲當誅，故臣前言堪不可誅傷，爲國養恩也。”上曰：“然此何罪而誅？今宜奈何？”興曰：“臣愚以爲可賜爵關內侯，食邑三百戶，勿令典事。明主不失師傅之恩，此最策之得者也。”上於是疑。會城門校尉諸葛豐亦言堪、猛短，[7]上因發怒免豐。語在其傳。又曰：“豐言堪、猛貞信不立，朕閔而不治，又惜其材能未有所效，其左遷堪爲河東太守，[8]猛槐里令。”[9]顯等專權日甚。

[1]【顏注】師古曰：比，音頻寐反。

[2]【今注】公方：公正方直。　遂：竟然；終於。

[3]【今注】寖潤：逐漸滲透。謂讒言漸積而發生作用。

[4]【今注】楊興：字君蘭。元帝時爲長安令。因欲得高官，與賈捐之相互舉薦，爲石顯告發，減死罪一等，髠鉗爲城旦。成帝時，官至部刺史。陳直《漢書新證》：“朱一新謂楊興見《賈捐之傳》，是也。又楊興官長安令，亦見《匡衡傳》。興官諫議大夫，

見《元后傳》。興官中郎將出使弔匈奴喪，見《天文志》。楊興事迹可考如此。"

[5]【顏注】師古曰：齗齗，忿嫉之意也。齗，音牛斤反。【今注】齗：音 yín。

[6]【今注】州里：泛指鄉里本土。

[7]【今注】城門校尉：漢武帝時置，掌京城長安諸城門警衛，領城門屯兵。秩二千石。 諸葛豐：傳見本書卷七七。

[8]【今注】河東：郡名。治安邑縣（今山西夏縣西北）。

[9]【今注】槐里令：即槐里縣縣令。槐里縣，漢高帝時改廢丘縣置，屬右扶風。治所在今陝西興平市東南。

後三歲餘，孝宣廟闕災，[1]其晦，[2]日有蝕之。於是上召諸前言日變在堪、猛者責問，皆稽首謝。乃因下詔曰："河東太守堪，先帝賢之，命而傅朕。資質淑茂，道術通明，[3]論議正直，秉心有常，發憤悃愊，[4]信有憂國之心。以不能阿尊事貴，孤特寡助，抑厭遂退，[5]卒不克明。[6]往者衆臣見異，[7]不務自修，深惟其故，而反晻昧說天，託咎此人。[8]朕不得已，[9]出而試之，以彰其材。堪出之後，大變仍臻，衆亦嘿然。[10]堪治未期年，而三老官屬有識之士詠頌其美，[11]使者過郡，靡人不稱。[12]此固足以彰先帝之知人，而朕有以自明也。俗人乃造端作基，非議詆欺，[13]或引幽隱，非所宜明，意疑以類，欲以陷之，朕亦不取也。朕迫于俗，不得專心，乃者天著大異，朕甚懼焉。今堪年衰歲暮，恐不得自信，[14]排於異人，將安究之哉？[15]其徵堪詣行在所。"[16]拜爲光祿大夫，秩中二千石，領尚書事。猛復爲太中大夫給事中。顯幹尚書，[17]尚書五人，皆其黨也。堪希得見，常因顯白事，事決顯口。會堪疾瘖，不能言而卒。[18]顯誣譖猛，令自殺於公車。更生傷之，乃著《疾讒》《摘要》《救危》及《世頌》，凡八篇，[19]依興古事，悼己及同類也。[20]遂廢十餘年。

[1]【今注】闕：宮殿門前左右樓觀，中間闕然爲道，故名。

[2]【今注】晦：農曆每月末一日。

[3]【顏注】師古曰：淑，善也。茂，美也（殿本此注在“資質淑茂”後）。

[4]【顏注】張晏曰：悃，誠也。愊，緻密也。師古曰：悃愊，至誠也。悃，音口本反。愊，音平力反。【今注】悃愊：音kǔn bì。

[5]【顏注】師古曰：厭，音一甲反，謂不伸也。【今注】抑厭：亦作“抑壓”。壓制。

[6]【顏注】師古曰：卒，終也。克，能也。

[7]【顏注】師古曰：異，災異也。

[8]【顏注】師古曰：晻，不明也，讀與暗同，又音烏感反。【今注】晻昧：愚昧。

[9]【顏注】師古曰：已，止也。

[10]【今注】嘿然：默然。

[11]【今注】三老：指郡三老，掌教化，參與郡政。

[12]【顏注】師古曰：靡，無也。

[13]【顏注】師古曰：詆，毀也，音丁禮反。

[14]【顏注】師古曰：“信”讀曰“伸”。

[15]【顏注】師古曰：究，竟也，明也。

[16]【今注】行在所：指天子所在的地方。本書卷六《武紀》：“諭三老孝弟以爲民師，舉獨行之君子，徵詣行在所。”顏師

古注：“天子或在京師，或出巡狩，不可豫定，故言行在所耳，不得亦謂京師爲行在也。”

[17]【顏注】師古曰：幹與管同，言管主其事。【今注】案，蔡琪本、大德本、殿本“尚書”後有“事”字。

[18]【顏注】師古曰：瘖，音於今反。【今注】瘖：啞。

[19]【顏注】師古曰：摘謂指發之也，音吐歷反。【今注】案，陳直《漢書新證》：“劉向所著《疾讒》等篇，皆是篇名，尚未有書名。《世頌》似另爲一篇，《高祖本紀》贊引劉向頌高祖云‘漢帝本系，出自唐帝，降及于周，在秦作劉’云云，或爲《世頌》篇中文字，或爲劉向補《史記》紀傳之文字。”

[20]【顏注】師古曰：興謂比喻也，音許證反。

成帝即位，顯等伏辜，[1]更生乃復進用，更名向。向以故九卿召拜爲中郎，使領護三輔都水。[2]數奏封事，[3]遷光禄大夫。是時帝元舅陽平侯王鳳爲大將軍秉政，[4]倚太后，專國權，[5]兄弟七人皆封爲列侯。時數有大異，向以爲外戚貴盛，鳳兄弟用事之咎。而上方精於《詩》《書》，[6]觀古文，詔向領校中五經祕書。[7]向見《尚書·洪範》，箕子爲武王陳五行陰陽休咎之應。[8]向乃集合上古以來歷春秋六國至秦漢符瑞災異之記，[9]推迹行事，連《傳》禍福，[10]著其占驗，比類相從，各有條目，凡十一篇，號曰《洪範五行傳論》，[11]奏之。天子心知向忠精，故爲鳳兄弟起此論也，然終不能奪王氏權。久之，營起昌陵，[12]數年不成，復還歸延陵，[13]制度泰奢。[14]向上疏諫曰：

[1]【今注】伏辜：伏法。

[2]【顏注】蘇林曰：三輔多溉灌渠，悉主之，故言都水。
【今注】領護三輔都水：西漢京兆、左馮翊、右扶風各置都水官長、
丞，故三輔雖各有都水官，領護三輔都水協同三輔水利管理。

[3]【今注】案，楊樹達《漢書窺管》："建始二年，罷甘泉汾
陰祠。是日大風拔甘泉中大木，帝異之，以問向，向對不宜罷，見
《郊祀志》。"

[4]【今注】元舅：即長舅。　王鳳：字孝卿，西漢東平陵
（今山東濟南市東）人。王禁子，妹爲漢元帝皇后王政君。初爲衛
尉，襲父爵陽平侯。成帝即位，以外戚爲大司馬大將軍，領尚書
事。輔政十一年。事見本書卷九八《元后傳》。

[5]【顏注】師古曰：倚，音於綺反。

[6]【今注】精：專一。

[7]【顏注】師古曰：言中者以別於外。【今注】中五經祕
書：陳直《漢書新證》："西漢中秘書當指天禄、石渠二閣所藏而
言。其餘有太常藏書，見劉向《列子》《關尹子》書録。太史令藏
書，見劉向《管子》《晏子》《列子》書録。温室藏書，見《隋書·
經籍志》序。"

[8]【顏注】師古曰：休，美也，音許求反。它皆類此（它，
殿本作"他"）。【今注】箕子：商代人，名胥餘。紂之叔父，一
說爲紂庶兄。封子爵，國於箕。紂暴虐，箕子諫而不聽。箕子懼，
披髮佯狂爲奴，爲紂所囚。周武王滅商，釋放箕子。事見《史記》
卷三八《宋微子世家》。

[9]【今注】符瑞：吉祥徵兆。

[10]【今注】連傳禍福：指連屬《春秋穀梁傳》災禍。本書
《五行志上》："劉向治《穀梁春秋》，數其禍福，傳以洪範，與仲
舒錯。"

[11]【今注】洪範五行傳論：楊樹達《漢書窺管》："《藝文
志》劉向《五行傳記》十一卷，名與此異。今其說散見《五行

志》中。"

[12]【今注】昌陵：漢成帝鴻嘉元年（前 20）以新豐縣戲鄉
置昌陵縣，在此營建陵墓，治所在今陝西西安市臨潼區東。永始元
年（前 16）廢。

[13]【今注】延陵：西漢成帝劉驁陵墓。在今陝西咸陽市北。

[14]【今注】制度泰奢：王先謙《漢書補注》以爲漢成帝以
渭城延陵亭部爲初陵，在建始二年（前 31）；以新豐戲鄉爲昌陵
縣，在鴻嘉元年；罷昌陵反故陵，在永始元年。反故陵，即此傳所
云"復還歸延陵"。反故陵後，制度仍奢，故向上此疏末云"初陵
之橅，宜從公卿大臣之議"，明劉向此疏諫延陵制度之奢，非諫昌
陵。本書卷八五《谷永傳》云"五年不成，而後反故。又廣盱營
表，發人冢墓，斷截骸骨，暴揚尸柩。百姓財竭力盡，愁恨感天"，
又云"且寢初陵之作，止諸營繕宮室"，與向此時進諫事可互證。
《漢紀》《資治通鑑》並載此疏於永始元年罷昌陵之前，以爲向諫
昌陵，誤。

臣聞《易》曰："安不忘危，存不忘亡，是以
身安而國家可保也。"[1] 故賢聖之君，博觀終
始，[2] 窮極事情，而是非分明。王者必通三統，[3]
明天命所授者博，非獨一姓也。孔子論《詩》，至
於"殷士膚敏，祼將于京"，[4] 喟然歎曰：[5] "大
哉天命！善不可不傳于子孫，是以富貴無常；不
如是，則王公其何以戒慎，民萌何以勸勉？"[6] 蓋
傷微子之事周，[7] 而痛殷之亡也。雖有堯舜之聖，
不能化丹朱之子；[8] 雖有禹湯之德，不能訓末孫之
桀紂。自古及今，未有不亡之國也。

[1]【顏注】師古曰:《易》下《繫》之辭。

[2]【今注】終始:楊樹達《漢書窺管》認爲即"終始五德之運"。"《史記·秦始皇紀》云:'始皇推終始五德之傳,以爲周得火德,秦代周德,從所不勝,方今水德之始。'又《封禪書》云:'齊威宣之時,騶子之徒論著終始五德之運。'《郊祀志贊》云:'包羲氏始受木德,其後以母傳子,終而復始。'即其事也。又本書《張蒼傳》亦云:'魯人公孫臣上書陳《終始五德傳》',或疑終始五德不宜但稱終始,然《律曆志》云:'丞相屬寶、長安單安國、安陵桮育治終始,言黃帝以來三千六百九十二歲。'《藝文志》陰陽家有'《公檮生終始》十四篇,《鄒子終始》五十六篇',《鄒子終始》正《封禪書》所謂騶子之徒論著終始五德之運者也。然則終始五德省稱終始,信而有征矣。"

[3]【顏注】應劭曰:二王之後,與己爲三統也。孟康曰:天地人之始也。張晏曰:一曰天統,謂周十一月建子爲正,天始施之端也。二曰地統,謂殷以十二月建丑爲正,地始化之端也。三曰人統,謂夏以十三月建寅爲正(三,蔡琪本誤作"二"),人始成之端也。師古曰:諸家之説皆不備也。言王者象天地人之三統,故存三代也。

[4]【顏注】師古曰:此《大雅·文王》之篇。殷士,殷之卿士也。膚,美也。敏,疾也。祼,灌鬯也。將,行也。京,周京也。言殷之臣有美德而敏疾,乃來助祭于周,行祼鬯之事,是天命無常,歸於有德。

[5]【顏注】師古曰:喟然,歎息皃(皃,蔡琪本、殿本作"貌",下同不注),音丘位反。

[6]【顏注】師古曰:萌與甿同,無知之皃。【今注】民萌:同"民氓"。陳直《漢書新證》據《隸釋》卷一二《楊震碑》云:"凡百梨萌。"以爲與本文同,"萌"爲東漢時常用隸體假借字。

[7]【今注】微子:姓子,名啓,商紂王庶兄。封於微,故稱

微子。紂王荒淫暴虐，他多次進諫，紂不聽，遂出走。周武王滅商，微子降周。周公旦誅滅武庚後，被封於宋，爲宋國始祖。世家見《史記》卷三八。

[8]【今注】丹朱：帝堯之子。名朱，居丹淵，因名丹朱。堯因其不肖，傲慢荒淫，禪位於舜。又《漢書考正》劉攽曰：“雖有堯舜之聖，不能化丹朱之子”，既言“堯舜”，應言舜子“商均”，是脫此二字。

  昔高皇帝既滅秦，將都雒陽，感寤劉敬之言，[1]自以德不及周，[2]而賢於秦，遂徙都關中，依周之德，因秦之阻。世之長短，以德爲效，[3]故常戰栗，[4]不敢諱亡。孔子所謂“富貴無常”，蓋謂此也。孝文皇帝居霸陵，北臨厠，[5]意悽愴悲懷，顧謂群臣曰：“嗟乎！以北山石爲椁，用紵絮斲陳漆其間，[6]豈可動哉！”張釋之進曰：“使其中有可欲，雖錮南山猶有隙；使其中無可欲，雖無石椁，又何感焉？”[7]夫死者無終極，而國家有廢興，故釋之之言，爲無窮計也。孝文寤焉，遂薄葬，不起山墳。

[1]【今注】劉敬：即婁敬。傳見本書卷四三。

[2]【今注】德不及周：沈欽韓《漢書疏證》據《説苑·至公》：“昔周成王之卜居成周也，其命龜曰：‘予一人兼有天下，辟就百姓，敢無中土乎？使予有罪，則四方伐之，無難得也。’”《淮南子·氾論訓》：“武王克殷，欲築宮於五行之山。周公曰：‘不可。夫五行之山，固塞險阻之地也，使我有暴亂之行，則天下之伐我難矣。’”以爲周欲子孫以德久長，故不使憑恃險阻。漢德不及

周，故即關中之險。

[3]【顏注】師古曰：效謂徵驗也。

[4]【今注】戰栗：戰慄。

[5]【顏注】服虔曰：厠，側近水也。李奇曰：霸陵山北頭厠近霸水，帝登其上以遠望也。【今注】霸陵：西漢文帝劉恒墓。因地處霸上，故名。在今陝西西安市東北。

[6]【顏注】應劭曰：斲，斬也。陳，施也。孟康曰：斲絮以漆著其間也。師古曰：美石出京師北山，今宜州石是也，故云"以北山石爲椁"。紵絮者，可以紵衣之絮也。斲而陳其間，又從而漆之也。紵，音張呂反。斲，音側略反。【今注】椁（guǒ）：外棺。　紵（zhù）：紵麻。　斲（zhuó）：同"斫"。

[7]【顏注】師古曰：有可欲，謂多臧金玉而厚葬之，人皆欲發取之，是有間隙也。無可欲，謂不眞器備而薄葬，人無欲攻掘取之，故無憂慼也。錮謂鑄塞也。云錮南山者，取其深大，假爲喻也（蔡琪本、殿本"假"後有"以"字）。"錮"音"固"（"音"字底本漫漶不清，據蔡琪本、大德本、殿本補）。【今注】張釋之：傳見本書卷五〇。

《易》曰："古之葬者，厚衣之以薪，臧之中野，不封不樹。[1]後世聖人易之以棺椁。"棺椁之作，自黃帝始。黃帝葬於橋山，[2]堯葬濟陰，[3]丘壟皆小，葬具甚微。[4]舜葬蒼梧，[5]二妃不從。[6]禹葬會稽，[7]不改其列。[8]殷湯無葬處。[9]文、武、周公葬於畢。[10]秦穆公葬於雍橐泉宮祈年館下。[11]樗里子葬於武庫。[12]皆無丘壟之處。[13]此聖帝、明王、賢君、智士遠覽獨慮無窮之計也。其賢臣孝子亦承命順意而薄葬之，此誠奉安君父，忠孝之至也。

[1]【顏注】師古曰：厚衣之以薪，言積薪以覆之也。不封，謂不聚土爲墳也。不樹，謂不種樹也。衣，音於既反。【今注】易曰：見今本《周易·繫辭下》。　中野：荒野。

[2]【顏注】師古曰：在上郡陽周縣。【今注】橋山：即今陝西延安市黃陵縣城北橋山。沈欽韓《漢書疏證》引《大清一統志》：“子午山在慶陽府合水縣東及寧州真寧縣東，即橋山也。據《水經注》‘古陽周在走馬水北’，應在今延安府安定縣北界。真寧之陽周乃後魏僑置，非故縣也。橋山黃帝陵，皆當據《水經注》改入延安府。”

[3]【今注】濟陰：濟水南。帝堯葬地説法頗多，一説在今山東菏澤市東北。沈欽韓《漢書疏證》引《大清一統志》：“唐堯陵在曹州府菏澤縣東北五十里舊雷澤城西，與濮州接界。”

[4]【顏注】晉灼曰：丘壟，冢墳也。【今注】丘壟皆小：王先謙《漢書補注》引葉德輝，認爲據《史記》卷一《五帝本紀》裴駰《集解》引劉向曰“堯葬濟陰丘壠山”，則知此處“丘壠皆小”誤。

[5]【今注】蒼梧：即蒼梧山，又名九嶷山。在今湖南寧遠縣南。

[6]【顏注】師古曰：二妃，堯之二女。【今注】二妃：即娥皇、女英。

[7]【今注】會稽：即會稽山，在今浙江紹興市南。

[8]【顏注】鄭氏曰：不改樹木百物之列也。如淳曰：列，壠也。《墨子》曰：“禹葬會稽之山，既葬，收餘壤其上，壟若參耕之畝，則止矣。”晉灼曰：列，肆也。《淮南子》云：“舜葬蒼梧，不變其肆”，言不煩於民也。師古曰：鄭説是也。《淮南》所云“不變其肆”，肆者故也，言山川田畝皆如故耳，非列義也

（列，大德本同，蔡琪本、殿本作“别”，是）。晉氏失之。【今注】不改其列：沈欽韓《漢書疏證》據《吕氏春秋‧安死篇》“舜葬於紀市，不變其肆”，以爲肆爲市肆矣。顔説非。

　　[9]【顔注】師古曰：謂不見傳記也。【今注】殷湯無葬處：王先謙《漢書補注》引《漢書考正》宋祁引《左傳》杜預注曰：“梁國蒙縣有亳城，城中有湯冢，其西又有伊尹冢。”以爲蒙爲北亳，即景。亳爲湯受命之地。《皇覽》曰：“湯冢在濟陰亳縣北東郭，去縣二里。冢四方，方各十步。高七尺，上平，處平地。漢哀帝建平元年，大司空御史長卿案行水災，因行湯冢。”《寰宇記》云：“劉向言湯無葬處，蓋不知其處也。”沈欽韓《漢書疏證》引《水經注‧汳水》：“崔駰曰：‘湯冢在濟陰薄縣北。’《皇覽》曰：‘薄城郭東三里平地有湯冢。’杜預曰：‘梁國蒙縣北有薄伐城，城中有殷湯冢。’今城内有故冢方墳，疑即所謂湯冢者，而世謂之王子喬冢。”以爲湯冢酈氏亦不能決，故劉向謂“無葬處”。

　　[10]【顔注】李奇曰：在岐州之間。臣瓉曰：《汲郡古文》畢西於豐三十里。師古曰：二説皆非也。畢陌在長安西北四十里也。【今注】畢：一説在今陝西咸陽市。沈欽韓《漢書疏證》引《元和郡縣志》：“畢原，即咸陽縣所理也。原南北數十里，東西二三百里，無山川陂湖，井深數十丈，亦謂之畢陌。周公墓在縣北十三里。”引《大清一統志》：“文王、武王陵俱在咸陽縣北十五里。文王陵在南，武王陵在北。”以爲畢有二，故文、武、周公葬處説亦多異。《元和郡縣志》云：“畢原在京兆萬年縣西南二十八里。《書》云‘周公薨，成王葬于畢’”，其説已兩歧。《括地志》“文王、武王墓在萬年縣西南二十八里畢原上”，是周時畢原應在長安西，近酆宮，似當以在咸陽者爲是。

　　[11]【今注】秦穆公：春秋時秦國國君，名任好，諡穆。在位三十九年，爲春秋五霸之一。　雍：即雍縣，治所在今陝西鳳翔縣南。　橐（tuó）泉宮祈年館：在今陝西鳳翔縣長青鄉孫家南頭

村堡子壕。祈年館，又作"蘄年觀"。沈欽韓《漢書疏證》引《括地志》："秦穆公冢在雍縣東南二里。"引《大清一統志》："蘄年宮在鳳翔府南，即秦橐泉宮。"陳直《漢書新證》據《史記》卷五《秦本紀》："秦穆公卒雍。"裴駰《集解》引《皇覽》云："秦穆公冢在橐泉宮祈年觀下。"又《三輔黃圖》亦同，以爲與本文正合。今穆公墓在鳳翔城内，而橐泉宮遺址出土有"橐泉宮當"瓦文，形製則爲漢物，見《秦漢瓦當文字》卷一。

[12]【顏注】文穎曰：秦惠王異母弟也。師古曰：樗里子且死，曰："葬我必於渭南章臺東，後百年當有天子宮夾我墓。"及漢興，長樂宮在其東，未央宮在其西，武庫正直其上也。【今注】樗里子：傳見《史記》卷七一。

[13]【今注】案，隴，蔡琪本作"壠"。

夫周公，武王弟也，葬兄甚微。孔子葬母於防，[1]稱古墓而不墳，[2]曰："丘，東西南北之人也，不可不識也。"[3]爲四尺墳，遇雨而崩。弟子修之，以告孔子，孔子流涕曰："吾聞之，古者不修墓。"蓋非之也。[4]延陵季子適齊而反，[5]其子死，於嬴、博之間，[6]穿不及泉，斂以時服，封墳掩坎，[7]其高可隱，[8]而號曰：[9]"骨肉歸復於土，命也，魂氣則無不之也。"夫嬴、博去吳千有餘里，季子不歸葬。孔子往觀曰："延陵季子於禮合矣。"[10]故仲尼孝子，而延陵慈父，舜禹忠臣，周公弟弟，[11]其葬君親骨肉，皆微薄矣；非苟爲儉，誠便於體也。宋桓司馬爲石椁，仲尼曰"不如速朽。"[12]秦相呂不韋集知略之士而造《春秋》，[13]亦言薄葬之義，[14]皆明於事者也。

[1]【顏注】師古曰：防，魯邑名也。音扶方反。【今注】防：即防山，在今山東曲阜市東。《漢書考正》宋祁以爲正文及顏注文"防"當作"坊"。王先謙《漢書補注》以爲宋説語義難解。疑其所見本作"坊"，云當作"防"，後人轉寫倒誤。

[2]【顏注】師古曰：墓謂壙穴也。墳謂積土也。

[3]【顏注】師古曰：東西南北，言周遊以行其道，不得專在本邦，故墓須表識，音式志反。【今注】案，沈欽韓《漢書疏證》以爲，"叔梁紇之葬，以墓而不墳，故合葬時不知柩之所在，孔子感之，故既葬其母，因封識之。不欲以隱情易故規，乃託言東西南北之人耳。"

[4]【顏注】師古曰：事見《禮記》。【今注】案，事見今本《禮記·檀弓上》。

[5]【今注】延陵：春秋時吳國城邑，爲季札封地，在今江蘇常州市。 季子：即季札，又稱公子札。春秋時吳王壽夢少子。封於延陵，稱延陵季子。後又封州來，稱延州來季子。曾多次出使於魯、齊、鄭、晉、徐等國，爲著名賢君子。

[6]【顏注】師古曰：二邑並在泰山，其子死於其間。【今注】案，大德本、殿本"於"前有"葬"字。

[7]【今注】坎：地面低陷之處。

[8]【顏注】孟康曰：隱蔽之，財可見而已。臣瓚曰：謂人立可隱肘也。師古曰：瓚説是也。隱，音於靳反。【今注】隱：王先謙《漢書補注》引王文彬，以爲當從《禮記》鄭注："隱，據也。封可手據，謂高四尺所。"

[9]【顏注】師古曰：號謂哭而且言也。【今注】號：沈欽韓《漢書疏證》以爲"號"是"復"之聲。《儀禮·士喪禮》"皋某復"，鄭玄注："皋，長聲也。"《周禮·樂師》"詔來瞽皋舞"，鄭玄注："皋之言號也。"《禮記·喪大記》："小臣復，北面三號。"足證"皋""號"字同爲招魂復魄。《禮記·雜記》"大夫士死於道，

則升其乘車之右轂，以其綏復"，則道死有復，但是載尸歸而復，季札葬而復，爲禮之變。觀下"魂氣無不之"，則"號"即爲"復"。

　　[10]【顏注】師古曰：事亦見《禮記》。【今注】案，事見今本《禮記·檀弓上》。

　　[11]【顏注】師古曰：弟弟者，言弟能順理也。上弟音徒計反。【今注】弟弟：悌弟。

　　[12]【顏注】李奇曰：非桓魋爲石槨（非，殿本作"宋"），奢泰，故激以此言。【今注】桓司馬：即桓魋。春秋時宋國人。宋景公時任司馬。孔子過宋，曾欲殺孔子。後有罪，逃入曹國，又逃奔衞國。爲石槨事詳見今本《禮記·檀弓上》。

　　[13]【今注】呂不韋：傳見《史記》卷八五。　春秋：指《呂氏春秋》。

　　[14]【今注】薄葬之義：詳見《呂氏春秋·安死》等篇。

　　逮至吳王闔閭，[1]違禮厚葬，十有餘年，越人發之。及秦惠文、武、昭、嚴襄五王，[2]皆大作丘隴，多其瘞臧，[3]咸盡發掘暴露，甚足悲也。秦始皇帝葬於驪山之阿，[4]下錮三泉，[5]上崇山墳，[6]其高五十餘丈，周回五里有餘。石槨爲游館，[7]人膏爲燈燭，[8]水銀爲江海，黃金爲鳧雁。珍寶之臧，機械之變，[9]棺椁之麗，[10]宮館之盛，不可勝原。[11]又多殺宮人，生薶工匠，計以萬數。天下苦其役而反之，驪山之作未成，而周章百萬之師至其下矣。[12]項籍燔其宮室營宇，[13]往者咸見發掘。[14]其後牧兒亡羊，羊入其鑿，[15]牧者持火照求羊，失火燒其臧椁。自古至今，葬未有盛如始皇者也，數年之間，外被項籍之災，内離牧豎之禍，[16]豈不哀哉！

[1]【今注】吴王闔閭：事見《史記》卷三一《吴太伯世家》。

[2]【顏注】師古曰：嚴襄者，謂莊襄，則始皇父也（殿本無"則"字）。【今注】秦惠文武昭嚴襄五王：秦惠文王名駟，孝公子。及其子武王蕩、昭襄王稷、曾孫莊襄王子楚事迹俱見《史記》卷五《秦本紀》。錢大昕《廿二史考異·漢書三》曰："惠文，一也；武，二也；昭，三也；嚴襄，即莊襄，四也"，此云"五王"，是昭王之後尚有孝文王，傳脱"孝文"二字。

[3]【顏注】師古曰：瘞，埋也。音于例反。

[4]【顏注】師古曰：阿謂山曲也。【今注】驪山：在今陝西西安市臨潼區。

[5]【今注】錮：以金屬填塞。　三泉：三重泉。比喻人死後的葬處。猶言"九泉"。

[6]【今注】崇：增高。

[7]【顏注】李奇曰：壙中爲遊戲之觀也（觀也，殿本作"館"）。師古曰：多累石作椁於壙中（椁，蔡琪本作"槨"，同），以爲離宫别館也。

[8]【今注】人膏：人魚的脂膏。

[9]【顏注】孟康曰：作機發木人之屬，盡其巧變也。晉灼曰：《始皇本紀》令匠作機弩矢，有所穿近，輒射之。又言工匠爲機，咸皆知之，已下，閉羨門，皆殺工匠也。師古曰：晉説是也。【今注】機械之變：王先謙《漢書補注》引王文彬以爲，據下文又有"生薶工匠"之語，則此不得從晉説，當以孟爲是。如《禮記·檀弓下》云公輸般"請以機封"之類。楊樹達《漢書窺管》以爲孟晉二説意同，皆以事證明本文。顏以晉據《史記》爲説，較爲有據，故是其説而謂孟説非。殺工匠，乃帶叙之詞，王文彬認爲

本文之正解，誤。

[10]【今注】案，棹，蔡琪本作“榔”，同。

[11]【顏注】師古曰：言不能盡其本數。【今注】勝原：王念孫《讀書雜志·漢書第八》以爲顏師古説非是。原當釋爲量、度。言其麗與盛不可勝量。《廣雅》：“量、謜，度也。”“謜”與“原”古字通。宋玉《神女賦》“志未可乎得原”，《韓非子·主道篇》“掩其迹，匿其端，下不能原”，《列女傳·頌義小序》云“原度天道，禍福所移”，皆其證。本書卷九九《王莽傳上》“功亡原者賞不限”，原亦量意。有無量之功，故有不限之賞。《淮南子·本經篇》“贏縮卷舒，淪於不測，終始虛滿，轉於無原”，無原，亦謂無量。顏師古注《王莽傳》曰：“無原，謂不可測其本原”，亦誤。《戰國策·齊策》高注：“度，計也。”計與度同義，故計亦謂之原。本書卷六五《東方朔傳》“其山出玉石，金、銀、銅、鐵，豫章、檀、柘，異類之物，不可勝原”，謂不可勝計，顏師古注曰“原，本也。言説不能盡其根本”，亦誤。

[12]【顏注】師古曰：周章，陳勝之將。【今注】周章：王先謙《漢書補注》指出周章即周文。本書卷三一《陳勝傳》：“周文，陳賢人也，嘗爲項燕軍視日，事春申君，自言習兵。勝與之將軍印，西擊秦。行收兵至關，車千乘，卒十萬，至戲，軍焉。秦令少府章邯免驪山徒、人奴産子，悉發以擊楚軍，大敗之。周文走出關，止屯曹陽。二月餘，章邯追敗之，復走黽池。十餘日，章邯擊，大破之。周文自剄，軍遂不戰。”顏師古注引文穎曰：“周文即周章也。”

[13]【今注】營宇：猶宮室。

[14]【顏注】師古曰：言至其墓所者發掘之而求財物也。【今注】往者咸見發掘：楊樹達《漢書窺管》：“謂往日之所經營皆被發掘耳。顏云至其墓所，乃釋往爲往來之往，非是。”

[15]【顏注】師古曰：鑿謂所穿冢臧者，音在到反。【今注】

鑿：錢大昕《三史拾遺》卷三以爲"鑿"猶"隧"也。"隧""鑿"聲相近。

[16]【顏注】師古曰：離，遭也。【今注】牧豎：牧童。

是故德彌厚者葬彌薄，知愈深者葬愈微。[1]無德寡知，其葬愈厚，丘隴彌高，宮廟甚麗，發掘必速。由是觀之，明暗之效，葬之吉凶，昭然可見矣。周德既衰而奢侈，宣王賢而中興，[2]更爲儉宮室，小寢廟。[3]詩人美之，《斯干》之詩是也，[4]上章道宮室之如制，下章言子孫之衆多也。[5]及魯嚴公，[6]刻飾宗廟，多築臺囿，[7]後嗣再絶，[8]《春秋》刺焉。周宣如彼而昌，魯、秦如此而絶，是則奢儉之得失也。

[1]【今注】知：王先謙《漢書補注》引《資治通鑑》胡三省注："'知'讀曰'智'。"

[2]【今注】宣王：即周宣王，名靜。事見《史記》卷四《周本紀》。

[3]【今注】寢廟：古代宗廟的正殿稱廟，後殿稱寢，合稱寢廟。

[4]【顏注】師古曰：《小雅》篇名，美宣王考室。其首章曰"秩秩斯干"。秩秩，流行也。干，澗也。喻宣王之德如澗水源，秩秩流出，無極已也。

[5]【顏注】師古曰：宮室如制，謂"殖殖其廷（廷，蔡琪本作"庭"），有覺其楹，君子攸寧"也。子孫衆多，謂"維熊維羆，男子之祥；維虺維蛇，女子之祥"也。

[6]【顏注】師古曰：即莊公也。【今注】魯嚴公：事見《史

記》卷三三《魯周公世家》。

　　[7]【顏注】師古曰：解在《五行志》。【今注】案，本書
《五行志上》："嚴公二十八年'冬，大亡麥禾'。董仲舒以爲夫人哀
姜淫亂，逆陰氣，故大水也。劉向以爲水旱當書，不書水旱而曰
'大亡麥禾'者，土氣不養，稼穡不成者也。是時，夫人淫於二叔，
内外亡别，又因凶饑，一年而三築臺，故應是而稼穡不成，飾臺榭
内淫亂之罰云。遂不改寤，四年而死，既流二世，奢淫之患也。"

　　[8]【顏注】孟康曰：謂子般、閔公皆殺死也。

　　陛下即位，躬親節儉，始營初陵，其制約小，
天下莫不稱賢明。及徙昌陵，增埤爲高，[1]積土爲
山，發民墳墓，積以萬數，營起邑居，期日迫
卒，[2]功費大萬百餘。[3]死者恨於下，生者愁於上，
怨氣感動陰陽，因之以饑饉，物故流離以十萬
數，[4]臣甚憯焉。[5]以死者爲有知，發人之墓，其
害多矣；若其無知，又安用大？[6]謀之賢知則不
説，以示衆庶則苦之；[7]若苟以説愚夫淫侈之人，
又何爲哉！陛下慈仁篤美甚厚，聰明疏達蓋世，
宜弘漢家之德，崇劉氏之美，光昭五帝、三王，
而顧與暴秦亂君競爲奢侈，比方丘壠，[8]説愚夫之
目，隆一時之觀，違賢知之心，亡萬世之安，[9]臣
竊爲陛下羞之。唯陛下上覽明聖黄帝、堯、舜、
禹、湯、文、武、周公、仲尼之制，[10]下觀賢知
穆公、延陵、樗里、張釋之之意。孝文皇帝去墳
薄葬，以儉安神，可以爲則；秦昭、始皇增山厚
臧，[11]以侈生害，足以爲戒。初陵之橅，宜從公

卿大臣之議，[12]以息衆庶。

[1]【顏注】師古曰：埤，下也，音婢。【今注】埤：陳直《漢書新證》據司馬相如《上林賦》云：“其埤溼則生藏莨兼葭。”又《隸釋》卷四李翕《西狹頌》云：“減高就埤。”皆以“埤”爲“卑”，以爲是兩漢常見之假借字。

[2]【顏注】師古曰：“卒”讀曰“猝”。

[3]【顏注】應劭曰：大萬，億也。大，巨也。【今注】大萬：陳直《漢書新證》以爲漢五銖泉範底題字，有“富人大萬”四字，又有“樂當大萬”瓦文，與本文合。是“大萬”爲西漢人之習俗語。

[4]【顏注】師古曰：物故，謂死也。流離，謂亡其居處也。

[5]【顏注】師古曰：惽，謂不了。言惑於此事也。惽，音“昏”。一曰，惽，古“閔”字，憂病也。【今注】惽：王先謙《漢書補注》引《資治通鑑》胡三省注以爲當從後説。又荀悦《漢紀》作“愍”。“閔”“愍”“惽”字通假。

[6]【顏注】師古曰：安，焉也（殿本無此注）。

[7]【顏注】師古曰：“説”讀曰“悦”。其下亦同。

[8]【顏注】師古曰：顧猶反也（殿本此注在“而顧與暴秦亂君”後）。

[9]【今注】亡：通“忘”。

[10]【今注】案，唯，蔡琪本誤作“雖”。

[11]【今注】秦昭：王先謙《漢書補注》以爲上文言秦國五王，此不應獨數稱“秦昭”，疑“昭”字衍，當單指秦始皇。

[12]【顏注】應劭曰：橅，音規摹之摹。師古曰：謂規度墓地。應音是也。《韋玄成傳》及《蕭望之傳》“規”“橅”音義皆同（玄，蔡琪本作“元”），其字從木。（殿本此注在“初陵之橅”後）【今注】橅：沈欽韓《漢書疏證》以爲《方言》“所以墓

謂之墲"，郭璞注"謂規度墓地也"，引此"初陵之墲"爲釋。則字當從土，作"橅"非。

書奏，上甚感向言，而不能從其計。向睹俗彌奢淫，而趙、衞之屬起微賤，踰禮制。[1]向以爲王教由内及外，自近者始。故採取《詩》《書》所載賢妃貞婦，興國顯家可法則，及孽嬖亂亡者，[2]序次爲《列女傳》，凡八篇，[3]以戒天子。及采傳記行事，著《新序》《説苑》凡五十篇奏之。[4]數上疏言得失，陳法戒。書數十上，以助觀覽，補遺闕。上雖不能盡用，然内嘉其言，常嗟歎之。時上無繼嗣，政由王氏出，災異浸甚。[5]向雅奇陳湯智謀，[6]與相親友。獨謂湯曰："災異如此，而外家日盛，其漸必危劉氏。吾幸得同姓末屬，絫世蒙漢厚恩，[7]身爲宗室遺老，歷事三主。上以我先帝舊臣，每進見常加優禮，吾而不言，孰當言者?"[8]向遂上封事極諫曰：

[1]【顔注】師古曰：趙皇后、昭儀、衞婕妤也。【今注】趙衞：二人事迹見本書卷九七《外戚傳下》。

[2]【顔注】師古曰：孽，庶也。嬖，愛也。嬖，音必計反。

[3]【今注】凡八篇：王先謙《漢書補注》引曾鞏《列女傳序》云："《傳》稱八篇，而《隋書》及《崇文總目》稱'十五篇，曹大家注'，非向書本然也。"陳直《漢書新證》據《敦煌漢簡校文》一零二頁，有"□□分列女傳書"之殘簡文，以爲在西漢中晚期《列女傳》已流傳於邊郡。在東漢時則盛行爲石刻畫像之題材，如武梁祠畫像有"梁節姑姊""齊繼母""京師節女""鍾離春""梁高行""魯秋胡""齊姑姊""楚昭貞姜""王陵母"九事，

皆本於劉向《列女傳》。陳祺壽著有《武梁祠畫像題字考》一卷，主要是闡明爲劉氏父子一家之學。

[4]【今注】案，沈欽韓《漢書疏證》指出《新序》三十篇，《説苑》二十篇。又據《説苑》本有劉向奏上言"所校中書《説苑》《雜事》及臣向書民間書校讎，其事類衆多，章句相溷，除去復重，更造新事"，認爲則此二書舊本有，劉向重爲訂正，非其自創。

[5]【顏注】師古曰：濅，漸也（漸，殿本誤作"甚"）。

[6]【今注】陳湯：傳見本書卷七〇。

[7]【顏注】師古曰：絫，古累字。【今注】案，陳直《漢書新證》據《隸釋》卷一一《綏民校尉熊君碑》云："絫葉休隆。"與本文同，以爲"絫"爲東漢時隸變之體。

[8]【顏注】師古曰：孰，誰也。

　　臣聞人君莫不欲安，然而常危，莫不欲存，然而常亡，失御臣之術也。夫大臣操權柄，持國政，[1]未有不爲害者也。昔晉有六卿，[2]齊有田、崔，[3]衛有孫、甯，[4]魯有季、孟，[5]常掌國事，世執朝柄。終後田氏取齊，[6]六卿分晉。[7]崔杼弑其君光。[8]孫林父、甯殖出其君衎，弑其君剽。[9]季氏八佾舞於庭，三家者以雍徹，[10]並專國政，卒逐昭公。[11]周大夫尹氏筦朝事，[12]濁亂王室，子朝、子猛更立，連年乃定。[13]故《經》曰："王室亂"，[14]又曰："尹氏殺王子克"，[15]甚之也。[16]《春秋》舉成敗，録禍福，如此類甚衆，皆陰盛而陽微，下失臣道之所致也。

[1]【顏注】師古曰：操，執也。音千高反。

[2]【顏注】應劭曰：智伯、范、中行、韓、魏、趙也。【今注】晉有六卿：《史記》卷三九《晉世家》："昭公六年卒。六卿彊，公室卑。子頃公去疾立。" 司馬貞《索隱》："韓、趙、魏、范、中行及智氏爲六卿。後韓、趙、魏爲三卿，而分晉政，故曰三晉。"

[3]【今注】田崔：田，指春秋時世卿田氏。崔，即崔杼，事見《史記》卷三二《齊太公世家》。

[4]【今注】孫甯：指春秋時衞國世卿孫氏、甯氏。事見《史記》卷三七《衞康叔世家》。

[5]【今注】季孟：指春秋時魯國三卿中季孫氏、孟孫氏。事見《史記》卷三三《魯周公世家》。

[6]【今注】田氏取齊：指齊太公田和遷齊康公貸，被周安王與諸侯立爲齊侯。詳見《史記》卷四六《田敬仲完世家》。

[7]【今注】六卿分晉：指韓、趙、魏三家分晉。此處 "六卿"，承上文而言。詳見《史記·晉世家》。

[8]【今注】光：即齊莊公呂光。事見《史記·齊太公世家》。

[9]【顏注】師古曰：衎，音口旦反。剽，音匹照反（照，殿本作 "昭"）。解在《五行志》。【今注】孫林父：謚文子。衞國大夫。曾與甯殖攻逐獻公，共立殤公，封於宿。後與甯喜爭權，奔晉，後迎獻公回國復位。　甯殖：謚惠子。衞國大夫。曾與孔成子共立獻公，後獻公無禮，與孫林父共逐之，立殤公。將死，囑其子甯喜掩飾其逐君之罪。　衎：即衞獻公姬衎。　剽：即衞殤公姬剽。

[10]【顏注】師古曰：佾，列也，謂舞者之行列也。八人一佾，八佾六十四人也。《雍》，樂詩名，徹饌奏之。皆僭王者之禮。【今注】案，語本《論語·八佾》。

[11]【今注】昭公：即魯昭公姬裯。事見《史記·魯周公世家》。

[12]【顏注】師古曰：筦與管同。

[13]【顏注】師古曰：更，音工衡反。解並在《五行志》（蔡琪本、殿本無“並”字）。【今注】子朝子猛更立：朝，東周景王庶長子。猛，東周景王嫡長子。更立事見《史記》卷四《周本紀》。

[14]【今注】經：指《春秋》。　王室亂：見今本《春秋》昭公二十二年。

[15]【今注】尹氏殺王子克：不見於今本《春秋》，待考。

[16]【顏注】師古曰：言其惡大甚也。

　　故《書》曰：“臣之有作威作福，害于而家，凶于而國。”[1]孔子曰：“禄去公室，政逮大夫”，危亡之兆。[2]秦昭王舅穰侯及涇陽、葉陽君，[3]專國擅執，上假太后之威。[4]三人者權重於昭王，家富於秦國，國甚危殆，賴寤范雎之言，[5]而秦復存。二世委任趙高，專權自恣，壅蔽大臣，終有閻樂望夷之禍，[6]秦遂以亡。近事不遠，即漢所代也。

[1]【顏注】師古曰：《周書·洪範》也。而，汝也。言唯君得作威作福，臣下爲之，則致凶害也。

[2]【顏注】李奇曰：卿當爲政，而反大夫爲政也。臣瓚曰：政不由君，下及大夫也。上大夫即卿也。師古曰：瓚説是也。《論語》：“孔子曰：‘禄去公室五君矣，政逮於大夫四君矣，故三桓之子孫微矣。’”【今注】孔子曰：見今本《論語·季氏》：“孔子曰：‘禄之去公室五世矣，政逮於大夫四世矣，故夫三桓之子孫微矣。’”

[3]【顏注】鄭氏曰：皆昭王母之弟也（殿本"之"在"母"前，誤）。師古曰：穰侯，魏冉也。涇陽、葉陽，皆其弟也。葉，音式涉反。【今注】穰侯：即魏冉。傳見《史記》卷七二。　涇陽：即嬴市。秦昭襄王弟，封涇陽（今陝西涇陽縣），曾入齊爲質。　葉（shè）陽君：即嬴悝。秦昭襄王弟，封葉陽（今河南葉縣）。

[4]【今注】太后：即秦宣太后羋八子。戰國楚貴族之女。秦惠文王妃，昭襄王母。昭襄王年少即位，宣太后攝行朝政，任用異父弟魏冉爲相，封同父弟羋戎爲華陽君。後昭襄王任范雎，放逐魏冉等人，宣太后乃失勢。

[5]【今注】范雎：傳見《史記》卷七九。

[6]【顏注】鄭氏曰：望夷，秦宮名也。應劭曰：秦二世齋於望夷之宮，閻樂以兵殺二世也。師古曰：《博物志》云宮在長陵西北，長平觀道東，臨涇水，作之以望北夷。此說非也。胡亥葬於宜春苑，死不在渭北也。【今注】閻樂：趙高婿。任爲咸陽令。與趙高謀殺二世，立秦王子嬰。後爲子嬰所殺。　望夷：即望夷宮，舊址在今陝西涇陽縣東南。《漢書考正》劉奉世曰："師古但舉胡亥葬處，不知望夷所在也。且何以知望夷之不在渭北耶？二世以涇爲祟，齋而欲祠涇，則疑在渭北矣。然夷云者，平也。"王先謙《漢書補注》引葉德輝曰："《秦本紀》集解引張晏及《黃圖》說與《博物志》同。師古以胡亥葬處駁之，豈有死葬同一處者耶！據《黃圖》云'在涇陽縣界'，則宮在渭北無疑矣。"陳直《漢書新證》："望夷宮遺址今在咸陽城直北，順陵之東北，與《博物志》所言正合，顏注疑之非也。"

漢興，諸呂無道，擅相尊王。呂產、呂祿席太后之寵，據將相之位，[1]兼南北軍之衆，[2]擁梁、趙王之尊，驕盈無厭，欲危劉氏。賴忠正大臣絳侯、朱虚侯等竭誠盡節以誅滅之，^[3]然後劉氏復安。今王氏一姓乘朱輪華轂者二十三人，^[4]青紫貂蟬充盈幄内，^[5]魚鱗左右。^[6]大將軍秉事用權，^[7]五侯驕奢僭盛。^[8]並作威福，擊斷自恣。^[9]行汙而寄治，身私而託公，^[10]依東宫之尊，假甥舅之親，以爲威重。^[11]尚書、九卿、州牧、郡守皆出其門，^[12]筦執樞機，朋黨比周。稱譽者登進，忤恨者誅傷。^[13]游談者助之説，執政者爲之言。排擯宗室，^[14]孤弱公族，其有智能者，尤非毀而不進。遠絶宗室之任，不令得給事朝省，恐其與己分權；數稱燕王、蓋主以疑上心，^[15]避諱吕、霍而弗肯稱。^[16]内有管、蔡之萌，外假周公之論，兄弟據重，宗族磐互。^[17]歷上古至秦漢，外戚僭貴未有如王氏者也。雖周皇甫、秦穰侯、漢武安、吕、霍、上官之屬，皆不及也。^[18]

[1]【顔注】師古曰：席猶因也，言若人之坐於席也（殿本此注在“席太后之寵”後）。【今注】吕産：漢初單父（今山東單縣）人。父吕澤，爲吕后佺，吕台弟。惠帝死，吕后臨朝，他與其兄台被任爲將，分掌南北軍。不久封梁王。其兄台死，亦稱吕王。高后執政八年，病篤將死，命其爲相國，掌南軍。高后死，漢大臣周勃、陳平等起兵誅諸吕，爲朱虚侯劉章所殺。事見《史記》卷九《吕太后本紀》。　吕禄：漢初單父人。吕釋之子，吕后佺。漢惠帝死，吕后臨朝稱制，他被任爲將，入宫居中用事，不久封爲趙王。高后病篤將死，自知王諸吕背高帝約，恐爲大臣所誅，乃以其爲上將軍居北軍。高后死，周勃、陳平謀誅諸吕，乃令酈商子寄騙其出

共游獵，遂奪其軍，其與諸呂均被殺。事見《史記·呂太后本紀》。

［2］【今注】南北軍：西漢初設置在長安城内的禁衛軍。南軍屬衛尉統領，負責保衛皇宮；北軍屬中尉統領，負責保衛京城。羅凱認爲“北軍”是漢朝十分重要的武裝力量，是漢惠帝後期隨着長安城的修築所設的城防部隊。因西漢初期長安城南部主要爲兩宮，防務由衛尉執掌，城衛軍祇能駐扎在城北，所以宮衛軍稱南軍，城衛軍即北軍。從張家山出土漢簡《二年律令·秩律》可知，衛將軍應是北軍的最高長官，其建置還有衛將軍長史、候、候丞、校長、士吏等。當時衛將軍是整個漢朝官僚體系中唯一常設的將軍。文帝即位，衛將軍權力擴大，在本部北軍之外亦兼領南軍，後北軍一度旋罷旋置，再後來衛將軍被裁撤，北軍遂轉屬中尉。（詳見羅凱《漢初長安的城防與“北軍”建置》，《歷史地理研究》2019 年第 1期）

［3］【今注】絳侯：周勃。傳見本書卷四〇。　朱虛侯：劉章。劉邦孫，齊悼惠王次子。呂后召之宿衛京城，封朱虛侯。呂后死，與大臣周勃、陳平等誅滅諸呂。文帝時封爲城陽王。

［4］【今注】朱輪華轂（gǔ）：紅漆車輪，彩繪車轂。古代顯貴者乘的車子。轂，車輪中心圓木。

［5］【今注】青紫：漢代官印綬帶顏色，借指高官。漢丞相、太尉金印紫綬，御史大夫銀印青綬。王先謙《漢書補注》：“漢制，列侯紫綬，二千石青綬。”　貂蟬：貂尾和附蟬。爲侍中、常侍等貴近之臣的冠飾。此泛指顯貴的大臣。王先謙《漢書補注》：“侍中、常侍皆銀璫左貂金附蟬。”　幄内：帷幄之内。指朝廷。

［6］【顏注】師古曰：言在帝之左右，相次若魚鱗也。

［7］【今注】大將軍：指王鳳。

［8］【今注】五侯：指漢成帝封舅氏平阿侯王譚、成都侯王商、紅陽侯王立、曲陽侯王根、高平侯王逢時。五人同日封，故世謂之“五侯”。

［9］【今注】擊斷：專斷。

　　〔10〕【顏注】師古曰：寄，託也。内爲汙私之行，而外託治公之道也。

　　〔11〕【顏注】師古曰：東宫，太后所居也（殿本此注在"依東宫之尊"後）。

　　〔12〕【顏注】師古曰：言爲其僚吏者皆居顯要之職。

　　〔13〕【今注】恨：王念孫《讀書雜志·漢書第八》以爲"恨"當讀爲"很"。忤，逆也。恨，違也。謂與王鳳相違逆，非謂相怨恨。《國語·吴語》"今王將很天而伐齊"，韋昭注："很，違也。"《說文》："很，不聽從也。一曰盭也。"盭亦違義，通作"戾"。《禮記·大學》鄭玄注云："違猶戾也。"《戰國策·齊策》："秦使魏冄致帝於齊。蘇代謂齊王曰：'今不聽，是恨秦也。'"恨秦即違秦。是"很"與"恨"通之證。又本書卷五四《李廣傳》載李敢"怨大將軍青之恨其父"，"恨"亦讀爲"很"。很，違也，謂廣欲居前部以當單于而衛青不聽。又本書卷七二《龔勝傳》夏侯常"連恨勝"，"恨"亦讀爲"很"。很者，相爭勝，謂常屢與勝相爭訟。上文曰"勝以手推常，曰'去'"，又曰"常恚，謂勝曰'君欲小與衆異，外以采名，君乃申徒狄屬耳'"。故下文云"御史中丞劾奏勝、常不崇禮義，而居公門下相非恨，疾言辯訟"。《禮記·曲禮》"很毋求勝"，鄭玄注："很，閱也，謂爭訟也。"《毛詩·常棣》"兄弟鬩于牆"，《毛傳》："鬩，很也。"《爾雅》"鬩，恨也"，孫炎本作"很"，云"相很戾也"。作"恨"者，爲假借字。又本書卷七四《魏相傳》"爭恨小故，不忍憤怒者，謂之忿兵"，"恨"亦讀爲"很"，謂相爭鬭。《孟子》言"好勇鬭很"，是很與爭鬭同義，故以爭、很連文。作"恨"者，亦假借字。又本書卷九四《匈奴傳上》"漢邊吏侵侮右賢王，右賢王與漢吏相恨"，"恨"亦讀爲"很"，謂相爭鬭。《史記》作"與漢吏相距"，義亦同。又卷九七《外戚傳上》："李夫人病篤，上自臨候之，夫人蒙被謝曰：'妾久寢病，形貌毀壞，不可以見帝。'"上欲見之，夫人遂轉鄉

歛欷而不復言。於是上不說而起。夫人姊妹讓之曰：‘貴人獨不可
一見上屬託兄弟邪？何爲恨上如此？’”“恨”亦讀爲“很”。很，
違也，謂不從上意。作“恨”者，亦假借字。《晏子春秋·雜篇》
“君歡然與子邑，子必不受以恨君，何也”，《新序·節士篇》“嚴
恭承命，不以身恨君”，“恨”並與“很”同。而上述本書六傳内
“恨”字，師古皆無音；又注《李廣傳》云“令其父恨而死也”，
則是皆讀爲怨恨之恨，而不知其爲“很”之借字。

[14]【今注】排擯：排斥擯棄。

[15]【顏注】師古曰：示宗室親近而反逆也。

[16]【顏注】師古曰：吕后、霍后二家皆坐僭擅誅滅，故爲
王氏諱而不言也。

[17]【顏注】師古曰：磐結而交互也。字或作牙，謂若犬牙
相交入之意也。

[18]【顏注】師古曰：皇甫，周卿士字也，周后寵之，故處
於盛位，權黨於朝，詩人刺之。事見《小雅·十月之交》篇
（小，殿本作“少”）。武安侯，田蚡也。【今注】武安：傳見本
書卷五二。

　　物盛必有非常之變先見，爲其人微象。[1]孝昭
帝時，冠石立於泰山，[2]仆柳起於上林。[3]而孝宣
帝即位，今王氏先祖墳墓在濟南者，[4]其梓柱生枝
葉，扶疏上出屋，[5]根垂地中，[6]雖立石起柳，無
以過此之明也。事執不兩大，[7]王氏與劉氏亦且不
並立，如下有泰山之安，則上有累卵之危。陛下
爲人子孫，守持宗廟，而令國祚移於外親，降爲
皁隸，[8]縱不爲身，奈宗廟何！婦人内夫家，外父
母家，此亦非皇太后之福也。[9]孝宣皇帝不與舅平

昌侯權，[10]所以全安之也。[11]

[1]【今注】微象：謂幽微的先兆。《漢書考正》宋祁以爲
"微"當作"徵"。周壽昌《漢書注校補》引《周易·繫辭》："幾
者，動之微，吉之先見者也。"以爲"微象"即是此義，似不必改
作"徵"。王先謙《漢書補注》引葉德輝指出，荀悦《漢紀》作
"微"。《資治通鑑》作"微"。胡三省注："言伏於微而著於象也。"

[2]【顏注】晉灼曰：《漢注》冠石，山名（石山，蔡琪本、
殿本作"山石"）。臣瓚曰：冠石山下有石自立（冠石山，蔡琪
本、大德本、殿本作"冠山"），三石爲足，一石在上，故曰冠
石也。師古曰：事具在《眭孟傳》。

[3]【顏注】師古曰：其樹已死，僵仆於地，而更起生，事
亦具在《眭孟傳》。【今注】案，本書卷七五《眭弘傳》："孝昭元
鳳三年正月，泰山萊蕪山南匈匈有數千人聲，民視之，有大石自
立，高丈五尺，大四十八圍，入地深八尺，三石爲足。石立後有白
烏數千下集其旁。是時昌邑有枯社木卧復生，又上林苑中大柳樹斷
枯卧地，亦自立生，有蟲食樹葉成文字，曰'公孫病已立'，孟推
《春秋》之意，以爲'石柳皆陰類，下民之象，泰山者岱宗之嶽，
王者易姓告代之處。今大石自立，僵柳復起，非人力所爲，此當有
從匹夫爲天子者。枯社木復生，故廢之家公孫氏當復興者也。'"

[4]【今注】濟南：郡名。治東平陵（今山東濟南市章丘區）。
王氏即東平陵人。

[5]【今注】扶：楊樹達《漢書窺管》："《説文》六篇上《木
部》云：'枎，枎疏四布也。'扶假爲枎。"

[6]【今注】垂：或當作"舀"，即"插"。殿本《漢書考證》
引宋祁曰："'垂'作'舀'，一作'舀'。"殿本《漢書考證》張照
云："案，今或作'垂'，作'舀'，而汲古閣本尚作'舀'字。"王
念孫《讀書雜志·漢書第八》云："《通鑑·漢紀二十二》作

‘舀’。司馬康云：‘舀，測洽切。’胡三省云：‘字書測洽之舀從千、從臼，與今“舀”字不同。《漢書》作“根垂地中”，意“舀”即“垂”字也。’念孫案，《漢書》作‘垂’，乃‘舀’字之誤。《淮南‧要略》‘禹身執虆舀，以爲民先’，今本‘舀’誤作‘舀’。‘舀’即‘舀’之俗體。司馬音及宋校皆是也。梓柱得地氣而復生，故其根舀入地中。地中非空虛之處，不可以言‘垂’。則作‘舀’者是也。《廣韻》‘舀’俗作‘舀’，《周官‧典瑞》注‘插之於紳帶之閒’，《釋文》‘插’作‘舀’，初洽反。胡以‘舀’爲‘垂’字，誤矣。《漢紀‧孝成紀》作‘根插地中’，‘插’‘舀’古字通，則《漢書》作‘舀’明矣。又《儒林傳》‘先敺旄頭劍挺墮墜，首垂泥中’，宋祁曰‘“垂”字當是“舀”字’，亦是也。泥中可言‘舀’，不可言‘垂’。《御覽‧儀式部一》引此正作‘舀’。又舊本《北堂書鈔‧儀飾部》、《御覽‧禮儀部四》《方術部八》引此並作‘插’。”

[7]【今注】執：同“勢”。

[8]【顏注】師古曰：皁隸，卑賤之人也。《春秋左氏傳》曰“大夫臣士，士臣皁，皁臣輿，輿臣隸”也。

[9]【顏注】如淳曰：內猶親也，而皇太后反外夫家也。

[10]【今注】平昌侯：王無故。蔡琪本、大德本、殿本“平昌”下有“樂昌”二字。樂昌侯，即王武。二人爲涿郡廣望（今河北博野縣西北）人。宣帝舅父。本居民間，妹翁須寄居他人家內學歌舞，後被人買去送入武帝太子家，爲皇孫妻妾，生宣帝。宣帝繼位後由民間被迎入宮中，王無故封平昌侯，王武封樂昌侯，賞賜以鉅萬計。

[11]【今注】案，全安，蔡琪本作“安全”。

　　夫明者起福於無形，銷患於未然。宜發明詔，吐德音，援近宗室，親而納信，[1]黜遠外戚，毋授以政，[2]皆罷令就弟，[3]以則效先帝之所行。厚安外戚，全其宗族，誠東宮之意，外家之福也。王氏永存，保其爵祿，劉氏長安，不失社稷，所以褒睦外內之姓，子子孫孫無疆之計也。如不行此策，田氏復見於今，六卿必起於漢，[4]爲後嗣憂，昭昭甚明，不可不深圖，不可不蚤慮。[5]《易》曰："君不密，則失臣；臣不密，則失身；幾事不密，則害成。"[6]唯陛下深留聖思，審固幾密，覽往事之戒，以折中取信，居萬安之實，用保宗廟，久承皇太后，[7]天下幸甚。

[1]【顏注】師古曰：援，引也，謂升引而附近之也。"援"音"爰"。

[2]【顏注】師古曰：遠謂疏而離之也。音于萬反。

[3]【今注】弟：通"第"。宅第。

[4]【顏注】師古曰：如，若也（殿本此注在"如不行此策"後）。

[5]【顏注】師古曰：蚤，古早字。

[6]【顏注】師古曰：上《繫》之辭也。【今注】幾事：機密的事。

[7]【顏注】師古曰：言社稷不安，則帝身亦不得久事皇太后也。

書奏，天子召見向，歎息悲傷其意，謂曰："君且休矣，吾將思之。"[1]以向爲中壘校尉。[2]向爲人簡易無威儀，廉靖樂道，[3]不交接世俗，專積思於經術，[4]晝誦書傳，夜觀星宿，或不寐達旦。元延中，[5]星孛東井，[6]蜀郡岷山崩雍江。[7]向惡此異，語在《五行志》。[8]懷不能已，復上奏。其辭曰：

[1]【顏注】師古曰：且令出外休息。

[2]【今注】中壘校尉：漢武帝置，掌北軍壘門内，外掌西域。秩二千石。楊樹達《漢書窺管》："向爲中壘校尉，奏劾甘忠可假鬼神罔上惑衆，見七十五卷《李尋傳》。"

[3]【今注】廉靖：遜讓謙恭。

[4]【今注】積思：王念孫《讀書雜志·漢書第八》以爲"積思"當爲"精思"之誤。今本《藝文類聚·雜文》《太平御覽·學部》並引作"專精經術"。今本《北堂書鈔·藝文》、《論語序》刑昺疏並引作"專精思於經術"，荀悦《漢紀》同。文雖小異，而字皆作"精"。本書卷五六《董仲舒傳》："蓋三年不窺園，其精如此。"卷五八《兒寬傳》："帶經而鉏，休息輒讀誦，其精如此。"亦可爲旁證。

[5]【今注】元延：漢成帝年號（前12—前9）。

[6]【今注】星孛東井：彗星經井宿。井宿，二十八宿之一。因在玉井之東，故稱東井。

[7]【顏注】師古曰：雍讀作壅。【今注】蜀郡：治成都縣（今四川成都市）。 岷山：亦作"嶓山"。又名汶山、瀆山、汶阜山、汶焦山。在今四川西北部，綿延川、甘兩省邊境。

[8]【今注】案，本書《五行志下之上》："元延三年正月丙寅，蜀郡岷山崩，壅江，江水逆流，三日乃通。劉向以爲周時岐山崩，三川竭，而幽王亡。岐山者，周所興也。漢家本起於蜀漢，今所起之地山崩川竭，星孛又及攝提、大角，從參至辰，殆必亡矣。其後三世亡嗣，王莽篡位。"

臣聞帝舜戒伯禹，毋若丹朱敖；[1]周公戒成王，毋若殷王紂。[2]《詩》曰"殷監不遠，在夏后之世"，[3]亦言湯以桀爲戒也。聖帝明王常以敗亂自戒，不諱廢興，故臣敢極陳其愚，唯陛下留神察焉。謹案《春秋》二百四十二年，日蝕三十六，襄公尤數，[4]率三歲五月有奇而壹食。[5]漢興訖竟寧，[6]孝景帝尤數，率三歲一月而一食。臣向前數言日當食，今連三年比食。[7]自建始以來，[8]二十歲間而八食，卒二歲六月而一發，古今罕有。[9]異有小大希稠，占有舒疾緩急，而聖人所以斷疑也。《易》曰："觀乎天文，以察時變。"[10]

[1]【顏注】師古曰：事見《虞書·益稷篇》。丹朱，堯子也。"敖"讀曰"傲"。【今注】帝舜戒伯禹：今本《尚書·益稷》爲禹戒舜。王念孫《讀書雜志·漢書第八》據《史記》卷二《夏本紀》"帝曰：'毋若丹朱敖，維慢游是好，毋水行舟，朋淫于家，用絕其世，予不能順是。'禹曰：'予辛壬娶塗山，癸甲生啟'"云云。《論衡·問孔》："《尚書》曰：'毋若丹朱敖，惟慢游是好。'謂帝舜敕禹毋不肖子也。禹曰：'予娶若時，辛壬癸甲，開呱呱而泣，予弗子效己，不敢私不肖子也。'"又《論衡·譴告》云："舜告禹曰：'毋若丹朱敖。'"是劉向所稱引皆《今文尚書》，故與《古文》不同。師古不見《今文》，故不能言其同異，而但云"見《虞書·益稷篇》"。

[2]【顏注】師古曰：事見《周書·亡逸篇》。

[3]【顏注】師古曰：《大雅·蕩》之詩（殿本無此注）。【今注】殷監：殷鑒。謂殷人子孫應以夏的滅亡爲鑒戒。

[4]【今注】襄公：即魯襄公姬午。魯成公之子。三歲即位。曾與晉共伐鄭，晉悼公爲之行冠禮於衛。季武子欲專公室之權，乃

使季孫、叔孫、孟孫三家各主一軍，魯公室更加衰落。在位三十一年。事見《史記》卷三三《魯周公世家》。

[5]【顏注】師古曰：奇謂成數之餘，不滿者也。音居宜反。

[6]【今注】竟寧：漢元帝年號（前33）。

[7]【顏注】師古曰：比，頻也。

[8]【今注】建始：漢成帝年號（前32—前28）。

[9]【今注】案，王先謙《漢書補注》引胡三省注："建始三年十二月戊申朔，河平元年四月癸亥晦，三年八月己卯晦，四年三月癸丑朔，陽朔元年二月丁未晦，永始二年二月乙酉晦，三年正月己卯晦，四年七月辛未晦，凡八食。而是年春正月己亥又不預此數。"

[10]【顏注】師古曰：《賁·象辭》也。

昔孔子對魯哀公，[1]並言夏桀、殷紂暴虐天下，故歷失則攝提失方，孟陬無紀，[2]此皆易姓之變也。秦始皇之末至二世時，日月薄食，山陵淪亡，辰星出於四孟，[3]太白經天而行，[4]無雲而雷，[5]枉矢夜光，[6]熒惑襲月，[7]蘖火燒宮，[8]野禽戲廷，[9]都門內崩，[10]長人見臨洮，[11]石隕于東郡，[12]星孛大角，大角以亡。[13]觀孔子之言，考暴秦之異，天命信可畏也。

[1]【今注】魯哀公：名蔣，一作"將"。公元前521年至前468年在位。魯定公子。七年，吳王夫差伐齊，至繒，強徵百牢於魯，季康子使子貢游說吳王，吳王乃止。八年，吳伐魯，訂城下之盟而去。齊伐魯取三邑。十二年，用田賦。十三年，與吳、晉等會盟於黃池。時齊田常殺齊簡公，孔子請伐田氏，不聽。患三桓之

强，欲借諸侯之力以抑之。反爲三桓所攻，奔於衞，至鄒，如越，後國人迎歸，卒於有山氏家。在位二十七年。事見《史記》卷三三《魯周公世家》。

[2]【顏注】孟康曰：攝提，星名也。隨斗杓建十二月，歷不正，則天失其所建（蔡琪本、大德本、殿本無"天"字，當據改）。首時爲孟，正月爲陬。師古曰：陬，音子侯反，又音"鄒"。【今注】歷：通"曆"。　攝提：星名。屬亢宿，共六星。位於大角星兩側，左三星曰左攝提，右三星曰右攝提。案，楊樹達《漢書窺管》："孔子語見《大戴禮·用兵篇》，云：'夏桀商紂嬴暴於天下，質失制，攝提失方，鄒大無紀。'《爾雅·釋天》云：'正月爲陬。'《離騷》云：'攝提貞于孟陬。'王注云：'孟，始也。'"

[3]【顏注】師古曰：四時之孟月也。當見四仲也。【今注】辰星：即水星。漢晉人以爲"辰星正四時"，當出現在仲春（二月）、仲夏（五月）、仲秋（八月）、仲冬（十一月）。

[4]【顏注】孟康曰：謂出東入西，出西入東也。太白陰星，出東當伏東，出西當伏西。過午爲經天也。【今注】太白：即金星。

[5]【顏注】張晏曰：雷當託雲，猶君之託臣也。二世不恤天下，人有畔心，象獨號令而無臣也。

[6]【顏注】應劭曰：流星也，其射如矢，虵行不正（虵，蔡琪本作"蛇"，大德本作"地"），故曰枉矢流，以亂伐亂。蘇林曰：有聲爲天狗，無聲爲枉矢也。

[7]【顏注】應劭曰：熒惑主內亂，月主刑，故趙高殺二世也。【今注】熒惑：古指火星。因隱現不定，令人迷惑，故名。

[8]【顏注】師古曰：孽，災也。

[9]【顏注】張晏曰：野鳥入處，主人將去。

[10]【顏注】師古曰：內鬩而壞。

[11]【今注】長人見臨洮：本書《五行志下之上》："《史記》

秦始皇帝二十六年，有大人長五丈，足履六尺，皆夷狄服，凡十二
人，見于臨洮。"臨洮，即臨洮縣，治所在今甘肅岷縣。

[12]【今注】東郡：戰國秦置，治濮陽縣（今河南濮陽市西
南）。

[13]【顏注】應劭曰：天王坐席也。流星莦大角，大角因伏
不見也。【今注】大角：即牧夫座α星。屬亢宿，在攝提間。人君
之象。

　　及項籍之敗，亦字大角。漢之入秦，五星聚
于東井，[1]得天下之象也。孝惠時，有雨血，日食
於衝，滅光星見之異。[2]孝昭時，有泰山臥石自
立，上林僵柳復起，大星如月西行，衆星隨之，
此爲特異。孝宣興起之表，天狗夾漢而西，[3]久陰
不雨者二十餘日，昌邑不終之異也。[4]皆著於漢
紀。[5]觀秦、漢之易世，[6]覽惠、昭之無後，察昌
邑之不終，視孝宣之紹起，天之去就，豈不昭昭
然哉！高宗、成王亦有雊雉、拔木之變，[7]能思其
故，故高宗有百年之福，成王有復風之報。神明
之應，應若景嚮，[8]世所同聞也。

[1]【今注】五星：即東方歲星（木星）、南方熒惑（火星）、
中央鎮星（土星）、西方太白（金星）、北方辰星（水星）。

[2]【顏注】孟康曰：日月行交道之衝也。相薄而既也，京
房所謂陰氣盛，薄奪日光者也。

[3]【顏注】李奇曰：流星也。下墮地爲天狗，皆祅星。【今
注】漢：銀河。

[4]【今注】昌邑：即昌邑王劉賀。傳見本書卷六三。　不

終：昭帝崩，霍光迎立劉賀爲帝。即位二十七日，因淫亂被廢黜。宣帝時，封爲海昏侯。

[5]【今注】漢紀：指漢代官方史記。

[6]【今注】易世：改換時代。吳恂《漢書注商》以爲“漢”當作“楚”，劉向不能見漢易世。

[7]【顏注】師古曰：復，反也。事並見《尚書·高宗肜日》及《金縢篇》，解在《五行志》。【今注】高宗：即商王武丁，事見《史記》卷三《殷本紀》。　雊雉：《史記·殷本紀》：“帝武丁祭成湯，明日，有飛雉登鼎耳而呴，武丁懼。祖己曰：‘王勿憂，先修政事’。祖己乃訓王曰：‘唯天監下典厥義，降年有永有不永，非天夭民，中絕其命。民有不若德，不聽罪，天既附命正厥德，乃曰其奈何。嗚呼！王嗣敬民，罔非天繼，常祀毋禮于棄道。武丁修政行德，天下咸驩，殷道復興。”　拔木：《史記》卷三二《魯周公世家》：“武王克殷二年，天下未集，武王有疾，不豫，群臣懼，太公、召公乃繆卜。周公曰：‘未可以戚我先王。’周公於是乃自以爲質，設三壇，周公北面立，戴璧秉圭，告于太王、王季、文王。史策祝曰：‘惟爾元孫王發，勤勞阻疾。若爾三王是有負子之責於天，以旦代王發之身……今我其即命於元龜，爾之許我，我以其璧與圭歸，以俟爾命。爾不許我，我乃屏璧與圭。’周公已令史策告太王、王季、文王，欲代武王發，於是乃即三王而卜。卜人皆曰吉，發書視之，信吉。周公喜，開籥，乃見書遇吉。周公入賀武王曰：‘王其無害。旦新受命三王，維長終是圖。茲道能念予一人。’周公藏其策金縢匱中，誡守者勿敢言。明日，武王有瘳。”又“周公卒後，秋未穫，暴風雷，禾盡偃，大木盡拔。周國大恐。成王與大夫朝服以開金縢書，王乃得周公所自以爲功代武王之說。二公及王乃問史百執事，史百執事曰：‘信有，昔周公命我勿敢言。’成王執書以泣，曰：‘自今後其無繆卜乎！昔周公勤勞王家，惟予幼人弗及知。今天動威以彰周公之德，惟朕小子其迎，我國家禮亦宜

之。'王出郊，天乃雨，反風，禾盡起。二公命國人，凡大木所偃，盡起而築之。歲則大孰。”

[8]【顏注】師古曰：“蠁”讀曰“響”。【今注】景：通“影”。

　　臣幸得託末屬，誠見陛下有寬明之德，冀銷大異，而興高宗、成王之聲，以崇劉氏，[1]故狠狠數奸死亡之誅。[2]今日食尤屢，星孛東井，攝提炎及紫宮，[3]有識長老莫不震動，此變之大者也。其事難一二記，故《易》曰“書不盡言，言不盡意”，[4]是以設卦指爻，而復說義。《書》曰“伻來以圖”，[5]天文難以相曉，臣雖圖上，猶須口說，然後可知，願賜清燕之閒，指圖陳狀。[6]

[1]【今注】崇：王先謙《漢書補注》引《資治通鑑》胡三省注：“崇，增高也。謂增高劉氏之業愈巍巍也。”

[2]【顏注】師古曰：狠狠，款誠之意也。奸，犯也。“狠”音“懇”。“奸”音“干”。【今注】狠（kěn）：通“懇”。

[3]【顏注】師古曰：炎，音弋贍反。【今注】紫宮：指紫微垣，象天帝之座。

[4]【顏注】師古曰：上《繫》之辭。

[5]【顏注】孟康曰：伻，使也。使人以圖來示成王，明口說不了，指圖乃了也。師古曰：《周書·洛誥》之辭。

[6]【顏注】師古曰：“閒”讀曰“閑”（殿本此注在“願賜清燕之閒”後）。【今注】案，王先謙《漢書補注》指出《資治通鑑》載此疏於元延元年（前12）。司馬光《通鑑考異》云：“《向傳》云‘星孛東井’，‘岷山崩’，向‘懷不能已’，上此奏。案，

岷山崩在三年，此奏云'自建始以來，二十歲間而食八，率二歲六月而一發'，則上此奏當在今年也。胡旦亦載之三年。"胡三省云："案，《劉向傳》若以星孛東井爲據，則上奏當在今年。若以岷山崩爲據，則上奏當在三年。若以二十歲間日八食爲據，則上奏當在去年。然向言'日食之變，率二歲六月而一發'，以班《書》考之，自建始三年十二月至河平元年四月，則一年五月而食；至四年三月癸丑朔則纔一年而食；又至陽朔元年二月丁未晦則又朞年而食；永始元年九月丁巳晦，《志》書食而《紀》不書；至二年二月乙酉晦，則凡九期，而《志》所書永始元年九月丁巳晦不計也。又至永始三年正月己卯晦，則未及一朞而食。又至四年七月辛未晦，則一年六月而食。向所謂'率二歲六月而一發'，亦通二十歲而約言之耳。自建始三年至今年，以《紀》考之則九食，以《志》考之則十食，此其差異又未有所折衷也。"

上輒入之，[1]然終不能用也。向每召見，數言公族者國之枝葉，枝葉落則本根無所庇廕；[2]方今同姓疏遠，母黨專政，祿去公室，權在外家，非所以彊漢宗，卑私門，保守社稷，安固後嗣也。向自見得信於上，故常顯訟宗室，譏刺王氏及在位大臣，其言多痛切，發於至誠。[3]上數欲用向爲九卿，輒不爲王氏居位者及丞相御史所持，故終不遷。[4]居列大夫官前後三十餘年，年七十二卒。卒後十三歲而王氏代漢。[5]向三子皆好學：長子伋，[6]以《易》教授，官至郡守；中子賜，九卿丞，蚤卒；少子歆，最知名。

[1]【顏注】師古曰：謂召入也。

[2]【顏注】師古曰：庇，音必寐反。廕，音於禁反（殿本

無此五字）。

[3]【今注】案，楊樹達《漢書窺管》："向數切諫成帝微行，見《五行志》。據《禮樂志》，向說成帝興辟雍，設庠序，陳禮樂，帝以向言下公卿議，會向病卒，是向卒未久之前所陳說也。"

[4]【顏注】師古曰：持謂扶持佐助也。【今注】持：顧炎武《日知録》卷二七以爲衍一"不"字。當云"輒爲王氏居位者及丞相御史所持"。持者，爲挾制之義，而非挾助之解。王先謙《漢書補注》引葉德輝指出荀悦《漢紀》作"輒爲王氏所排，及在位大臣所抑，故終不遷"。

[5]【今注】卒後十三歲而王氏代漢：錢大昕《三史拾遺》卷三以爲，依此推檢，劉向當卒於成帝綏和元年（前8）。王先謙《漢書補注》引葉德輝以爲，荀悦《漢紀》云"前後四十餘年"。此《傳》言"卒後十三年王氏代漢"，則向卒於成帝建平元年（前6）。由建平元年上推，向生於昭帝元鳳四年（前77）。自既冠擢爲諫大夫，至此實四十餘年。當以荀悦《漢紀》爲是。吳修《續疑年録》亦推劉向生元鳳四年，卒建平元年。王莽代漢在孺子嬰初始元年（8）十二月，是年上距向卒正十三歲。楊樹達《漢書窺管》："史言卒後十三歲而王氏代漢，明向之先識也。又按向生卒年，葉説是也。蓋錢氏以莽之居攝爲代漢，故誤耳。至三十餘年《漢紀》作四十餘年，則是荀悦之誤。蓋向自元帝初元二年廢爲庶人，至成帝初立，再爲中郎。中間凡見廢者十六年。其居列大夫官，實止得三十餘年。傳文云前後三十餘年，著前後二字，語自分明。荀悦粗心妄改，不可信也。"

[6]【顏注】師古曰："伋"音"汲"。

歆字子駿，少以通《詩》《書》能屬文召見成帝，待詔宦者署，[1]爲黃門郎。[2]河平中，[3]受詔與父向領校祕書，講六蓺傳記，諸子、詩賦、數術、方技，[4]無所不究。向死後，歆復爲中壘校尉。[5]哀帝初即位，大司馬王莽舉歆宗室有材行，爲侍中太中大夫，遷騎都尉、奉車光禄大夫，[6]貴幸。復領五經，卒父前業。歆乃集六藝群書，種別爲《七略》。語在《藝文志》。

[1]【今注】宦者署：屬少府，長官宦者令，掌宮中宦者。楊樹達《漢書窺管》："成帝召見歆誦讀詩賦，悦之，欲以爲中常侍，王鳳不可而止，見《元后傳》。"

[2]【今注】黄門郎：秦、漢時"黄門侍郎"或"給事黄門侍郎"省稱。無定員。給事於宮門之内，侍從皇帝、顧問應對，出則陪乘。沈欽韓《漢書疏證》引《太平御覽》卷二二一載《劉向集·書誡子歆》補證曰："今若年少，得黄門侍郎，顯處也。"又卷四五六云："告歆無忽。若未有異德，蒙恩甚厚，將何以報？董生有曰：'弔者在門，賀者在閭。'有憂則恐懼慎事，則必有善而遺福也。"

[3]【今注】河平：漢成帝年號（前28—前25）。

[4]【今注】數術：即術數。關於天文、曆法、占卜的學問。
方技：醫藥及養生之類的技術。

[5]【今注】案，楊樹達《漢書窺管》："繼父爲此官，故云復。向卒於哀帝時，則歆初任此職在哀帝時也。歆再任此官在平帝時。歆嘗議武帝廟不宜毀，見《韋玄成傳》。"

[6]【今注】騎都尉：漢置，掌領騎兵，位次將軍，無定員。宣帝時以一人監羽林騎，又一人領西域都護。秩比二千石。　奉車：即"奉車都尉"。漢武帝始置，職掌皇帝車輿，入侍左右，多由皇帝親信充任。秩比二千石。楊樹達《漢書窺管》："《李尋傳》云：'解光白甘忠可書，事下奉車都尉劉歆，歆以爲不合五經，不可施行。'此文'奉車'下當有'都尉'二字，因上文云'騎都尉'省去。"

歆及向始皆治《易》，宣帝時，詔向受《穀梁春秋》，十餘年，大明習。[1]及歆校祕書，見古文《春秋左氏傳》，歆大好之。[2]時丞相史尹咸以能治《左氏》，[3]與歆共校經傳。歆略從咸及丞相翟方進受，[4]質問大義。[5]初《左氏傳》多古字古言，[6]學者傳訓故而已，[7]及歆治《左氏》，引傳文以解經，轉相發明，由是章句義理備焉。

[1]【今注】十餘年大明習：楊樹達《漢書窺管》："參校《儒林傳》，則向先後從蔡千秋、江公之孫，及周慶、丁姓四人受之。十餘年大明習者，即彼傳所云自元康中始講，至甘露元年皆明習也。"

[2]【今注】案，沈欽韓《漢書疏證》引馬融《周官傳》補證云："歆年尚幼，務在廣覽博觀，又多銳精於《春秋》。"又王先謙《漢書補注》引葉德輝據《北堂書鈔》卷九八載桓譚《新論》語云："劉子政、子駿、伯玉三人，尤珍重《左氏》，教子孫，下至婦女，無不讀誦。"

[3]【今注】丞相史：西漢置，屬丞相。協助丞相處理具體事務，無定員。秩四百石。　尹咸：汝南郡（今河南上蔡縣西南）人。從父尹更始受《穀梁》《左傳》，曾任太史令、大司農。

[4]【今注】翟方進：傳見本書卷八四。

[5]【顏注】師古曰：質，正也。

[6]【今注】古字古言：楊樹達《漢書窺管》據《周禮·小宗伯》鄭注云："古者立位同字，古文《春秋經》'公即位'爲'公即立'。"以爲鄭引《春秋古文經》，即《藝文志》之《春秋古經》，亦即《左氏傳》之經。今本《左氏》仍作"位"，是篇中古字爲後人盡爲改竄。

[7]【顏注】師古曰：故謂指趣也。

　　歆亦湛靖有謀，[1]父子俱好古，博見彊志，[2]過絕於人。歆以爲左丘明好惡與聖人同，[3]親見夫子，而《公羊》《穀梁》在七十子後，[4]傳聞之與親見之，其詳略不同。歆數以難向，向不能非間也，[5]然猶自持其《穀梁》義。及歆親近，欲建立《左氏春秋》及《毛詩》《逸禮》《古文尚書》皆列於學官。哀帝令歆與五經博士講論其義，[6]諸博士或不肯置對，[7]歆因移書太常博士，[8]讓之曰：[9]

　　[1]【顏注】師古曰："湛"讀曰"沈"。

　　[2]【顏注】師古曰：志，記也。

　　[3]【顏注】師古曰：《論語》載孔子曰："巧言令色足恭，左丘明恥之，丘亦恥之；匿怨而友其人，左丘明恥之，丘亦恥之。"【今注】案，典出今本《論語·學而》。

　　[4]【顏注】師古曰：七十子是孔子弟子也，實七十二人，指其言成數也（指其言成數也，殿本作"指其成數言也"）。

　　[5]【顏注】師古曰：間，音居莧反（殿本無此注）。

　　[6]【今注】五經博士：漢武帝始置。參與議政、制禮、顧問應對等，掌策試官吏，在太學中教授五經之學，各置弟子員。初秩比四百石，後升比六百石。

　　[7]【顏注】師古曰：並不與歆意同，故不肯立其學也。置對，置辭以對也。

　　[8]【今注】案，楊樹達《漢書窺管》："時與歆共移書者有房鳳、王龔，見《儒林傳》房鳳條下。"

　　[9]【今注】案，大德本、蔡琪本、殿本"讓"前有

"責"字。

昔唐虞既衰，而三代迭興，[1]聖帝明王，累起相襲，其道甚著。周室既微而禮樂不正，道之難全也如此。是故孔子憂道之不行，歷國應聘。自衛反魯，然後樂正，《雅》《頌》乃得其所；修《易》，序《書》，制作《春秋》，以紀帝王之道。及夫子没而微言絶，七十子終而大義乖。[2]重遭戰國，棄籩豆之禮，理軍旅之陳，[3]孔氏之道抑，而孫吳之術興。陵夷至于暴秦，燔經書，殺儒士，設挾書之法，[4]行是古之罪，[5]道術由是遂滅。

[1]【顏注】師古曰：迭，互也。音大結反。

[2]【今注】案，王先謙《漢書補注》引《文選》李善注："《論語讖》曰：'子夏六十四人，共撰仲尼微言。'"

[3]【顏注】師古曰：籩豆，禮食之器也（食，蔡琪本作"行"）。以竹曰籩，以木曰豆。"籩"音"邊"（殿本此注在"棄籩豆之禮"後）。【今注】陳：通"陣"。

[4]【今注】挾書：即挾書律。秦始皇三十四年（前213），采納丞相李斯的建議，下令禁止儒生以古非今，頒布民間有私藏《詩》《書》和百家書籍者族誅的法令。

[5]【顏注】師古曰：以古事爲是者即罪之。【今注】是古之罪：楊樹達《漢書窺管》："《秦始皇紀》云：以古非今者族。顏説泛。"

漢興，去聖帝明王邈遠，仲尼之道又絶，法度無所因襲。時獨有一叔孫通略定禮儀，天下唯有《易》卜，未有它書。至孝惠之世，乃除挾書之律，然公卿大臣絳、灌之屬咸介冑武夫，[1]莫以爲意。至孝文皇帝，始使掌故朝錯，[2]從伏生受《尚書》。[3]《尚書》初出于屋壁，朽折散絶，今其書見在，時師傳讀而已。《詩》始萌牙。[4]天下衆書往往頗出，皆諸子傳説，猶廣立於學官，爲置博士。[5]在漢朝之儒，[6]唯賈生而已。[7]至孝武皇帝，然後鄒、魯、梁、趙頗有《詩》《禮》《春秋》先師，[8]皆起於建元之間。[9]當此之時，一人不能獨盡其經，或爲《雅》，或爲《頌》，相合而成。《泰誓》後得，博士集而讀之。[10]故詔書稱曰：“禮壞樂崩，[11]書缺簡脱，朕甚閔焉。”時漢興已七八十年，離於全經，固已遠矣。[12]

[1]【今注】絳：絳侯周勃。傳見本書卷四〇。　灌：灌嬰。傳見本書卷四一。錢大昭《漢書辨疑》指出《文選》李善注謂絳灌是一人，非絳侯與灌嬰。錢大昭以爲孝惠帝時周勃、灌嬰俱在，而一取封地，一取氏族，不相倫類，故李氏疑非二人，則據《楚漢春秋》謂高祖之臣別有絳灌。然史傳中無此人，且本書卷四八《賈誼傳》已云“樊、酈、絳、灌”。樊，指樊噲。酈，指酈商。絳，指周勃。灌，指灌嬰。又本書卷四〇《陳平傳》云“絳、灌等或讒平”，本書卷四一《樊噲傳》云“群臣絳、灌等莫敢入”，本書卷九七上《外戚傳上》“絳侯、灌將軍等曰‘吾屬不死，命乃且縣此兩人’”。是各舉其姓，則周有周昌、周竈之不同；各舉其封地，嬰又封潁陰，兩字不可單稱；故當時有此“絳、灌”之稱。

[2]【顏注】李奇曰：掌故，官名也。【今注】掌故：亦稱“掌固”。西漢置，屬太常，故亦稱太常掌故。秩百石。又有文學掌

故、太史掌故、治禮掌故等。熟習禮樂制度等典章故事，備諮詢。
　朝錯：即鼂錯。傳見本書卷四九。

　　［3］【今注】伏生：事見本書卷八八《儒林傳》。

　　［4］【顏注】師古曰：言若草木之初生。【今注】詩始萌牙：
楊樹達《漢書窺管》：“此指《詩》學而言。申公、轅固生、韓嬰皆
景武時人，故文帝時爲始萌芽也。”

　　［5］【今注】博士：傳記博士。楊樹達《漢書窺管》引趙岐
《孟子題辭》云：“孝文皇帝欲廣遊學之路，《論語》《孝經》《孟
子》《爾雅》皆置博士，後置傳記博士，獨立五經而已。”以爲趙
氏所言，與此吻合。諸子者，謂《孟子》。傳説者，漢人引《論
語》《孝經》皆稱傳。楊雄《方言》稱《爾雅》爲孔子門徒解釋六
藝之書，王充《論衡》亦以爲五經之訓故，故亦爲傳。

　　［6］【今注】在漢朝：《漢書考正》宋祁以爲“在漢朝”，不應
有“漢”字。錢大昕《三史拾遺》卷三以爲漢初之時，菑川田何、
濟南伏生、魯申公、齊轅固、燕韓嬰、魯高堂生、齊胡毋生，皆諸
侯王國人。唯賈生洛陽人，在漢十五郡之内。故云“漢朝之儒，唯
賈生一人”。何焯《義門讀書記》卷一七以爲本書卷八八《儒林
傳》云：“漢興，梁太傅賈誼修《左氏春秋傳》，爲《左氏傳》訓
故，授趙人貫公。”是劉歆欲建立《左氏春秋》博士，故推尊賈
生。王先謙《漢書補注》指出今本《文選》無“漢”字。楊樹達
《漢書窺管》以爲錢大昕説似是而非。田何雖菑川人，然徙杜之後
號杜田生，則已爲京師人。劉歆所説，田何、伏生、高堂生皆不聞
官閥，毛公仕於趙，申公初仕於魯，武帝時始被徵入朝，轅固生與
胡毋生之爲博士，皆在景帝時，其時漢廷既無他儒，而賈生爲傳
《左氏》之先師，故歆獨舉賈生。本書《儒林傳》載韓嬰文帝時爲
博士，劉歆不應不知。或疑歆意在尊《毛詩》，故舍韓不言，説亦
非。考《論衡·骨相》記嬰爲諸生時，相工入辟雍中相辟雍子弟，
相工指兒寬富貴，嬰因徙舍從寬，深自結納。據此嬰與兒寬同學辟
雍，寬受業於歐陽生及孔安國，出仕於武帝時。核其年代，不應嬰

於文帝時已先爲博士。又漢人言三家皆稱魯齊韓，是以時代爲次，若韓嬰文帝時已爲博士，則應書韓魯齊。案，在，蔡琪本作"左"。

　　[7]【顏注】師古曰：謂賈誼。

　　[8]【顏注】師古曰：前學之師也。【今注】先師：殿本《漢書考證》齊召南以爲此即所謂經師。本書卷七五《睦弘傳》載睦弘上書，稱"先師董仲舒"，即是其義。

　　[9]【今注】建元：漢武帝年號（前140—前135）。

　　[10]【今注】泰誓：《尚書》篇名。案，王先謙《漢書補注》指出《文選》"讀"作"讚"，李善注引《七略》曰："孝武末，有人得《泰誓》書於壁中者，獻之，與博士，使讚説之，因傳以教。"

　　[11]【今注】案，殿本無"稱"字。

　　[12]【顏注】師古曰：言廢絕以久，不可得其真也。

　　及魯恭王壞孔子宅，[1]欲以爲宮，而得古文於壞壁之中，《逸禮》有三十九，[2]《書》十六篇。[3]天漢之後，[4]孔安國獻之，[5]遭巫蠱倉卒之難，[6]未及施行。[7]及《春秋左氏》丘明所修，皆古文舊書，多者二十餘通，臧於祕府，[8]伏而未發。孝成皇帝閔學殘文缺，稍離其真，乃陳發祕臧，校理舊文，得此三事，[9]以考學官所傳，經或脱簡，傳或間編。[10]傳問民間，則有魯國柏公、趙國貫公、膠東庸生之遺學與此同，[11]抑而未施。此乃有識者之所惜閔，士君子之所嗟痛也。往者綴學之士不思廢絕之闕，苟因陋就寡，分文析字，煩言碎辭，學者罷老且不能究其一蓺。[12]信口説而背傳記，是末師而非往古，[13]至於國家將有大事，若立辟雍、封禪、巡狩之儀，[14]則幽冥而莫知其原。[15]猶欲保殘守缺，挾恐見破之私意，而無從善服義之公心。[16]或懷妒嫉，[17]不考情實，雷同相從，隨聲是非。抑此三學，以《尚書》爲備，[18]謂《左氏》爲不傳《春秋》，[19]豈不哀哉！

[1]【今注】魯恭王：傳見本書卷五三。

[2]【今注】案，錢大昭《漢書辨疑》指出《文選》"九"下有"篇"字。

[3]【今注】案，楊樹達《漢書窺管》："《藝文志》記共王所得，《書》《禮》之外尚有《論語》《孝經》。以非歆意所屬，故不言耳。"

[4]【今注】天漢：漢武帝年號（前100—前97）。

[5]【今注】孔安國：魯（今山東曲阜市）人，孔子後裔。事見本書卷八八《儒林傳》。

[6]【今注】巫蠱：即漢武帝時巫蠱之禍。詳見本書卷六《武紀》、卷六三《戾太子傳》、卷四五《江充傳》。巫蠱，古代迷信活動，用巫術詛咒木偶人並埋入地下，用以害人。

[7]【今注】未及施行：沈欽韓《漢書疏證》據《史記》卷四七《孔子世家》末叙云"安國爲今皇帝博士，至臨淮太守，早卒"，則孔安國不及見巫蠱之禍已死。荀悦《漢紀》："魯恭王壞孔子宅，得《古文尚書》，多十六篇。武帝時孔安國家獻之。會巫蠱事，未立於學官"，則與《世家》早卒之文合。王鳴盛《尚書後辨》云："宋本《文選》劉歆《移書》亦有'家'字。"但又有可疑者。孔安國身爲儒官，既以古文傳授，爲何不及生存時獻，而當身後多事始上之？當魯恭王始封在景帝中，本傳首云"好治宮室，季年好音"，則其壞壁得"古文"，亦在景、武之際。武帝即位，敦崇儒術，若知孔氏所藏古書，縱使世儒無能通曉，亦必徵用。又伏生雖授鼂錯，微若一綫。"今文"至兒寬始顯，而歐陽、大小夏

侯之學又在其後。寬先受業孔安國，則孔安國"古文"在先，治"今文"者嫉妒，也不能抑使"古文"不行。是古文之不顯，或爲當時皇帝不好，而學者又覺其難懂。稱巫蠱事不得施行，實屬疑案。

[8]【今注】案，祕，蔡琪本作"秘"，同。

[9]【今注】三事：王先謙《漢書補注》以爲謂《左氏春秋》《古文尚書》《逸禮》也。又引葉德輝云："三事不及《毛詩》者，以《毛詩》無先師也。班志藝文叙《毛詩》則云'自謂子夏所傳，河間獻王好之'，《儒林傳》則云'毛公爲河間獻王博士，授同國貫長卿，長卿授解延年，延年授徐敖，敖授九江陳俠，爲王莽講學大夫。由是言《毛詩》者，本之徐敖'，班意皆有微詞。歆亦知《毛詩》不如《書》《禮》《左傳》之可信，故祇專重三事也。"楊樹達《漢書窺管》："《毛詩》本不出於秘府，故歆不及耳。此在當時爲先朝掌故，歆未能以意爲去取也。"

[10]【顏注】師古曰：脱簡，遺失之。間編，謂舊編爛絶，就更次之，前後錯亂也。間，音古莧反。【今注】傳或間編：王先謙《漢書補注》指出《文選》無"傳"字，"間"作"脱"。本書《藝文志》："劉向以古文校歐陽、大、小夏侯三家經文，《酒誥》脱一簡，《召誥》脱二簡。"至於"傳或間編"，無所考見。

[11]【今注】案，柏，蔡琪本、殿本作"桓"。王先謙《漢書補注》以爲當作"桓"。宋人"桓"缺末筆，遂譌爲"柏"。貫公傳《左氏春秋》於賈誼；庸生傳《古文尚書》於都尉朝；桓公即桓生，傳禮於徐生。並見本書卷八八《儒林傳》。　膠東：即膠東國，治即墨縣（今山東平度市東南）。

[12]【顏注】師古曰："罷"讀曰"疲"。究，竟也。

[13]【今注】末師：沈欽韓《漢書疏證》曰："《公》《穀》二傳皆戰國時，爲末師也。《公羊傳》至胡毋生始著竹帛，以前口説也。"

[14]【今注】辟雍：本爲西周天子所設大學，又是養老、鄉飲、鄉射之處，兼爲獻俘之所。西漢時雖逐漸與太學分開（參見范正娥《論兩漢時期太學與辟雍、明堂的關係》，《文史博覽》2007年第6期），但漢人常將"辟雍""太學""明堂"混稱。西漢末、新莽時曾在長安南修建，今西安市西有其遺址（參見許道齡、劉致平《關於西安西郊發現的漢代建築遺址是明堂或辟雍的討論》，《考古》1959年第4期）。

[15]【顏注】師古曰：幽冥猶暗昧也。

[16]【今注】案，沈欽韓《漢書疏證》引《鹽鐵論·論誹》補證："文學曰：'論者相扶以義，相喻以道，從善不求勝，服義不恥窮。'"楊樹達《漢書窺管》引《管子·弟子職》云："見善從之，聞義則服。"以爲此劉歆語所本，桓寬亦本《管子》。

[17]【今注】案，妒，殿本作"妬"，同。

[18]【顏注】蘇林曰：備之而已。臣瓚曰：當時學者，謂《尚書》唯有二十八篇，不知本有百篇也。師古曰：瓚說是也。

[19]【今注】案，楊樹達《漢書窺管》以爲《華陽國志·士女傳》載胥君安以《左傳》不祖聖人駁劉歆，正此文所謂。

今聖上德通神明，繼統揚業，亦閔文學錯亂，學士若茲，雖昭其情，猶依違謙讓，[1]樂與士君子同之。故下明詔，試《左氏》可立不，遣近臣奉指銜命，將以輔弱扶微，與二三君子比意同力，冀得廢遺。[2]今則不然，深閉固距，而不肯試，猥以不誦絕之，[3]欲以杜塞餘道，絕滅微學。夫可與樂成，難與慮始，此乃衆庶之所爲耳，非所望士君子也。且此數家之事，皆先帝所親論，今上所考視，其古文舊書，皆有徵驗，外內相應，[4]豈苟而已哉！夫禮失求之於野，古文不猶愈於野乎？[5]
往者博士《書》有歐陽，[6]《春秋公羊》，《易》
則施、孟，然孝宣皇帝猶廣立《穀梁春秋》，梁丘
《易》，大小夏侯《尚書》。[7]義雖相反，猶並置
之。何則？與其過而廢之也，寧過而立之。[8]
《傳》曰："文武之道未墜於地，在人；賢者志其
大者，不賢者志其小者。"[9]今此數家之言所以兼
包大小之義，豈可偏絕哉！若必專己守殘，[10]黨
同門，妒道真，[11]違明詔，失聖意，以陷於文吏
之議，甚為二三君子不取也。

[1]【顏注】師古曰：依違，言不專決也。

[2]【顏注】師古曰：比，合也。經藝有廢遺者，冀得興立
之也。比，音頻寐反。【今注】廢遺：吳恂《漢書注商》以為《左
傳》等在內府收藏，不當言"廢遺"，"得"字或為"傳"字之誤，
意為求其傳授不絕。

[3]【顏注】師古曰：猥，苟也。苟不誦習之，而欲絕去
此學。

[4]【今注】外內：何焯《義門讀書記》卷一七："內，謂陳
發祕藏。外，謂民間桓公、貫公、庸生遺學。"

[5]【顏注】師古曰：愈，勝也。

[6]【今注】歐陽：即歐陽生。伏生弟子，及下施（施讎）、
孟（孟喜）、梁丘（梁丘賀）事迹見本書卷八八《儒林傳》。

[7]【今注】大小夏侯：即夏侯勝、夏侯建。傳見本書卷
七五。

[8]【顏注】師古曰：過猶誤。

[9]【顏注】師古曰：《論語》孔子弟子子貢之言也（殿本無

"也"字）。志，識也，一曰記。【今注】案，語見《論語·子張》。

[10]【顏注】師古曰：專執己所偏見，苟守殘缺之文也。

[11]【顏注】師古曰：黨同師之學，妬道蓺之真也。

其言甚切，諸儒皆怨恨。是時名儒光禄大夫龔勝以歆移書上疏深自罪責，[1]願乞骸骨罷。及儒者師丹爲大司空，[2]亦大怒，奏歆改亂舊章，非毀先帝所立。上曰："歆欲廣道術，亦何以爲非毀哉？"歆由是忤執政大臣，爲衆儒所訕，[3]懼誅，求出補吏，爲河內太守。[4]以宗室不宜典三河，徙守五原，[5]後復轉在涿郡，[6]歷三郡守。數年，以病免官，起家復爲安定屬國都尉。[7]會哀帝崩，王莽持政，莽少與歆俱爲黃門郎，重之，白太后。太后留歆爲右曹太中大夫，遷中壘校尉，義和，[8]京兆尹，使治明堂辟雍，[9]封紅休侯。典儒林史卜之官，考定律歷，著《三統歷譜》。初，歆以建平元年改名秀，字穎叔云。[10]及王莽篡位，歆爲國師，後事皆在《莽傳》。

[1]【今注】龔勝：傳見本書卷七二。

[2]【今注】師丹：傳見本書卷八六。　大司空：漢成帝綏和元年（前8）改御史大夫爲大司空，内領侍御史十五人，受公卿奏事，舉劾按章，並掌圖籍秘書；外督部刺史。金印紫綬，禄比丞相。

[3]【顏注】師古曰：訕，謗也，音所諫反。

[4]【今注】河内：郡名。西漢高帝改殷國置，治懷縣（今河南武陟縣西南）。與河南郡、河東郡並稱三河。

[5]【今注】五原：郡名。治九原縣（今内蒙古烏拉特前旗東南）。楊樹達《漢書窺管》引《古文苑》載歆《遂初賦序》補證云："徙五原太守，歆以論見排擯，志意不得。之官，經歷故晉之域，感今思古，遂作斯賦。"

[6]【今注】涿郡：治涿縣（今河北涿州市）。

[7]【今注】安定：即安定郡，治高平縣（今寧夏固原市）。

屬國都尉：西漢武帝後置屬國於西北邊郡，安置内附少數民族，設都尉主之，掌民政軍事，兼負戍衞邊塞之責。秩比二千石。

[8]【今注】羲和：西漢末王莽改大司農爲羲和，後又改稱納言，掌錢穀金帛諸貨幣。楊樹達《漢書窺管》："歆爲中壘校尉，與莽議復長安南北郊。爲羲和，與莽議定地祇之名與五帝先居，並見《郊祀志》。"

[9]【今注】明堂：古代帝王宣明政教的地方。凡朝會、祭祀、慶賞、選士、養老、教學等大典，都在此舉行。

[10]【顔注】應劭曰：《河圖赤伏符》云："劉秀發兵捕不道，四夷雲集龍鬭野，四七之際火爲主"，故改名，幾以趣也。【今注】建平：漢哀帝年號（前6—前3）。　改名秀：陳直《漢書新證》："劉歆《上山海經表》自稱劉秀，蓋在建平以後所作。"

贊曰：仲尼稱"材難不其然與！"[1]自孔子後，綴文之士衆矣，[2]唯孟軻、孫況，董仲舒、司馬遷、劉向、楊雄。[3]此數公者，皆博物洽聞，通達古今，其言有補於世。《傳》曰"聖人不出，其間必有命世者焉"，豈近是乎？[4]劉氏《鴻範論》發明《大傳》，[5]著天人之應；《七略》剖判蓺文，總百家之緒；《三統歷譜》考步日月五星之度。[6]有意其推本之也。[7]嗚虖！向言山陵之戒，于今察之。[8]哀哉！指明梓柱以推

廢興，昭矣！^[9]豈非直諒多聞，古之益友與！^[10]

[1]【顏注】師古曰：《論語》載孔子之言也。賢材難得。"與"讀曰"歟"。【今注】案，材難，今本《論語·泰伯》作"才難"。

[2]【今注】綴文：猶作文。謂連綴詞句以成文章。這裏偏指儒家學說方面。

[3]【顏注】師古曰：孫況即荀卿也（殿本此注在"孫況"後）。【今注】案，楊，蔡琪本、殿本作"揚"。

[4]【顏注】師古曰：近，音其靳反。

[5]【今注】大傳：指《洪範五行傳》。案，鴻，大德本、殿本作"洪"。

[6]【今注】考步：推究天文曆法。

[7]【顏注】師古曰：言其究極根本，深有意也。

[8]【顏注】師古曰："虖"讀曰"呼"（殿本此注在"鳴虖"後）。

[9]【顏注】師古曰：昭然明白（殿本無此注）。

[10]【顏注】師古曰：諒，信也。《論語》稱孔子曰："益者三友，友直，友諒，友多聞，益矣。"贊言向直諒多聞，可謂益也。"與"讀曰"歟"。【今注】案，典出《論語·季氏》。何焯《義門讀書記》卷一七曰："多聞，指上《鴻範論》《七略》《三統曆譜》。言山陵、梓柱，則加以直諒。《七略》《三統》并子歆所著，連類舉之，而申言向之直諒，則褒貶亦具其中矣。"